SEMIOLOGIA DO DIREITO

GLADSTON MAMEDE

SEMIOLOGIA DO DIREITO

Tópicos para um debate referenciado pela animalidade e pela cultura

3ª Edição

SÃO PAULO
EDITORA ATLAS S.A. – 2009

© 2009 by Editora Atlas S.A.

a 1ª edição foi publicada em 1995 – Editora 786
a 2ª edição foi publicada em 2000 – Editora Síntese

Capa: Leonardo Hermano
Composição: Set-up Time Artes Gráficas

Dados Internacionais de Catalogação na Publicação (CIP)
(Câmara Brasileira do Livro, SP, Brasil)

Mamede, Gladston

Semiologia do direito: tópicos para um debate referenciado pela animalidade e pela cultura / Gladston Mamede. -- 3. ed. -- São Paulo: Atlas, 2009.

Bibliografia.
ISBN 978-85-224-5623-9

1. Direito – Filosofia 2. Direito – Teoria 3. Semiótica (Direito) I. Título.

09-07295 CDU-340.113.1

Índices para catálogo sistemático:

1. Direito : Abordagem semiótica : Teoria do direito   340.113.1
2. Semiologia do direito : Teoria   340.113.1

TODOS OS DIREITOS RESERVADOS – É proibida a reprodução total ou parcial, de qualquer forma ou por qualquer meio. A violação dos direitos de autor (Lei nº 9.610/98) é crime estabelecido pelo artigo 184 do Código Penal.

Depósito legal na Biblioteca Nacional conforme Decreto nº 1.825, de 20 de dezembro de 1907.

Impresso no Brasil/*Printed in Brazil*

Editora Atlas S.A.
Rua Conselheiro Nébias, 1384 (Campos Elísios)
01203-904 São Paulo (SP)
Tel.: (0_ _11) 3357-9144 (PABX)
www.EditoraAtlas.com.br

Aos meus pais
Antônio e Elma Mamede
Vocês foram – e são – a primeira Graça
que mereci de Deus. Muito obrigado.

Aos meus filhos
Filipe, Roberta e Fernanda Mamede
Vocês são o maior tesouro, a grande fortuna.
Deus os abençoe e lhes dê boa sorte na Vida.

A minha mulher, Eduarda Mamede
"You're just too good to be true
Can't take my eyes off you
You'd be like heaven to touch
I wanna hold you so much
At long last love has arrived
And I thank God I'm alive
You're just too good to be true
Can't take my eyes off you

Pardon the way that I stare
There's nothing else to compare
The sight of you leaves me weak
There are no words left to speak
So if you feel like I feel
Please let me know that it's real
You're just too good to be true
Can't take my eyes off you

I love you baby and if it's quite all right
I need you baby to warm the lonely nights
I love you baby, trust in me when I say
Oh pretty baby, don't bring me down I pray
Oh pretty baby, now that I've found you stay
And let me love you baby, let me love you"
(Frankie Valli)

Deus nos dê – a toda a humanidade –
Paz, Luz e Sabedoria,
Saúde, Felicidade e Amor.

SUMÁRIO

Nota do autor, ix

1 Primeiras linhas, 1

2 Biologia e direito, 7

3 A ordem natural (e a cultural) da desigualdade, 23

4 A razão: essa tal grande diferença, 35

5 A razão em forma e conteúdo, 43

6 A inserção no mundo dos significados, 51

7 Sob o império da altura, 59

8 Ideologia, *praxis* e linguagem, 71

9 A semiose, 81

10 Relações associativas e sintagmáticas, 95

11 Direito e comunicação, 101

12 A palavra e o direito, 109

13 Biológico, psicológico e jurídico, 121

14 A norma jurídica e a qualidade de estado, 133

15 O direito posto e o direito vivido: o problema da efetividade jurídica, 147

16 Aspectos semiológicos da norma jurídica, 161

17 Primeiras linhas à interpretação do texto normativo, 169

viii Semiologia do Direito • Mamede

18 A construção do significado normativo, 179

19 A aplicação do direito, 195

20 A supremacia das verdades manufaturadas, 205

21 Poder e efetividade jurídica, 217

22 Hipocrisia: o mito da cidadania no Brasil, 227

23 Um arremate, 249

Post scriptum, 257

Referências bibliográficas, 271

NOTA DO AUTOR

Acredito que vivemos num meio de ratificações: a sociedade. Qualquer indivíduo pode criar, mas sua criação pode fenecer no estreito âmbito individual, como pode ir um pouco além atingindo um grupo de maior ou menor dimensão: a família, amigos, uma instituição (a escola, a comunidade), uma certa região, um país etc. A ratificação em um nível opera como um *estímulo* positivo (favorável) ou negativo (desfavorável) para o avanço da criação sobre outros círculos: há criações que sequer vencem o nível individual (e vão conhecer a amargura da destruição: o lixo). Mas vencido o nível individual, a obra pode mesmo ficar restrita, para depois (mesmo após a morte do criador) avançar em ratificações (como "n" exemplos de obras que se tornaram públicas após a morte de seus criadores). Por mais que os meios publicitários (a chamada "comunicação social") evoluam, a ratificação social de uma criação ainda traz um "quê" de aleatoriedade.

Nos meios acadêmicos, esta dimensão ratificadora da sociedade possui um outro impulso e uma outra característica: além de níveis próprios de ratificação (editores, resenhistas, críticos, professores, pesquisadores, leitores etc.), há todo um complexo de relações de poder que nascem, que envolvem, ou que perpassam a denominada "produção do conhecimento", o que dá a estas ratificações um caráter de disputa por conquista ou manutenção ou rateio de "poderes" (poder sobre os mais variados "objetos", "situações" etc. Mas poder que – como de resto sempre – tende a refletir sobre pessoas). É desta forma que, em certos momentos (destaque: o que implica a existência de "outros momentos"), a exigência da adoção de algumas posturas e métodos "acadêmicos" – de análise, de desenvolvimento, de expressão, de investigação, de sistematização, de comprovação etc. – desta ou daquela qualidade (ou seja, aceitos, reconhecidos, validados, aprovados etc.) erige-se como um obstáculo à livre produção (e renovação) do pensamento. Simultaneamente, tais posturas e métodos garantem a reprodução e conservação do sistema de desenvolvimento em que vivemos, criando uma equação de dificílima resolução.

Por consequência, muitas produções – das mais variadas – são lançadas "à margem" por serem "desconformes" (conformidade esta que é traduzida, quase que eufemisticamente, por "coerente", "interessante", "vendável", "relevante", "moderno" ou "atual", "lógico", "científico", "acadêmico" etc.). Ali, na margem, espera-se que tais mensagens pereçam e, assim, não venham tumultuar a "normalidade" do diálogo acadêmico (editorialmente transmitido ou não). É uma manipulação que fez vítimas na inquisição e mesmo depois dela: muitos permaneceram no limbo dos desconhecidos; outros, como Van Gogh, Nietzche, Guignard, Lima Barreto etc, somente alcançaram a ratificação (e um reconhecimento de que possuíam valor) de sua produção artística ou acadêmica quando não mais estavam vivos (por vezes, acidentalmente, como o caso de Bach, cuja "popularidade" contemporânea deve-se a Mendelssohn e Schumann).

Por estas razões, acredito que os que estão confinados à margem (os que não obtiveram mais do que os primeiros níveis de ratificação) não devem se aquietar: sua expressão, seu pensamento, sua arte, enfim, suas criações devem continuar sendo produzidas (merecendo seu esforço produtivo): elas devem se bastar (eis a grande arte: criar). Para além da criação, a margem permite que, nela mesma, estas criações ganhem níveis maiores ou menores de publicidade (tornem-se públicas em níveis próprios de cada época[1]). Ainda que por formas alternativas (que sempre existiram, demandando um descobrimento ou redescobrimento) seus trabalhos devem ser lançados ao mundo para que possam ter, ao menos, a chance de encontrar um eco, de postularem fazer parte do diálogo social (que não pode ser feito apenas de consagrados, mas que deve ser feito a partir de todos). Todos os criadores (aqueles que acreditam ter adquirido a consciência crítica e optaram por não se submeter) devem possuir a coragem[2] de entonar outras canções. Não se submeter, não querer submeter: aceitar a boa vontade que envolve o diálogo: apenas um, entre tantos caminhos.

---

[1] A alguns pode caber a condição de "homens póstumos", como, aliás, qualificou-se Nietzsche.

[2] Esta coragem a que me refiro, na forma em que a vejo, não se confunde com violência. Prefiro a sensibilidade, a persistência, a luta pacífica que não se confunde, nem ratifica, a violência de uma sociedade ainda, e em muito, injusta. A verdadeira guerra santa é travada sem mortes (o que Gandhi compreendeu muito bem).

PRIMEIRAS LINHAS | 1

Durante muitos anos (leia-se, até mesmo, séculos), incluídos os nossos próprios anos, acreditou-se que o Direito poderia sobreviver e atender às demandas da sociedade e de sua evolução (cada vez mais acelerada e marcante), usando-se apenas de um exame dogmático, baseado na autoridade do autor. Na verdade, o Direito e a sociedade sobreviveram. Mas, lançando os olhos ao redor, volvendo-os pela paisagem social, surge a oportunidade de se perguntar se há realmente uma compatibilidade entre o que é teorizado e discutido nos livros jurídicos e o que é vivido, efetivamente, pelos "cidadãos" em seu dia a dia, onde a teoria enfrenta a aspereza da realidade. O vulgo, comumente, não vive sequer o que a lei diz, quanto mais o que o jurista teoriza.

Examinando-se um texto normativo da importância da Constituição da República Federativa do Brasil, contrastando-a com a realidade brasileira, é-se obrigado a reconhecer que muito do que ali está "consagrado" não encontra, para fora de suas páginas, efetivação no mundo social (este que é vivido pelo denominado "povo": essa massa que sobrevive apesar das academias jurídicas). Num país de tantos privilégios, não há igualdade de direitos e obrigações (art. 5º, I); muitos são literalmente obrigados a fazer o que a lei não determina (art. 5º, II); a tortura, manejada por agentes públicos nacionais, é uma denúncia repetida pelos órgãos internacionais de proteção aos

Direitos Humanos (art. 5º, III); para citar apenas três exemplos. E tudo isto sem que haja uma reação eficaz por parte do aparelho de Estado (mesmo quando provocado para tanto). Redes de televisão, jornais e revistas, emissoras de rádio e organizações não governamentais alardeiam atrocidades, mas seus protestos parecem inaudíveis; não há eco: a barbárie campeia.

Quem terá a ingenuidade de afirmar que, em uma delegacia, o tratamento dado a um cidadão de alta posição social é idêntico ao que recebe um miserável, mesmo que aquele seja um homicida e este, um simples ladrão de tênis? Episódios recentes da história brasileira desmoralizam qualquer defesa moral da legalidade: um único desfalque em transações governamentais corresponde a centenas de milhares de pares de tênis subtraídos. Quantos desses corruptos cumprirão metade da pena de um ladrão de tênis? E quantas vidas se perderam por falta de verbas para hospitais, para higiene pública, para alimentação?

A visão romântica do Direito como instrumento de Justiça mostra sinais claros de desgaste. E isto não é, ao contrário do que podem querer fazer acreditar os admiradores das sociedades do hemisfério norte, um privilégio dos países "subdesenvolvidos". O avanço dos meios de comunicação deixa patente que, entre o ideal de Justiça e a realidade das comunidades sociais, há um hiato que as teorias jurídicas mui raramente conseguem preencher. Destarte, o dogmatismo "de autoridade" exibe sinais de senilidade: insiste em existir, como se os problemas sociais não existissem. Mas a realidade que vivemos, às portas do século XXI, é mais dinâmica e insiste em fugir ao controle, em marcar o contraste, em escandalizar pelos excessos cruéis, como que exigindo que o conhecimento social humano seja reexaminado: que o ser humano e a sociedade sejam redefinidos na sua existência efetiva para que possam ser repensados em sua existência ideal (futura).

Muitas das Ciências Humanas, conscientes deste quadro, já evoluíram para um exame crítico de si mesmas, das realidades em que estão imersas, bem como de seus objetos de teorização. No Direito, muitos autores já lançaram as bases de um criticismo jurídico (num esforço de erigir uma análise crítica da existência social do Direito, seus efeitos, suas condições). Em um desses trabalhos, argumentam WARAT e CUNHA: "convertidas em objeto de uma 'leitura ideológica', as teorias jurídicas ostentam funções básicas de controle social e infantilização de seus destinatários. Para cumprir essas funções, o dogmático do direito constrói um discurso aparentemente científico, permeado de categorias falsamente explicativas, que encobrem um conjunto de valores manipulados para a manutenção da ordem social. Com seu trabalho a dogmática consegue que o discurso retórico ganhe um colorido analítico e que o interesse ideológico adquira a aparência de legalidade."[1]

Ao contrário do valor que acompanha a própria textura do argumento de autoridade (elevado quase que à categoria de dogma), qualquer afirmação humana implica diretamente a possibilidade (quiçá a probabilidade) de um engano; afinal, o ser humano não é onisciente, não pode conhecer a realidade "nela mesma", mas nele (ser humano). Num processo que será aqui estudado, o ser humano conhece vicariamente, construindo "em si" a rede dos conceitos que *procuram* traduzir o real externo. O conceito do real é o produto de uma forma de pensamento, o que não exclui outras formas possíveis, com outros conceitos.

"Qualquer conhecimento, por mais objetivo que pareça, jamais é reprodução da ordem real. O conhecimento é uma 'representação' ou 'aproximação' do objeto real, que lhe serve de perspectiva e referência. É sempre histórico, contingente, interessado, refutável, construído e tendente a uma objetivação progressiva. [...] Ele busca interpretar as aparências do objeto real, tentando paulatinas ordenações mais simples e gerais de caráter teórico. A ingênua fotografia da realidade, ou de suas aparências, não promove conhecimento rigoroso – porque o objeto real já em si apresenta-se deformado, não se dá a conhecer, e, de outra parte, existem dificuldades que impregnam a própria tarefa

---

[1] WARAT, Luiz Alberto, *et* CUNHA, Rosa Maria Cardoso da, *in Ensino e Saber Jurídico*. Rio de Janeiro: Eldorado Tijuca, 1977; p. 26.

do conhecimento, ou seja, os obstáculos epistemológicos. Assim, o chamado conhecimento científico processa-se numa cadeia de sucessivas retificações do saber anterior, da dúvida contraposta às certezas do passado, da informação de erros passados."[2]

Dirigindo o olhar para a disciplina que se encarrega de estudar o fenômeno jurídico, este processo descrito (que caracteriza todas as áreas do conhecimento humano) ganha uma conotação mais assustadora. Entre os teóricos do Direito, vigindo o dogma de autoridade (como autoridade também se exige para poder legislar e, por conseguinte, poder reformar a legislação), uma visão do real (uma tradução jurídica do social) só será revista por autor que goze de maior aceitabilidade (ou, no mínimo, semelhante), constituindo um grande entrave para a atualização do discurso jurídico.

Diante de todo este quadro, cunhou-se a proposta do presente trabalho, cuja motivação é um exame crítico de elementos tais como: o ser humano, a sociedade, o Direito e a qualidade de Estado. Para tanto, pretende-se utilizar da semiologia como método, como elo para a compreensão das relações estabelecidas entre tais elementos. O trabalho em si, enquanto teoria (mais: enquanto hipótese teórica), é inegavelmente falseável: forja-se como uma mera possibilidade: compreender o ser humano como um misto de motivações biológicas e informações culturais, sendo que estas últimas não anulariam por completo aquelas, mas, em muito, lhes dariam mera significação compatível com o modelo racional, reposicionando-as de forma culturalmente aceitável. Certamente, o trato do ser humano como ainda dependente das motivações genéticas (arquétipos animais ou, enfim, instintos) deverá causar um grande mal-estar. Entretanto, pode constituir uma chave para a compreensão de séculos de comportamentos autobeneficiantes, rarissimamente perpassados por iniciativas efetivas de humanismo (o que desemboca no quadro caótico contemporâneo, onde os bolsões de miséria alardeiam holocaustos, lado a lado com avanços tecnológicos que elevam

---

[2] *Idem*; p. 27.

ainda mais os níveis de prazer que são reservados aos centros de riqueza).

A escolha da semiologia por método de exame do Direito deu-se por um fator bem simples: se a existência da sociedade pressupõe a existência do Direito, pressupõe, igualmente, a existência da linguagem. E o Direito, inegavelmente, pressupõe a existência da linguagem, pois ela é o seu meio de expressão, de comunicação. Ao atingir a comunicação, atinge-se, novamente, o inato (o geneticamente determinado, o arquétipo animal): toda espécie que vive em sociedade (forma constante de grupamento de uma mesma espécie) carece de comunicação, como demonstra CHAUCHARD.[3] A linguagem no ser humano, entretanto, erigiu-se como um *plus* à natureza, uma recriação daquela, permitindo a construção do imaginário das culturas humanas, isto já a partir dos primeiros grupamentos de *homini sapiens*. "Seja Reagan ou Brucutu das cavernas, o homem é Linguagem. Palavra, desenho, escrita, pintura, fato, imagens em movimento, são linguagens para a comunicação feitas com signos em código que, gerando mensagens (como esta frase em português), representam a realidade para o homem."[4]

---

[3] CHAUCHARD, Paul, in *Sociedades Animales, Sociedad Humana*; trad. espanhola: Patrícia Canto. Buenos Aires: Ed. Universitária de Buenos Aires, 1960.

[4] SANTOS, Jair Pereira, *in O que é Pós-Moderno*. São Paulo: Brasiliense, 1987; p. 14.

BIOLOGIA E DIREITO | 2

> *"Ubi homo, ibi societas; ubi societas, ibi ius. Ergo, ubi homo, ibi ius."*

Onde há ser humano, há sociedade; onde há sociedade, há Direito. Portanto, onde há ser humano, há Direito. A sociedade pressupõe o Direito, por mais arcaico e primitivo que seja. Os grupos estáveis parecem tender à liderança e ao estabelecimento de regras para a convivência. A questão incômoda coloca-se logo de princípio: liderança e regras (naturalmente, em forma simplificada) seriam fenômenos exclusivos da espécie humana?

Presos às amarras do "eu", que nos fazem "centros de todo o universo", e imersos numa cultura milenar, nós, seres humanos, nos sentimos destacados da realidade em que nos encontramos imersos: senhores do mundo, tiranos – e igualmente súditos (e vítimas) – da subjetividade.[1] E, assim, esquecemo-nos que

---

[1] Descartes e seu *cogito* marcam com precisão essa egocentria humana; a dúvida cartesiana sobre a realidade resolve-se a partir da proposta de "não procurar outra ciência senão a que poderia encontrar em mim mesmo, ou então no grande livro do mundo" (DESCARTES, René. *O Discurso do Método*. Rio de Janeiro: Tecnoprint, s/d; p. 49); e o caminho escolhido qual foi? "Tomei um dia a resolução de estudar também a mim mesmo", diz Descartes (p. 51). Esse individualismo que encontrará, creio, sua expressão máxima na afirmação do cogito – "penso, logo existo" (*idem*: p. 86) – já é

8 Semiologia do Direito • Mamede

somos parte de um universo maior com o qual partilhamos incontáveis pontos em comum. Pensar, a partir desses pontos em comum, essas outras partes da existência, é um método para se encontrar respostas para os problemas humanos. Pensarmo-nos como animais, e verificarmos o que há de comum neste universo biológico do qual fazemos parte pode indicar algumas de nossas características, permitindo-nos compreender o nosso comportamento. Afinal, o ser humano compartilha diversos comportamentos animais que, portanto, não são comportamentos humanos propriamente ditos; somos apenas mais uma espécie animal: *Homo sapiens*; um animal cordado, aliás, vertebrado e mamífero.

Segundo CARTHY, denomina-se comportamento "aquilo que percebemos das reações de um animal ao ambiente que o cerca e que são, por sua vez, influenciados por fatores internos variáveis."[2] Posicionam-se, destarte, dois planos: um externo, o estímulo dado no mundo exterior, e um interno, próprio do animal, que pode constituir mera resposta geneticamente programada ou, até mesmo, uma escolha livre, racional, como ocorre entre os humanos, não em todas as ocasiões e, mais, não excluindo a influência de comandos genéticos, também presentes entre nós. A razão, portanto, constitui um nível interno, a influenciar no comportamento dos indivíduos; porém, afirmo-o, não constitui o único nível interno; por exemplo, a fome não é uma decisão racional, embora o jejum possa sê-lo.

Observando atentamente, verifica-se que o ser humano manifesta comportamentos que são idênticos aos manifestados pelos demais animais, como respirar, alimentar-se, acasalar-se, mover-se, comunicar-se, entre outros. São comportamentos animais (com base animal) "revestidos" por uma significação

---

enunciado passagens antes na própria apologia da ação individual: "não há frequentemente tanta perfeição nas obras compostas de muitas peças e feitas pela mão de vários mestres como naquelas que são trabalhadas por um só." (*idem*: p. 55) Em passagens como essas, percebe-se que em Descartes já se anuncia o liberalismo e sua busca de autonomia, de valorização da iniciativa indidual (dita privada), ainda que não seja esse o objetivo central de seu trabalho.

[2] CARTHY, John Dennis. *Comportamento Animal*. Trad. Isaias Pessoti *et al.*. São Paulo: EPU: Ed. da USP, 1980; p. 1.

que, esta sim, é própria das culturas humanas. Mas, ainda que manifestados em meio a rituais e utilizando-se de instrumentos de cultura, são comportamentos animais. A significação é o *plus* humano, permitindo criar no pensamento uma realidade mental que é mediata, vale dizer, distanciada da realidade física.

Realce-se que essa influência desborda os meros comportamentos cotidianos, individuais, para alcançar a própria existência social. Com efeito, do conjunto dos comportamentos animais, há uma gama que se refere a outros animais; esta gama de comportamentos é chamada de comportamento social, ou seja, aquele "que envolve dois ou mais animais".[3] Não me ocuparei da universalidade desses comportamentos sociais, mas, inicialmente, desejo focar-me apenas naqueles que se concretizam no âmbito de uma população, ou seja, de um conjunto de indivíduos de uma mesma espécie que vivem num mesmo local, ao mesmo tempo. Note-se, a propósito, que "há poucas espécies de animais que vivem em solidão, pois a maior parte deles precisa, no mínimo, encontrar um parceiro de sua espécie. Muitos animais vivem em grupos que podem ser temporários ou permanentes. O agrupamento frequentemente requer alguma adaptação comportamental que assegure a coesão do grupo."[4]

Sendo ainda mais específico, tendo por paradigma a constância da vida em grupo e as adaptações individuais de comportamento para sua coesão, é possível uma diferenciação entre as populações que será proveitosa para este estudo. Neste sentido, as agregações são populações tão somente, sem qualquer forma de organização; indivíduos reunidos em torno a um estímulo ambiental ou um recurso. Um exemplo seriam as drosófilas sobre uma banana podre. Outro tipo de população a distinguir são os denominados grupos anônimos, onde se encontra uma certa sincronização de atividades entre os membros, por vezes não fixos, sem que haja uma cooperação ou divisão de trabalho.

---

[3] DEAG, John, *in Comportamento Social dos Animais*; trad.: Cecília Torres de Assumpção. São Paulo: EPU: Ed. da USP, 1981; p. 1.

[4] *Op. cit.*; p. 16.

Exemplos seriam diversos cardumes de peixes e aves migratórias em bandos.

Finalmente, chega-se à sociedade, um tipo específico de população que possui características que DEAG assim elenca:[5]

> "a) um grupo constituído por um determinado conjunto de indivíduos de uma mesma espécie animal;
>
> b) nítida atração entre os membros do grupo, que podem dispersar durante certas atividades, mas tornam a reunir-se;
>
> c) comunicações entre os membros do grupo através de sinais específicos;
>
> d) alto nível de cooperação entre os membros; frequentemente ocorre divisão de trabalho, com alguns indivíduos especializando-se em determinadas tarefas;
>
> e) a atividade dos membros é frequentemente sincronizada, especialmente durante a alimentação, descanso, deslocamento, acasalamento."[5]

Disposta tal classificação das populações, a discussão que se coloca refere-se à natureza da sociabilidade animal. Trata-se de um instinto, ou seja, é geneticamente determinada, ou é produto de processos de aprendizagem. Admitida a primeira hipótese, o comportamento social estaria registrado no genótipo do animal, significando que ele viverá socialmente, com grande probabilidade.[6] Por outro lado, admitida a segunda hipótese, haveria uma adaptação de comportamento do indivíduo que pode operar de duas formas: primeira, o indivíduo de vida solitária junta-se a outros, seja para constituir uma sociedade, seja para aderir a uma sociedade já constituída; segunda, o indivíduo nasce em sociedade e é condicionado à vida em grupo, tendendo a mantê-la.

---

[5] p. cit.; p. 32-33.

[6] Não há falar em necessidade; mesmo entre as abelhas, registram-se casos de indivíduos que vivem isolados do grupo. A sociabilidade, portanto, seria um impulso genético forte, mas não determinante de forma absoluta, como a necessidade de respirar e de se alimentar.

Em cada espécie animal, um determinado comportamento será o produto de uma influência maior ou menor da carga genética (instinto) ou do aprendizado. Com isto, deixa-se patente que mesmo um comportamento instintivo pode ser influenciado pela aprendizagem. "Thorpe demonstrou que os filhotes deste pássaro [*tertilhões*] são capazes de um canto rudimentar. Esse canto é modificado conforme os filhotes ouvem os pais por volta de seu primeiro ano de vida, permanecendo imutável daí em diante. [...] O que se aplica ao canto de pássaros deve se aplicar a qualquer padrão comportamental."[7]

Porém, parece-me que ainda não é seguro determinar até que ponto estariam combinados ou isolados aprendizado e genotipia na manutenção do comportamento social consubstanciado na manutenção da vida em sociedade. As afirmações habitualmente feitas partem da mera suposição, passando pela especulação e atingindo, quando muito, uma certa leitura, tendencial, de dados científicos (que comportam, não raro, uma leitura diametralmente oposta). Não obstante, a partir de dados conhecidos, pode-se construir uma hipótese – ou melhor: uma equação – para a melhor compreensão do problema: uma gradação destes elementos. Em um extremo desse gradiente, coloca-se o fator genético e próximos a tal polo posicionam-se os insetos, cujo comportamento é basicamente (senão totalmente: não me arrisco a ser conclusivo) determinado geneticamente[8]. No outro extremo do gradiente, posiciona-se o fator aprendizagem e mais próximo de tal polo está, mui provavelmente, a espécie humana, onde o comportamento pode obter, sendo isso habitual, justificações racionais, o que não implica reduzir ou minimizar a influência dos impulsos biologicamente determinados, ou seja, comportamentos instintivos.

---

[7] CARTHY, John Dennis, *in Comportamento Animal*; trad. Isaias Pessott et al. São Paulo: EPU; Ed. da USP, 1980; p. 7- 8.

[8] Embora não se desconheça sua capacidade para o aprendizado em níveis reduzidos; cito como exemplo a abelha que aprende o caminho que a conduz da colmeia a um jardim, sendo, ademais, capaz de transmitir tal informação a outras abelhas.

Entre estes dois limites, o comportamento social pode ser disposto de acordo com a relação entre instinto e aprendizagem. Pressuposta esta escala, a situação relativa aos extremos se coloca mais esclarecedora; afinal, não se pode afirmar que as abelhas ou qualquer outro inseto, aprendam a viver em sociedade. Mais: parece-me, por outro lado, ser discutível a afirmação de que os seres humanos tendem, maciçamente, a viver em sociedade como resultado do aprendizado das vantagens de tal existência coletiva.

O ser humano, não obstante o desenvolvimento das culturas humanas, não se libertou das motivações animais. As informações geneticamente transmitidas sobre comportamentos a adotar constituem um arquétipo animal que funciona como uma das motivadoras do comportamento; este arquétipo, posto em confronto com as demais motivadoras psicológicas, influi nos comportamentos adotados. Por exemplo: a observação das espécies que vivem em sociedade (grupamento estável, com cooperação e sincronização de atividades, comunicação entre os membros por sinais específicos) permitiu a verificação de uma motivadora biológica para tanto (instinto gregário). O comportamento social é um comportamento motivado biologicamente (ainda que indivíduos de vida solitária sejam constatados em todas as espécies). Também o ser humano é um ser social (o que ressona com a máxima latina que abre este capítulo), que vive preponderantemente em sociedade, em função de uma motivação instintiva em seu comportamento. Compartilha, assim, motivações de mesma natureza que macacos, lobos, leões, elefantes, galinhas, entre outras espécies.

Mas é preciso explorar um pouco mais este contato do ser humano com o "comum animal" que revela. E, como o objetivo último desse trabalho é a compreensão do comportamento humano, faz-se necessário, a partir do estabelecimento desse gradiente, limitar o *corpus* estudado, posicionando a análise nas cercanias mais próximas da posição ocupada pela espécie humana. Assim, parece-me indispensável excluir de nossa análise as sociedades de insetos, pois em tais espécies a influência do genótipo no comportamento dos indivíduos é marcante, tornando tais sociedades especialíssimas. Basta atentar para a existência marcante de uma diferenciação morfológica entre os indivíduos do grupo, resultando na acomodação do indivíduo à sua posição funcional dentro da divisão do trabalho em grupo. Esse, aliás, é um equívoco recorrente da análise daqueles que utilizam das sociedades de insetos como paradigmas para as sociedades humanas; não há similaridade possível face às distinções essenciais; a abelha dita rainha não detém qualquer poder, não manda. É apenas uma reprodutora, criada para ser uma reprodutora. Não há contestação, não há possibilidade de mudança de *status quo*.[9]

Resta-nos, portanto, estudar as sociedades de espécies animais que estejam mais próximas dos seres humanos; acredito, aliás, que melhor será reduzir nosso campo de análise aos animais vertebrados. Dessa forma, se nas sociedades de insetos a organização social é biologicamente (sendo mais específico: morfologicamente) determinada, há que se determinar quais os fatores que, nas sociedades restantes, a determina, incluindo a sociedade humana.

Entre os comportamentos sociais manifestados pelos demais animais, será possível destacar, para o presente exame, um par de comportamentos complementares: o comportamento agonístico e o comportamento altruísta.

Alguns estudos, iniciados no alvorecer do séc. XX, oferecem, de forma adequada, um ponto interessante para análise. Veja-se SCHJELDERUP-EBB, um naturalista norueguês que estudou a organização social entre as galinhas. "Ebb descobriu que nem todas as galinhas num galinheiro são iguais entre si, mas formam algo como uma hierarquia de bicadas. Verificou que em qualquer galinheiro havia uma galinha que era uma espécie de

---

[9] Huxley bem o percebeu: ao criar sua utopia, em *Admirável Mundo Novo*, tomou o cuidado de criar castas biológicas de humanos: alfa, beta, gama e delta; assim, eliminou, teoricamente, a luta de classes, já que não é possível ascensão social, mas apenas mera conformação com as atividades que lhe são próprias. Não há, no modelo inventado, sequer inconformismo com a posição ocupada, já que não há capacidade de se desejar uma outra posição.

chefe, dominando as outras. Essa galinha podia bicar as demais, sem que nenhuma delas lhe revidasse." Mais, descobriu que "a hierarquia de um galinheiro recém-organizado é estabelecida entre as diversas galinhas mediante uma série de combates individuais", chegando-se, ao final, à descoberta do *status* de cada qual em função da força: saber-se mais forte e/ou mais fraca em relação às demais. "As galinhas de classe mais elevada têm privilégios na hora de comer e dormir. As de categoria inferior devem esperar até que suas superiores tenham comido o quanto quiserem e parado de ciscar a manjedoura."[10]

Outro estudo interessante foi produzido por Erick ZIMEN,[11] que estudou durante muito tempo o comportamento social dos lobos. "A alcatéia é sem dúvida uma das formas de organização social mais diversificada que se conhecem dentro do reino animal. [...] De acordo com as observações do Dr. Zimen, os lobos de alcatéia são extraordinariamente pacíficos entre si. As diversas cerimônias lupinas, os uivos, jogos de abanares de rabo, estão a serviço da coesão social e proporcionam um ambiente amigável e tolerante na alcatéia." Porém, os estudos demonstram que "não é sempre que reina uma paz absoluta na alcatéia. [...] Muitas poucas vezes, porém, produzem-se lutas de verdade. Em geral desenvolve-se um jogo de ameaças, grunhidos e gestos intimidadores [...]. Somente quando lobos de força igual competem por uma posição mais elevada realiza-se uma luta encarniçada, na qual empregam todos os recursos."[12]

Ora, nessa linha, considerando tais precedentes, mesmo a estruturação da sociedade em estratos sociais, ou seja, uma organização dos membros em classes sociais, as superiores com acesso privilegiado aos bens e recursos disponíveis, seria uma influência genética que compartilhamos, nós, os humanos, com os demais animais. Vale dizer, tende-se, portanto, à existência hierarquizada, o que pode ser explicado por um impulso de

---

[10] THEWS, Klaus. *Etologia*. Trad.: Silvana Rodrigues. São Paulo: Círculo do Livro, s/d; p.12-13.

[11] Professor do Instituto de Zoologia Doméstica da Universidade de Kiel, na Alemanha.

[12] THEWS, *op. cit.*; p. 15.

autobeneficiamento que, para alguns, estaria geneticamente fundamentado. Mais especificamente, pode-se falar em um par complementar de comportamentos sociais: o comportamento agonístico é comumente traduzido pela expressão "lutar pela vida", referindo-se às disputas pela sobrevivência (no melhor nível possível) com outros indivíduos; "inclui agressão (comportamento de ataque e ameaça), fuga e submissão";[13] o comportamento altruísta, por seu turno, é colaboracional.

Nas espécies sociais (excluídas as de insetos e incluída, por óbvio, a humana), verificam-se disputas entre pares de animais, pelas quais se procura estabelecer uma hierarquia de força entre esses. São denominadas, em etologia, de interações agonísticas diáticas. De cada interação desta (que pode mesmo não envolver luta, mas mera ameaça, como forma de demonstração de força potencial), tem-se por resultado uma definição de superioridade de um indivíduo sobre o outro. Da totalidade dessas interações agonísticas diáticas, o grupo apura um resultado global (a soma de todas as disputas individuais), que constitui a hierarquia do grupo (ao longo da qual se define a posição de cada indivíduo). Os indivíduos superiores aprendem a sua vantagem de força sobre os que a ele se submeteram, assim como os indivíduos inferiores aprendem a desvantagem que levam em relação àqueles a quem tiveram de se submeter.[14] Segundo CHAUCHARD, "la dominación del déspota se basa, efectivamente, en la superioridad en el combate: cuando ha vencido a todos los otros, puede gozar de sus derechos. El individuo de una determinada categoría es el que ha sido vencido por el superior y a su vez ha triunfado sobre el inferior. La posición así adquirida es indiscutida: los combates incesantes no son necesarios, la agresividad quieda neutralizada por la jerarquía".[15]

---

[13] EAG, *op. cit.*; p. 32 e 33.

[14] Estas estruturas de poder foram comprovadas em diversas sociedades animais, como demonstrado por THEWS (Klaus, *in Etologia*; trad.: Silvana Rodrigues. São Paulo: Círculo do Livro, s/d).

[15] CHAUCHARD, *op. cit.*; p. 32.

Mas os animais em sociedade não estão tão somente em disputa, o que constituiria uma perda assustadora de energia vital. Ao contrário, estão empenhados na execução de funções vitais para a sua sobrevivência e para a manutenção do grupo, o que induz à colaboração, ao altruísmo. O comportamento agonístico é sucedido pelo altruísta, sempre que no grupo se defina a hierarquia entre os seus membros (hierarquia de poder – e privilégio – no acesso aos recursos disponíveis).

Este par de comportamentos agonístico/altruísta, segundo a linha perfilada nesta pesquisa, seria um dos componentes do arquétipo animal do ser humano. Motivado pelo impulso de auto-beneficiamento (e, até, de competir), o ser humano não está apto a perceber, efetivamente, as mazelas sociais de seu tempo; ele as vê, mas não consegue instrumentalizar-se contra elas, pois está voltado para "a luta pela vida" (representada, muitas vezes, em um carro mais novo ou roupas mais elegantes). O modelo social humano, assim, perpetua o arquétipo (competitivo) animal; é curioso (senão cruel) notar que, nos grupamentos animais, os "mais fracos" comem se há sobras dos mais fortes, que possuem, como visto, privilégio para alimentar-se.

Com estas afirmações, este texto não tem a presunção de julgar-se totalmente original. Na verdade, sua identificação inicial com outros trabalhos clássicos é patente. O ser humano como impulsionado pela natureza (comparado ao lobo de si mesmo, num bonito efeito retórico) é a tônica do consagrado livro *O Leviatã*, de Thomas HOBBES. E muitos outros autores, por meios próprios, trataram, igualmente, da vida política referenciada pela Biologia. Mas foi um sofista calcedônio, cuja pessoa e teoria são descritas por PLATÃO, quem serviu de inspiração à presente teoria: TRASÍMACO. Em *A República*, encontra-se a teorização política deste sofista como oposição à ontologia metafísica da personagem SÓCRATES. Assim, afirma TRASÍMACO que "as diferentes formas de governo fazem leis democráticas, aristocráticas ou tirânicas, tendo em vista os seus respectivos interesses. E ao estabelecer essas leis, mostram os que mandam que é justo para os governados o que a eles convém, e aos que delas se afastam castigam como violadores das leis e da justiça. É isso o que quero dizer quando afirmo que em todos os Estados rege o mesmo princípio de justiça: o interesse do governo. E, como devemos supor que o governo é quem tem o poder, a única conclusão razoável é que em toda a parte só existe um princípio de justiça: o interesse do mais forte".[16] Devem-se deitar tributos, ainda, a NIETZSCHE e toda a sua obsessão pela "vontade de poder", deixando os seres humanos assustadoramente desnudados diante das motivadoras animais de sua personalidade.

A possibilidade de que os seres humanos, em resposta a impulsos animais, estejam, entre si, entregues a disputas de poder (por acesso a recursos produzidos) é a afirmação que se extrai do aqui tratado. A disputa pelo comando da sociedade, igualmente, responderia a tais arquétipos animais, pois também ela refere-se à melhor qualidade de acesso a tais recursos (que não são mais "de natureza", mas "de cultura"). Disputam-se bens culturais de uma forma cultural (com uma significação dada na cultura do grupo). Disputa-se o controle de meios de produção, de informação, de tecnologia, de créditos financeiros etc. Disputam-se recursos que já estão completamente distanciados da realidade animal pura na qual estivemos imersos há alguns milhares de anos. Disputa-se, enfim, um *status* no grupo (que é agora excessivamente abrangente). Este postar-se na hierarquia do grupo está envolto pela capa da significação nas sociedades humanas e, assim, mesmo o comportamento agonístico (ou o altruísta) é semiológico (ou seja, está representado por atribuições de sentido) e, portanto, cultural.

Também o Direito está imerso nessa estrutura. Em sua dimensão semiológico-linguística (ou seja, enquanto mensagem), a norma pode ser vista como apenas uma encenação verbal de um exercício de força (uma ameaça que visa induzir um comportamento que lhe seja conforme). Assim, respeitadas as devidas proporções, guarda analogia com o rosnar de um lobo, a bicada

---

[16] TRASÍMACO, *apud* PLATÃO, *in A República*; trad.: Leonel Vallandro. Rio de Janeiro: Tecnoprint, s/d; p. 93.

de uma galinha, os gritos de um macaco e todas as mesuras que, em cada espécie, advertem ao restante do grupo quais são os indivíduos superiores e os "interesses" destes.

Nas sociedades humanas, o mais forte é determinado dentro de uma realidade cultural, onde as mais diversas formas de linguagem criam um mundo significativo (um invólucro de atribuições de sentido que envolve a realidade física e culmina com o fabrico de um mundo conforme a tais significações). Portanto, há que significar o mais forte, o que significa postar-se para uma luta, uma disputa (uma relação agonística), com os instrumentos da cultura. Entre cada par, para cada circunstância específica da vida humana, manifesta-se um critério cultural de força, uma forma de manifestar maior aptidão. A utilização do mito, por exemplo, sempre foi uma maneira de significar mais força, de traduzir maior aptidão dentro de um sistema de disputas imersas em semiose. É o que se observa não só nas sociedades denominadas primitivas, mas também ao longo de toda a história da humanidade, como na fundamentação do poder dos faraós (considerados deuses), dos imperadores romanos ou de muitos reis de Estados gregos. É o que se identifica, igualmente, nos alicerces das monarquias das idades média e moderna, com a teoria do "direito divino dos reis". Os mais fracos são o povo, os súditos que se curvam, que se submetem ao mito, não obstante esta não seja uma realidade física, mas, ao contrário, absolutamente abstrata, sem lastro capaz de sustê-la por si só (razão pela qual muitos governantes, não obstante sua "divindade" ou seu "direito divino", armaram-se de forças militares, que também é uma forma de ser mais forte, como também o é possuir maiores recursos econômicos e financeiros).

Mas pode-se também significar o mais forte pela consolidação de acordos, de tratados, pela soma de forças políticas (forças de influência política), manipulando-se os grupos que são mantidos sob o controle dos acordantes. Mesmo o carisma de um homem ou de uma mulher junto ao grupo constitui (pelo emprego adequado do discurso retórico, ou dos atos) uma forma de se demonstrar força no contexto significativo das sociedades humanas. Os exemplos historiográficos são os mais variados; hodiernamente, a experiência mostra que os grupos dos "mais fortes" (semiologicamente falando) manipulam teorias comunicativas, psicologia de massa etc.

A evolução da economia trouxe um novo tipo de força para o quadro das sociedades humanas: o Capital. Possuir condições de reter meios de produção e poder comprar força de trabalho, gerenciar procedimentos industriais, agrícolas, comerciais e auferir lucro é demonstrar força. Os que estão desprovidos de meios para autossubsistência (numa sociedade que cada vez mais esforça-se para afastar o indivíduo do estado *in natura*) submetem-se. Com o tempo, novas formas de força foram surgindo: tecnologia, crédito, capacidade de influência nos rumos econômicos. E, aí, devem-se, ainda, acrescentar as bolsas de valores, de mercadorias e futuros, os mercados, as concorrências públicas, os cartéis, monopólios diversos, negociatas, corrupção (sempre que impunes, pois do contrário – se *devidamente* punidas – haveria uma derrota do indivíduo), os grandes negócios, *holdings, dumping* etc.

Estes parâmetros são traçados para um plano macroscópico. Num plano microscópico, as sociedades humanas repetem formas significativas de força: beleza, sensualidade, esperteza, competência, informação etc. A humanidade, cada vez mais globalizada pelo avanço tecnológico dos meios de comunicação (e informação), vai-se tornando um único grupo, com alguns dominantes e bilhões de dominados (entre os quais, os miseráveis). O avanço científico, o desenvolvimento cultural, a multiplicação das riquezas... nada conseguiu, ainda, resolver problemas como fome, penúria, miséria. O ser humano não visualiza formas de resolvê-los, pois ainda está preocupado com a sua luta do dia a dia: o parâmetro ainda é obter recursos para si, o que não permite dedicar-se, efetivamente, a levar recursos aos que estão completamente desprovidos.

A cada mais forte correspondem "n" indivíduos que se submetem, que se anulam diante da vontade daquele. São as vítimas ou os mais fracos; são todos os vencidos, os derrotados. Em qualquer hipótese, o súdito: aquele que está submetido à vontade de outro. Quer estejam mais ou menos próximas da violência física, as relações agonísticas e altruístas parecem se perpetuar nos grupos humanos e, assim, os indivíduos vão-se posicionando na hierarquia das classes sociais. A cada um corresponde um *status*, ou seja, uma posição nas escalas de acesso aos recursos produzidos e disponíveis para o consumo. Estas disputas e o espectro complexo de escalões sociais que criam determinaram o surgimento de elites e de legiões inteiras de pessoas postas ao seu serviço (antes denominadas "servos", hoje denominadas "trabalhadores" – e, por vezes, sequer isso: são os miseráveis). A evolução histórica deste quadro de dominação e submissão, e sua institucionalização, dirigiu-se para o surgimento de uma figura política de dominação e repressão que é o aparelho de Estado e uma correlativa Estrutura de Estado (cuja importância dá sinais de redução com o crescimento das grandes corporações econômicas).

A qualidade "Estado" diz respeito às sociedades humanas desenvolvidas e refere-se à estrutura político-administrativa por meio da qual se procura garantir a existência de um determinado grupo humano em determinado território, garantindo, inclusive, a distribuição dos indivíduos em classes sociais com o que se protege o sistema (econômico) de produção de bens. Esta estrutura e todos os meios e instrumentos desenvolvidos ao longo da história para assegurá-la revestem-se de um forte grau significativo; em outras palavras, diversas pessoas ou grupos de pessoas, situações, fatos e atos, simplesmente, significam Estado. Entre a estrutura dos demais grupos animais e a estrutura das sociedades humanas desenvolvidas, uma diferença é justamente a qualidade semiológica do poder na prática de Estado.

Nesses termos, fixa-se o objeto de análise do presente trabalho: a *possibilidade* de o ser humano trazer como motivador de seus atos sociais um arquétipo biológico (instintivo) de autopreservação (e autobeneficiamento), que está "envolvido" (e, até mesmo, ratificado) pelas estruturas culturais que o formatam. Comportamentos tendentes a alterar esta estrutura, ainda que sejam "louváveis", raramente são implementados, talvez por atentar contra uma "ordem natural da desigualdade" que ainda não foi superada pela cultura humanística. Eis uma alternativa para a compreensão das sociedades humanas e do Direito.

A ORDEM NATURAL (E A CULTURAL) DA DESIGUALDADE 3

Uma crítica muito repetida em relação à primeira edição de *Semiologia e Direito* compreende a obra como uma apologia de uma "ordem natural da desigualdade", chegando a rotulá-la como "neo-darwinismo-social", ou ainda, de "neo-hobbesianismo". Isso não é adequado. Reconhece-se apenas a existência de uma tendência natural à desigualdade. Aliás, aqui, a adjetivação "natural" esforça-se por não ser arbitrária (nem retórica, qualidade que normalmente possui em vários dos *ambientes* em que é utilizada): parte das constatações etológicas de que os modelos hierarquizados se repetem nas *sociedades* animais. A estas constatações, soma-se outra: as sociedades humanas parecem tender, salvo raras excessões (denominadas, curiosamente, de "primitivas"), para a hierarquização extremada, vale dizer, para a ampliação da desigualdade.

A partir desse quadro, conclui-se pela possibilidade de haver uma informação genética que proporcionasse tais tendências. Achei-a no impulso de autobeneficiamento (que, por certos aspectos, pode se confundir com o que NIETZSCHE denomina "vontade de poder") a determinar os comportamentos agonísticos, isto é, aqueles que criam (e motivam) as disputas, a competição e definem, por fim, o *status* de cada indivíduo na sociedade que compõe, e que possui como contrainformação genética um impulso altruísta, vetor de um correspondente comportamento de colaboração (impulso de preservação do grupo). Vale dizer: há um impulso de autopreservação que é limitado por um impulso de preservação social, e vice-versa. Isto, frise-se, enquanto informação biológica.

Entre os demais animais (e, creio, entre os seres humanos também) o impulso de autobeneficiamento determina o comportamento agonístico e, em última instância, a competição, cujo resultado é a hierarquia: os mais fortes garantem determinados privilégios, os mais fracos procuram garantir a sobrevivência. Por seu turno, o impulso de preservação do grupo determina o comportamento altruísta e, em última instância, a cooperação, a organização de atividades, para as quais a hierarquia funciona, até mesmo, como fator viabilizador: procura-se alimento, garante-se proteção aos filhotes etc. Eis a simplicidade do que se pode chamar "ordem natural da desigualdade". É claro que esta estrutura não é "angelical". Os mais fortes possuem privilégios, como na alimentação ou na escolha das fêmeas; entretanto, se não é tempo de escassez, os mais fracos não são privados de alimento ou de qualquer outro recurso; mais: os mais fortes não se esquivam de suas responsabilidades na defesa do grupo (ainda que, se a alternativa for a fuga, provavelmente os mais fracos serão capturados em lugar daqueles).

Como seria de se esperar, uma teoria que principia pela inserção ampliada do ser humano como parte do conjunto dos animais, enfatizando o elemento inato (a motivadora biológica) do comportamento, haveria de merecer *alguma* resistência. Porém, ao contrário do assinalado por muitas das críticas enunciadas, não se está propondo uma redução do ser humano ao meramente biológico, mas acredita-se ser necessário reconhecer a biologia como a base necessária (dada *a priori*) sobre a qual se constrói a cultura. Refuta-se, inclusive, a afirmação de que tal pensamento redundaria em um determinismo biológico absoluto, porquanto alinham-se as motivadoras biológicas como uma tendência comportamental. Assim, deixa-se bem ressaltado na parte final desse trabalho a possibilidade (mais: a necessidade) da superação da motivadora de autobeneficiamento que deságua nos comportamentos agonísticos (que, entre nós, estão revestidos, pela cultura, em "n" atos e ritos cotidianos, onde não percebemos estar agredindo a outros, estar submetendo-os - com o que se obtém uma certa "tranquilidade de consciência", como a de Pilatos, ao lavar suas mãos). E deve-se acrescentar que, assim como se reconhece e aponto uma porção animal no ser humano, crê-se, igualmente, na existência de uma porção transcendente e, portanto, não acadêmica (já que reside no indemonstrável e imponderável plano da fé).

Sobre as motivadoras biológicas do comportamento humano, há um livro escrito pelo prof. Ademar HEEMANN, intitulado *Natureza e Ética*. Ali, encontram-se elencados diversos estudos que destacam a importância da motivação biológica no comportamento humano, a partir dos quais o autor chega a apontar: "o mecanismo oculto a moral e da ideologia: os genes".[1] Como se vê no trabalho de Heemann, o rótulo de "biologistas" (e, assim, de deterministas de fato) é devido às teorias de autores como Robert ARDELL WALLACE, Konrad LORENZ ou Edward Osborne WILSON.

De uma forma mais do que instigante, HEEMANN relata que WILSON, resumindo as pesquisas de KOHLBERG, aponta seis "estágios no desenvolvimento moral ou de raciocínio ético": "1) simples obediência a regras [...] para evitar castigo; 2) submissão ao comportamento de grupo para obter recompensa e trocar favores; 3) orientação de criança bem comportada, submissão para evitar desagrado e rejeição por parte dos outros; 4) orientação no sentido do cumprimento do dever, submissão para evitar censura pela autoridade , subversão da ordem e consequente culpa; 5) orientação legalista, reconhecimento do valor dos contratos, certa arbitrariedade no estabelecimento de regras para manter o bem comum; e 6) orientação de consciência ou de princípios, fidelidade primordial aos princípios de escolha, que

---

[1] HEEMANN, Ademar. *Natureza e ética*. Curitiba: UFPR, 1993; p. 12.

podem ignorar a lei nos casos em que ela for considerada mais danosa do que benéfica."[2]

Assombroso, nessa tabela de estágios para o raciocínio ético, é que WILSON afirma que a maioria dos seres humanos é plenamente capaz de atingir os estágios 4 ou 5, sendo que no o estágio 4, ou seja, a "orientação no sentido do cumprimento do dever, submissão para evitar censura pela autoridade, subversão da ordem e conseqüente culpa" é o "nível de moralidade atingido pelos bandos de babuínos e chimpanzés".[3] Partindo de tais constatações, HEEMANN assevera ser esse "um motivo suficiente para causar mal-estar em boa parcela dos detratores do biologismo".[4] Mais: demonstra ainda WILSON que as "respostas emocionais humanas e as práticas gerais nelas baseadas foram programadas, em grande parte pela seleção natural ao longo de milhares de anos".[5] Mais: "Lorenz, por sua vez, localiza o aparelho formador de imagens (*Gestalt*) valorativas, sensações de justiça e outras do gênero no hemisfério esquerdo do cérebro".[6]

O contraste determinado por estas teorias deixa patente que a presente incursão ao "biologismo" chega a ser tímida. Ainda que se respeite os dados das pesquisas alinhadas por HEEMANN, discorda-se das conclusões produzidas pelos autores supramencionados. Certamente babuínos e chimpanzés respeitam as posições hierárquicas do grupo e se submetem aos animais superiores, inclusive com comportamentos cênicos, onde é expressado o reconhecimento da inferioridade; em maior ou menor grau, e por meios próprios, em outras espécies animais também se reconhecem tais comportamentos, o que não implica afirmar uma <u>consciência</u> de dever, de obrigação. Certamente de alguma área do cérebro partem o valor, as "sensações de justiça e outras do gênero". Entretanto, parece presunçosa e equivocada a afirmação de CAMPBELL, anunciando "que está na hora de tirar

---

[2] *Idem*; p. 71-72.

[3] *Idem*; p. 72.

[4] *Idem*; p. 73.

[5] *Idem*; p. 75-76.

[6] *Idem*; p. 76.

a ética das mãos estéreis dos filósofos para entregá-la a quem ela pertence: aos psicólogos e biólogos evolucionistas".[7] Trata-se de um pseudoargumento de autoridade, como se o "comportamento devido" fosse apurável de forma científica e não no debate que, transcendendo filósofos, psicólogos e biólogos evolucionistas, envolvesse a sociedade.

A existência da informação biológica (enfim, do instinto), em muitas hipóteses, constitui uma coerção comportamental. Somos biologicamente (leia-se: geneticamente) coagidos a comer, respirar, defecar, dormir etc. Outras informações genéticas, como o sexo e o autobeneficiamento (motivando o comportamento agonístico e determinando a competição e um desejo de submeter o outro, ainda que pelos referenciais culturalmente estabelecidos), creio, constituem impulsos que, por certo prisma, coagem o ser humano. A irresistibilidade desses impulsos ou destas coações, entretanto, pode ser colocada em dúvida. A historiografia registra fatos que atestam a superação desta coação: pessoas que mantiveram greves de fome até a morte; pessoas que, sob tortura, suportaram a dor (igualmente até a morte); pessoas que se entregaram à prática da castidade, resistindo ao impulso sexual, entre outros exemplos.

Se o ser humano é animal, vale dizer, é biológico, é igualmente psicológico[8]. Este ser psicológico, isto é, ser que possui consciência, que pode meditar, pode cogitar, pode avaliar opções de comportamento e adotar alternativas aos impulsos biológicos não está irremediavelmente submetido a um comportamento determinado. A "experiência humana" demonstra ser-lhe franqueado, pelo manejo de elementos culturais, resistir ao impulso biológico e adotar outro comportamento. Poder-se-ia denominar tal opção de *humana*, remetendo-nos ao *humanismo* enquanto atitude de afirmação dessa possibilidade de transcender o meramente biológico (respeitando-o ou, por vezes, superando-o).

---

[7] *Apud* HEEMANN, op. cit.; p. 128.

[8] E, igualmente, "espiritual", aspecto que, volto a frisar, não me parece revestir-se de caráter acadêmico, razão pela qual dele não pretendo tratar.

Eis o plano do comportamento (e da opção) consciente do ser humano.

Por outro lado, se há uma coerção biológica, há, igualmente, uma coerção meramente psicológica. Diz-se "meramente psicológica" porque, no ser humano (mais precisamente, no inconsciente), o impulso biológico funciona como um dos vetores comportamentais, posto em contraste com este "impulso meramente psicológico" referido. Ambos são instâncias inconscientes da existência humana cuja parte externa é a consciência, o "eu": parte trabalhável pelos conceitos e influenciada pelos embates e impressões inconscientes. Cabe, então, questionar se existe alguma instância em que o impulso biológico é determinante direto do comportamento exteriorizado, vale dizer, funcionando como uma compulsão. A resposta é um dos muitos objetos de estudo e interesse em nosso tempo. Um dos pontos destacáveis diz respeito às psicopatias, como as pesquisas que envolvem a epilepsia condutopática e a epilepsia temporal e condutas criminosas "hediondas". Para além destes limites extremos das psicopatias, ou seja, de "disfunções" mentais, creio que o impulso biológico só se reveste de irrefutabilidade e obrigatoriedade (ainda assim, contornável pela elevação dos níveis de consciência) nas comportamentos básicos: comer, defecar, respirar, dormir; a eles se poderia acrescer o impulso sexual, mas a dimensão da resistência cultural à sua livre manifestação lhe retira a irresistibilidade (mais: lhe retira a "naturalidade" que insofismavelmente possui).

Seguindo além, ou seja, chegando aos limites onde foram posicionados o presente estudo e a correlata teorização, o impulso biológico pode ser identificado como influência comportamental, havendo recebido da cultura, ao longo dos séculos, uma capa de significação; isto é, a cultura teria se desenvolvido sobre as tendências biológicas, mais ratificando-as do que retificando-as (exceção feita ao comportamento sexual, em algumas circunstâncias e sob certos prismas). A redescoberta destas características biológicas que envolvem os comportamentos exteriorizados têm sido objeto de estudos e trabalhos os mais variados, como os que foram narrados por PASTORE E FRANÇA e que atribuem as diferenças entre os comportamentos masculino e feminino às "dessemelhanças cerebrais entre homens e mulheres".[9]

Aliás, para a psicologia, o impulso biológico não é nenhuma novidade. Segundo CODO, "Psicologia é sinônimo do jogo de impulsos instintuais, um animal pulsando no homem, apesar dele. [...] Um outro não humano, o *'homo freudianus'*, vive perseguindo ou sendo perseguido por um animal em si, fonte a um só tempo de suas mazelas e sua realização possível, síntese mágica do inferno e/ou do paraíso. Só é possível compreender o indivíduo se buscarmos em determinações biológicas, estranhas a ele, seu modo de ser."[10] Adiante esclarecerá que "o determinismo biológico estrito senso" é "flagrante em qualquer das formulações freudianas", ainda que as interpretações dos textos do "velho mestre" engendradas por outras escolas psicanalíticas tentem abandonar tal referencial.[11] Porém, é necessário que se destaque que "o nome da determinação biológica do ser humano para Freud foi a sexualidade, mesmo [...] o sentido literal tenha dado lugar a uma energia libidinal mais genérica.[12]

Nos dizeres de PAGLIA, "no princípio, era a natureza. Pano de fundo a partir do qual e contra o qual se formaram nossas ideias a respeito de Deus, a natureza continua sendo o supremo problema moral. [...] A sociedade é uma construção artificial, uma defesa contra o poder da natureza. Sem sociedade, estaríamos

---

[9] PASTORE, Karina, FRANÇA, Valéria. "Neurônios que fazem a diferença". *Revista Veja*. São Paulo, 22 de março de 1995. Comportamento, p. 76-82.

[10] CODO, Wanderlei *et alli. Indivíduo, trabalho e sofrimento*; uma abordagem interdisciplinar. Petrópolis: Vozes, 1993; pp. 34-35.

[11] *Idem*; p. 36.

[12] *Idem*; p. 37. Curiosamente, deixando de lado o impulso biológico, há em Codo uma explicação cultural (mais especificamente, econômica, identificada que é com o capitalismo) para a diferença entre comportamentos e características masculinos e feminimos que, segundo Pastore e França (1995) buscam motivação biológica. Exemplos: o "gosto estético" feminino, sua "sensibilidade maior", bem como "uma tendência de privilegiar a intuição", em contraste com uma "tendência à objetividade", assim como "à dedução e análise" masculinas. À frente, descreverei os mecanismos pelos quais, creio, correlacionam-se o impulso biológico (ou motivação biológica) e a cultura (ideologia e *praxis*).

sendo jogados de um lado para outro nas tempestades do mar da barbárie que é a natureza. Somos apenas uma dentre a multidão de espécies sobre as quais a natureza exerce indiscriminadamente sua força. A natureza tem um programa mestre que mal podemos conhecer".[13] O pressuposto básico de PAGLIA, frise-se, é comum a FREUD; é o que se percebe logo no princípio de seu livro: "O sexo é um subconjunto da natureza. Sexo é o natural no homem."[14]

A parte inicial do trabalho de PAGLIA, que diz preferir SADE a ROSSEAU, é, em meio a esta discussão, uma leitura obrigatória. A exemplo do que se teoriza nesta obra, afirma PAGLIA que "somos animais hierárquicos. É só varrer uma hierarquia, que outra tomará seu lugar, talvez menos palatável que a primeira";[15] assevera, ainda, que "a vontade de poder é inata".[16] Comungam este texto e o dela da compreensão do ser humano como uma base biológica recoberta por uma estrutura cultural (que desenvolveu-se ao longo da história, desde os seus momentos mais longínquos), contraste que determina, inclusive, conflitos psicológicos (cuja manifestação, funcionamento etc não fazem parte do objeto específico desta análise).

O elemento biológico é um dado ao qual atribui-se inevitabilidade. Porém, ao ser humano é possível conscientizar-se do mesmo e trabalhando-o; da mesma forma, a cultura pode lançar – e, com efeito, lança – coerções psicológicas (pelo condicionamento) que se opõem, ainda no inconsciente, ao impulso biológico "indesejado". A recriação do natural pela cultura é, em muito, um esforço (e, por vezes, uma conquista) de negação ou reorientação do impulso biológico. Ele está presente no ser humano, mas não precisa necessariamente, exteriorizar-se

---

[13] PAGLIA, Camille. *Personas sexuais*; arte e decadência de Nefertite a Emily Dickinson. Trad. Marcos Santarrita. São Paulo: Companhia das Letras, 1992; p. 13.

[14] *Idem*; p. 13.

[15] *Idem*; p. 15.

[16] *Idem*; p. 16. Entretanto, como ocorre com outros pontos, não comungo de sua compreensão do "mundo dos sonhos" como espaço "onde reina a natureza". O impulso biológico (a natureza), creio, é apenas um dos "ingredientes" que compõem os estranhos domínios do inconsciente.

(pode, por exemplo, ser contido ou sublimado). Paglia, neste aspecto, é irretorquível: "a sociedade não é a criminosa, mas a força que contém o crime. Quando os controles sociais enfraquecem, a crueldade inata do homem vem à tona. O estuprador não é criado por más influências sociais, mas por uma falha de condicionamento social."[17]

Em meio a tais considerações, a compreensão da influência dos impulsos animais sobre os comportamentos humanos exige que se atente para determinadas peculiaridades. Ao contrário da tendência ocidental de compreensão lógica da realidade, imaginando a existência, entre a causa e o efeito, de uma linearidade (vale dizer, de uma linha reta, com a qualidade de percurso necessário: uma causa para um efeito determinado), em muitas situações, a partir da informação genética abre-se um leque de resultados possíveis e "reorientáveis". Tem-se, assim, um mecanismo que pode ser descrito, analogicamente, como um curso de água: tendendo à descida, seu percurso, contudo, não é linear; contorna obstáculos ou forma empoçamentos (como lagoas), prosseguindo em seguida; subdivide-se, curva-se etc.. A cultura e a história humanas[18] são os terrenos a serem percorridos pelos impulsos biológicos até "desaguarem" (ou não?) no mundo exterior: seja afirmados, seja sublimados. Assim, a cultura reveste o impulso de significação, quando lhe é conforme, ou procura submeter-lhe a um duro obstáculo, quando lhe é disforme. Pode-se especular, por exemplo, que ao impulso altruísta (colaboracional) corresponde a manifestação de certa qualidade de normas que procuram garantir a convivência no grupo. São vários os indicadores nessa direção. Se a mulher trabalha com mais facilidade os dois lados do cérebro, inclusive o lado direito, que possui um papel fundamental na emoção,[19] a cultura lhe franqueia o "sentimentalismo", permite-lhe chorar ("coisa de mulher"), ao passo que quase proíbe lágrimas aos homens ("ho-

---

[17] *Idem*; p. 14.

[18] De cada grupamento humano, num plano social, e de cada ser humano, num plano individual; mais influenciado por aquele do que influenciando-o.

[19] PASTORE e FRANÇA, *op. cit.*; p. 78-79.

mem não chora"). Se aos homens corresponde maior agressividade, tornar-lhes-á guerreiros; conduto, a cultura desenvolveu-se (motivada pelo impulso altruísta?) no sentido de limitar esta vontade de poder: hoje temos os comportamentos agressivos como pecaminosos, imorais, indesejáveis e criminosos. Aliás, PAGLIA, após referir-se à "vontade de poder masculina"[20] mostrará como a cultura ocidental (que ela denomina de "apolínea") produziu "a agressiva mulher moderna, que pode pensar como o homem".[21] Destarte, pode-se dizer que, se estamos certos, o presente momento histórico exige uma contenção, na mulher, de certos impulsos femininos próprios, e uma valorização de posturas masculinas.

Também FICHER,[22] ocupando-se da paixão e dos comportamentos de conquista e sedução entre homens e mulheres, e WRIGHT,[23] discorrendo sobre as diferenças sexuais, deixam descobertas as motivadoras biológicas, mostrando "n" pontos em que o comportamento humano repete comportamentos animais, ou seja, é determinado a partir de informações genéticas. Esta regra, contudo, não pode ser levada ao extremo de negar a influência da cultura, pois se esta se adapta ao natural, igualmente o nega, procura superá-lo, desconhecê-lo.

Em meio a todas estas afirmações, cumpre destacar acreditar-se que os limites entre a influência de fatores biológicos e fatores culturais nos comportamentos humanos podem apenas ser supostos em nosso estágio de conhecimento atual.[24] O trabalho de PASTORE e FRANÇA[25] noticia um grande avanço das explicações biológicas. Ainda assim, o ser humano não está reduzido às influências animais. O simples fato de que as dife-

---

[20] *Op. cit.*; p. 19.

[21] *Idem*; p. 23.

[22] FISHER, Helen E. *Anatomia do amor*; a história natural da monogamia, do adultério e do divórcio. Trad. Magda Lopes e Maria Carbajal. São Paulo: Eureka, 1995..

[23] WRIGHT, Robert. "E Darwin criou a mulher". *Folha de S.Paulo*. São Paulo, 11 de novembro de 1994. Mais!, p. 4-5.

[24] 1995: p. 11-12.

[25] 1995.

renças (bem como os privilégios dos mais fortes) nas sociedades animais possuírem um limite atesta que esta ordem natural pode ser superada pela sociedade humana (mesmo, vê-se, para pior). Aliás, a julgar pelos constrastes entre o narcisismo das elites (bem como a sua obsessão desenfreada por mais poder – e todos os subprodutos obtidos com posições dominantes na hierarquia das sociedades humanas "desenvolvidas", como o luxo ou o prazer ilimitado, por exemplo) em contraste com a miséria absoluta de grandes populações humanas, esta ordem natural da desigualdade já foi, há muito superada, instaurando-se uma "ordem cultural da desigualdade", pior e assustadoramente cruel, com o que o adjetivo "animalesco" não lhe serve por ser inequivocamente brando.

Não podemos deixar de reconhecer em nós mesmos o *lado* animal, pois ao longo de nossa história ele se manifestou "n" vezes, e os que acreditam que isto é coisa do passado, estão cegos. A Segunda Grande Guerra resultou em aproximadamente 60 milhões de mortes; as guerras no Vietnã e no Camboja deixaram outros milhões; a Africa se mata em incontáveis conflitos. Em nome de Deus, mulçumanos radicais matam; israelenses ortodoxos, controlando territórios que invadiram, matam; católicos e protestantes ainda se matam, entre tantos outros embates. Mesmo a Europa do séc. XX assistiu, inicialmente inerte, às barbaridades que envolvem os conflitos na antiga Iugoslávia, numa "noite de São Bartolomeu" perenizada, onde aos muçulmanos bósnios e aos albaneses de Kosovo coube o triste papel de huguenotes. A tortura (e o sadismo que a ela é implícito) jamais deixou de existir e o terrorismo amplia-se ao redor do mundo. A humanidade ainda está mostrando (e exercitando) a sua face violenta (animalesca) a todo momento: enfim, somos nós que a estamos exibindo. O animal não é o outro; ele está em mim e, por não reconhecê-lo, espreita-me para que o assuma. Esses assassinos de que nos falam os noticiários e que nos repugnam estão dentro de nós; seria bom não esquecer disto.

Porém, como será demonstrado na sequência, a cultura é um *plus* à natureza, uma recriação do natural sob a forma de representação humana. Assim, mesmo sabendo que os sistemas humanos tendem ao desequilíbrio (ao caos, demandando constante atenção e correções), acredita-se que a evolução da estrutura cultural (da *praxis* e da ideologia) poderá criar uma "ordem cultural da cooperação", onde as desigualdades humanas (que existem, é claro) não estejam necessariamente marcadas por desníveis tão acentuados como os que conhecemos em nossos dias. É este o meio em que se deve buscar o melhor conceito de Justiça. E, para concretizá-lo, será necessário uma participação ampla (de cidadãos, agora globalizados): uma célula de participação e construção. Já não é mais possível "lavar as mãos" afirmando que a responsabilidade pela dor, pela miséria, pela desgraça, pela injustiça é alheia. Nesta constante atribuição de culpa ao outro, a responsabilidade queda-se órfã. No fim das contas, não é culpa de ninguém, não é responsabilidade de ninguém. Todos acreditam que não podem fazer nada e a realidade segue soberanamente cruel. Contudo, a cada um é franqueado o exercício consciente da participação, da contribuição, da colaboração, do debate e do respeito; todos somos, enfim, responsáveis por cada ser humano consumido pela miséria, por cada centavo perdido nos corredores da corrupção, por cada policial envolvido com o crime, por cada órgão público ineficiente etc.

A RAZÃO: ESSA TAL *GRANDE* DIFERENÇA | 4

Viu-se que o fenômeno jurídico das sociedades humanas possui, provavelmente, motivações comportamentais biológicas (inconscientes). Será preciso, portanto, examinar o elemento que diferencia o grupo maior (as sociedades animais) do subgrupo específico (as sociedades humanas). Examinar-se-á, assim, a razão, base da existência diferenciada do ser humano (e das sociedades humanas desenvolvidas); enfim, base da existência alargada da cultura humana (e, especificamente, do Direito).

"Mais de um século de pesquisas neurobiológicas sustentou constantemente a ideia segundo a qual todas as operações realizadas pelo sistema nervoso, inclusive o cérebro humano, têm uma base estrutural. Elas são realizadas pelas células nervosas ou neurônios e por seus prolongamentos dendríticos ou axônicos. A natureza e a dimensão do conjunto de neurônios implicados talvez variem de uma operação para outra, assim como, aliás, a natureza das células receptoras que desencadeiam a operação e das células efetoras musculares ou outras, que respondem às ordens dos neurônios, de sua complexa rede de conexões e, ocasionalmente, dos hormônios circulantes cuja liberação é por eles controlada.

Os contatos entre os neurônios, ou sinapses, têm uma importância muito especial, pois constituem as supremas superfícies de comunicação entre os neurônios. Representam gargalos

36 Semiologia do Direito • Mamede

onde se estrangula o transporte de todas as informações através do sistema nervoso. É a nível das sinapses e do corpo celular do neurônio que se devem estudar as funções fundamentais do sistema nervoso central, particularmente a função de aprender."[1]

A base biológica da racionalidade humana, como se verifica, deve ser identificada nos neurônios e nas interligações entre estes, ou seja, nas sinapses. Recordando a teoria evolutiva, sabe-se que, há milhares de anos, algumas mutações genéticas (estimuladas por um fator externo, como, por exemplo, a radiação) produziram, aleatoriamente (embora seguindo certa linha de probabilidades), alterações nas informações cromossômicas, culminanando por originar as estruturas neurobiológicas que, no sistema nervoso central, viabilizam uma capacidade de organização do pensamento, que é chamada de razão. Neurônios e sinapses, vários animais os têm; mas apenas o *Homo sapiens* possui a capacidade de estruturá-los em razão.

Entre a razão (como capacidade ou potencialidade neurobiológica) e o conhecimento (como utilização e realização desta potencialidade), destaca-se um fator: a aprendizagem (comum a qualquer espécie animal, mas possuindo peculiaridades na espécie humana). "Geralmente, define-se a aprendizagem como sendo uma mudança adaptativa no comportamento de um indivíduo *(não necessariamente humano)* como resultado da experiência."[2] Seres humanos, bem como indivíduos de qualquer outra espécie animal, aprendem pela vivência da (e na) realidade ou pela imitação dos comportamentos adotados por outros membros do grupo.

Especificamente quanto à espécie humana, é primordial verificar-se que todo este conhecimento acumulado que a afasta consideravelmente do "estado de natureza" tem por mecanismo necessário os processos de aprendizado (e, correlativamente, os

---

[1] CHANGEUX, Jean Pierre, *et* DANCHIN, Antoine, "Aprender por estabilização seletiva de sinapses em desenvolvimento"; apud CENTRO ROYAUMONT PARA UMA CIÊNCIA DO HOMEM (org.), *in A Unidade do Homem: invariantes biológicos e universais culturais*, vol. 2; trad.: Heloysa Dantas. São Paulo: Cultrix: Ed. da USP, 1978; p. 55-56.

[2] CARTHY, *op. cit.*; p. 51.

sistemas de comunicação e representação simbólica da realidade, como será visto). É desta forma que as gerações passadas podem ser superadas, pelas gerações que as sucedem, no desenvolvimento cognitivo, na instrumentalização cada vez maior do real, na abstração intelectual progressiva etc. Assimiladas (em muito pelo condicionamento) as informações (conceitos e seu emprego) que uma geração possui, a geração subsequente manipula tais dados na busca de novos avanços cognitivos, enfim, em busca de maior instrumentalização e abstração. Os avanços dos princípios e instrumentos jurídicos são um exemplo deste processo. A cada geração, o Direito equipa-se (e precisa equipar-se) conceitualmente para acompanhar os desenvolvimentos das demais áreas da sociedade.

Ao falar em aprendizagem, não se está limitando apenas às formas institucionais de educação; assim, é necessário que se tenham bem diferenciadas educação e aprendizagem. Aprende-se a todo e qualquer instante: aprende-se vivendo, como também se pode aprender instruindo-se em uma escola. Uma criança aprende a falar bem antes da escola, como maior exemplo; um animal aprende um caminho sem escolas, como outro exemplo. É uma situação que se mantém além das graduações escolares, não obstante seja certo que as sociedades modernas depositaram na educação institucionalizada um esforço de coordenação dos processos de aprendizagem (com o que procuram acelerar e controlar o seu exercício e desenvolvimento).

Portanto, o conhecimento humano e, consequentemente, toda a cultura que alicerça as sociedades humanas pressupõem uma capacidade inata para a aquisição de conhecimento, ou seja, uma capacidade inata para a aprendizagem e para a elaboração dos conceitos aprendidos. Nas palavras de BÉJIN, "o organismo e o cérebro se caracterizam por uma herança de 'propensões', de 'potencialidades adormecidas' cuja atualização advém de estímulos extraorgânicos".[3] Há uma propensão humana a aprender,

---

[3] BÉJIN, André, "O que é aprender?", *apud* CENTRO ROYAUMONT PARA UMA CIÊNCIA DO HOMEM (org.), *op. cit.*; p. 20.

bem como estímulos extraorgânicos, institucionalizados (entre os quais as diversas linguagens) ou não, com os quais os indivíduos exercitam-na.

Sobre a diferenciação que se estabelece entre o ser humano e os demais animais, já se pode especificar que somente a estrutura neurobiológica do ser humano possui propensão inata para assimilar certa qualidade de estímulos (os conceitos) e para trabalhá-los de uma forma "desenvolvida". A realidade física (externa aos sentidos) é comum; contudo, é assimilada diferenciadamente por cada espécie animal (segundo as especialidades sensitivas de cada uma e, no ser humano em sociedade, segundo os conceitos culturais que a representam, como se verá). A este respeito, é preciso deixar bem claro que a incidência dos estímulos extraorgânicos sobre a estrutura neurobiológica é limitada biologicamente. Esta limitação pode ser precisada em dois momentos: inicialmente, a capacidade que o indivíduo possui para captar e assimilar os fenômenos externos, capacidade esta que é determinada nos sentidos; em seguida, a capacidade de processar os fenômenos externos captados e convertidos em estímulos nervosos, que é determinada pela potencialidade da estrutura neurobiológica (onde se destaca a morfologia humana, propensa à manifestação racional).

Os sentidos, é inevitável que se perceba, constituem o primeiro limite para a reconstrução do real na mente do indivíduo; afinal, como se depreende do que se acabou de dizer, a realidade é limitadamente cognoscível em sua existência física (ela existe no indivíduo no estreito âmbito franqueado por seus sentidos, em limites definidos *a priori*: a sensibilidade – o conjunto do material que lhe pode ser posto à disposição pelos sentidos que possui – e sua elaboração pela estrutura neurobiológica adjacente, até que esse material possa ser trabalhado pelo consciente e pelo inconsciente).

A este propósito, alerta CHANGEUX para o fato de que "todos pretendem ver no cérebro do homem um universo de possibilidades. [...] Isto não acontece. Existem limites genéticos, assim como limites na maneira como se podem realizar as poten-

A razão: essa tal *grande* diferença **39**

cialidades genéticas, isto é, na maneira segundo a qual o genótipo se exprime sob a forma de um fenótipo".[4] Assim, a afirmação de que toda a racionalidade está determinada *a priori* no indivíduo dá mostras de ser correta (em limites que serão posicionados em momentos subsequentes deste estudo). O ser humano, ao nascer, já traz em si as informações genéticas que irão constituí-lo fisicamente ao longo de sua vida: especificamente, no âmbito do que se está examinando, as estruturas neurobiológicas que o capacitarão a raciocinar, os sentidos que lhe franquearão perceber a realidade e todos os tecidos celulares que se envolvem, direta ou indiretamente, nas operações nervosas ou mentais. Esta é a definição *a priori* da racionalidade, que é dada no genótipo do indivíduo. Naturalmente, a história pessoal deste indivíduo pode redeterminar estes limites pela produção de alterações em seu fenótipo (lesões diversas, tumores neurobiológicos, perda de parte da capacidade sensitiva etc.).

CHOMSKY é também um dos pensadores que entendem que "um conjunto de coerções apriorísticas determina o saber (o sistema cognitivo) obtido".[5] Consciente do impacto da reafirmação de um apriorismo para a razão, esclarece que "nos encontramos diante de um paradoxo que de fato não o é: onde um saber rico e complexo por ser obtido, construído como saber de uma língua, devem existir coerções, limitações, impostos biologicamente ao tipo de saber a ser obtido e adquirido. Isto significa que o campo do saber está fundamentalmente ligado aos limites".[6] RONAT, tratando de resumir o pensamento e as teorias produzidas por CHOMSKY, irá desenvolver bem esta questão: "o aspecto essencial de sua [*de CHOMSKY*] crítica ao empirismo é esta hipótese racionalista: a estrutura do cérebro é determinada a priori pelo código genético; o cérebro é programado para analisar a experiência e construir saberes a partir desta experiência".[7]

---

[4] CHANGEUX et DANCHIN, *op. cit.*; p. 92.

[5] CHOMSKY, Noam, *in Diálogos com Mitsou Ronat*; trad.: Álvaro Lorencini et al. São Paulo: Cultrix, s/d; p. 69.

[6] *Idem*; p. 70.

[7] RONAT, Mitsou, *apud* CHOMSKY, *op. cit.*; p. 85.

Aliás, esta posição em relação à capacidade de produção de raciocínio encontra ressonância entre pensadores de outras áreas (onde, consequentemente, utilizam-se outros métodos de estudo da razão). "Em Fisiologia, todo mundo está liberado do dogma empirista. Ninguém acha angustiante colocar a pergunta: de que informações genéticas temos necessidade para explicar o crescimento de braços em vez de asas? Por que isto se transforma em um dilema angustiante quando se trata do cérebro e das propriedades mentais?"[8] ARRIAGA e LARA também tecem críticas às teorias do pensamento empirista tradicional, ou seja, da concepção positivista do conhecimento, que descrevem como "a ideia de uma realidade que pode ser conhecida e de um observador dotado de uma ilimitada capacidade de conhecer".[9]

Esta posição empirista, no entanto, já não pode se sustentar diante dos avanços científicos, alguns aqui citados, que alteraram a compreensão da função cognitiva do cérebro. PIATTELLI-PALMARINI, neste sentido, adverte que "não se pode ir além dos limites representados pelo que Changeux chama de 'o envelope genético' da espécie; ou melhor dizendo, isso (conhecer, aprender, raciocinar) só pode ser feito em consequência de mutações aleatórias, provenientes do interior, as quais ocorrem no genoma em virtude de um mecanismo independente de toda a 'estrutura' que não seja a estrutura microscópica do material genético".[10]

É preciso anotar que MATURANA leva a influência da carga genética aos limites da cultura. "Como membros de uma mesma espécie, os homens compartilham um mesmo e determinado padrão (pattern) de organização genética [...]. Essa unidade estrutural constitui o fundamento de toda unidade cultural."[11]

---

[8] ARRIAGA, Filipe et LARA, Elsa, "Cognição, auto-organização e abertura informacional"; in Filosofia e Epistemologia II. Lisboa: A Regra do Jogo, 1979; p. 201.

[9] Idem; p. 201.

[10] PIATTELLI-PALMARINI, Massimo, "Introdução", apud CENTRO ROYAUMONT PARA UMA CIÊNCIA DO HOMEM (org.), in Teorias da Linguagem, Teorias da Aprendizagem; trad.: Álvaro Cabral. São Paulo: Cultrix: Ed. da USP, 1983; p. 12.

[11] MATURANA, Humberto, "Estratégias cognitivas", apud CENTRO ROYAUMONT PARA UMA CIÊNCIA DO HOMEM (org.), op. cit.; p. 162.

É admirável o alcance que tal teorização pretende obter. O elemento cultural comum das diversas sociedades humanas (os pontos comuns de seu conteúdo, como as relações obrigacionais, sistematicamente encontradas nas mais diversas sociedades) estaria determinado pela própria informação armazenada no código genético (em forma de propensão). "Adotarão modos de conduta semelhantes diante de perturbações semelhantes: e semelhantes serão os seus campos cognitivos. [...] As diferenças culturais não representam modos diferentes de tratamento da mesma realidade objetiva, constituindo, porém, legitimamente domínios cognitivos distintos. Homens culturalmente diferentes vivem em realidades cognitivas diferentes, especificadas de maneira recursiva por sua forma de nelas viver."[12]

Especificamente no âmbito da busca pelo Direito, a partir de suas raízes mais remotas (inativas, crê-se aqui), sabe-se que seu exercício pressupõe uma "realidade cognitiva", lastreando-se nestes fundamentos neurobiológicos (definidos geneticamente) que foram ora examinados. O tratamento racional do impulso agonístico constitui uma potencialidade que é identificada em cada indivíduo, genotípica e fenotipicamente.

---

[12] *Idem*; p. 162.

A RAZÃO EM FORMA E CONTEÚDO | 5

Como se viu, a razão é uma capacidade neurobiológica que a espécie humana possui definida em sua bagagem genética. Esta capacidade é limitada por tal bagagem genética e, via de consequência, o cérebro humano não é um "universo ilimitado", como já se quis acreditar. O homem não pode conhecer tudo (pois possui um limite neurobiológico para a capacidade cognitiva, como possui limites para a sua capacidade fisiológica). No entanto, dentro de seus limites naturais, desenvolveu toda uma abstração (um *plus* à realidade física) que o colocou assustadoramente "adiante" das outras espécies animais.

Trabalhou-se muito, até agora, com o material elaborado pelas teorias neoinativistas. Mas é preciso ter todo um cuidado em relação ao apriorismo. Por vezes, tais teorizações chegam a afirmar a existência de informações dadas *a priori*. Diante das posições assumidas por CHOMSKY neste sentido (de todo o alcance que ele pretende dar ao inativismo), torna-se interessante observar e compreender a irresignação de PIAGET, redefinindo o rumo do presente exame. "Cinquenta anos de experiência ensinaram-nos que não existem conhecimentos resultantes de um simples registro de observações, sem uma estruturação devida às atividades do indivíduo. Mas tão pouco existem [no homem] estruturas cognitivas *a priori* ou inatas: só o funcionamento da inteligência é hereditário e só gera estruturas mediante essa organização de ações sucessivas, exercidas sobre objetos."[1]

O limite para o qual atenta PIAGET dá mostras de ser altamente relevante e procedente. Partindo de suas pesquisas realizadas principalmente com crianças, estudando-lhes os mecanismos de aprendizado, PIAGET desenvolveu toda uma psicologia genética, afirmando que "as teorias de pré-formação do conhecimento parecem tão desprovidas de verdade concreta quanto as interpretações empiristas, pois as estruturas lógico-matemáticas, em sua infinidade, não são localizáveis nem nos objetos nem no sujeito em seu ponto de origem. Portanto, só o construtivismo é aceitável".[2]

Desta forma, é possível detectar um novo contorno para o impasse teórico estabelecido no que se refere ao estudo do pensamento humano e, mais detalhadamente, da capacidade de cognição e elaboração do conhecimento pelos indivíduos da espécie humana. Atente-se para três grandes correntes: primeiramente, empirismo (concepção positivista do conhecimento); depois, o inativismo (a concepção apriorística do conhecimento, teorias da pré-formação, por vezes denominadas de "neokantianas"); e, finalmente, os que se afiliam ao "construtivismo" piagetiano. Resumem-se, assim, as correntes que foram aqui elencadas.

De princípio, é interessante observar que o impasse entre aprioristas e construtivistas não impede os dois grupos de "estarem atacando o mesmo adversário: o empirismo, sob todas as suas formas e em todos os seus matizes. [...] A diferença fundamental entre Chomsky e Piaget resulta de que este último considera toda a aquisição cognitiva, inclusive a linguagem, como produto de uma construção progressiva, a partir das formas evolutivas da embriogenia biológica até o pensamento científico contemporâneo, e recusa a hipótese de uma pré-programação no sentido estrito do termo. Mas sublinhemos imediatamente que o

---

[1] PIAGET, Jean, "Psicogênese dos conhecimentos e seu significado epistemológico", *apud* CENTRO ROYAUMONT PARA UMA CIÊNCIA DO HOMEM, *op. cit.*; p. 39.

[2] *Idem*; p. 41.

que é inato para Piaget é uma capacidade geral de reconciliação dos sucessivos níveis de uma organização cognitiva cada vez mais aperfeiçoada".[3]

Como se vê, as ideias de CHOMSKY e de PIAGET, segundo alguns, são conciliáveis, senão compatíveis, em muitos pontos. INHELDER destaca que, "no contexto do debate que nos ocupa aqui, não é surpreendente poder recordar as palavras de um psicolinguista genebrino que sugerem, como pensamos, que os pontos de vista de Chomsky e Piaget não são tão contraditórios quando procuram fazer-nos crer? 'É a obra de Chomsky que está possibilitando o estudo da aquisição de linguagem num quadro de referência piagetiano' (Sinclair, 1971, p. 204). E não foi somente em Genebra que essa aproximação mereceu consideração. Não concluiu Cromer (1974) sua discussão afirmando: 'Talvez Chomsky e Piaget estejam ambos certos'?"[4]

Não se pode asseverar até qual limite esta dupla validade dos pensamentos descritos pode ser estendida, mas é certo que, embora "tanto Piaget como Chomsky não têm tido como tema principal de estudo as relações entre linguagem e pensamento", "Piaget acha que a linguagem é uma condição necessária para a construção de operações lógicas" e que "entre a linguagem e o pensamento existe um círculo genético tal que um dos dois termos apoia-se necessariamente no outro, numa formação solidária e em perpétua ação recíproca. Mas ambos dependem, em última instância, da própria inteligência, que é anterior à linguagem e independe desta. Chomsky, por seu lado, considera que talvez se revele impossível efetuar uma distinção nítida entre os componentes linguísticos e não linguísticos do conhecimento".[5]

Um novo problema, portanto, está colocado e diz respeito às relações que o pensamento humano mantém com a linguagem. A primeira e mais simples constatação é a de que a linguagem

---

[3] INHELDER, Bärbel, "Linguagem e conhecimento no quadro construtivista", *apud* CENTRO ROYAUMONT PARA UMA CIÊNCIA DO HOMEM (org.), *op. cit.;* p. 170.

[4] *Idem*; p. 175.

[5] *Idem*; p. 171-172.

é uma forma de exteriorização do pensamento; não exclusivamente a língua, frise-se, mas linguagem em um sentido largo (enfim, todas as formas de linguagem), querendo traduzir todo e qualquer sistema de significação. Observe-se que mesmo o ato de apontar constitui uma exteriorização de pensamento (mas qual pensamento? Vê-se, logo de princípio, que o problema da interpretação se coloca na base de toda a situação em exame).

Mas a linguagem é mais do que a simples expressão e exteriorização do pensamento. Para muitos estudiosos, a linguagem é mesmo um molde do pensamento, organizando-o, estruturando-o e sistematizando-o, permitindo, enfim, todo o seu desenvolvimento (e, assim, todo o desenvolvimento que a espécie humana vem experimentando ao longo de tantos milênios seria o desenvolvimento de suas linguagens). SAUSSURE, em suas aulas de linguística, destacava que "nosso pensamento não passa de um massa amorfa e indistinta. [...] Sem o recurso dos signos, seríamos incapazes de distinguir duas ideias de modo claro e constante. Tomado em si, o pensamento é como uma nebulosa onde nada está necessariamente delimitado: não existem ideias preestabelecidas, e nada é distinto antes do aparecimento da Língua".[6] Pela linha de pensamento adotada neste trabalho, como já foi destacado, torna-se mais correto (por ser mais abrangente) dizer que nada é distinto antes do aparecimento da linguagem (do conjunto de todas as formas distintas de linguagem – que se complementam em um único sistema que se examinará: a ideologia).

Fica a dúvida: o pensamento é moldado pela linguagem? Seria ele a substância da qual a linguagem seria a forma? Crê-se que sim. "Qualquer que sejam os pensamentos advindos ao espírito do homem, não podem nascer e existir a não ser na base do material da Língua, na base dos termos e das frases da língua. Não há pensamentos nus, liberados dos materiais da

---

[6] SAUSSURE, Ferdinand de, *in Curso de Linguística Geral*; trad.; Izidoro Blikstein *et al.* São Paulo: Cultrix, 1989; p. 130.

linguagem."[7] Por exemplo: o conhecimento põe em relação um sujeito cognoscente e um objeto. Observe que é da linguagem que nasce o "eu" para construir, em seguida, a dualidade: "isto", "tu", "ele", "nós" (referência na qual o "eu" é uma parte), "aquilo" etc. A linguagem opera como um fator diferenciador, o elemento que cria e distancia o sujeito (o "eu") da realidade que o compreende (e a qual a linguagem traduz). O pensamento "nu" não é apenas impossível de ser expresso em forma compreensível (ao outro); sem os elementos da linguagem (os símbolos que representam a realidade e as tantas partes em que a dividem), o pensamento ou, mais especificamente, a memória não teria nada do que se servir para reter tal vislumbre amorfo.

Especificamente no que se refere ao Direito, esta realidade é ainda mais marcante. No real físico, exterior, o Direito não existe. É a linguagem que cria todos os conceitos que alicerçam a existência do Direito (do mais elementar aos mais complexos sistemas jurídicos), assim como os conceitos da moral, etiqueta etc. Não há, no real físico, dever, direito, dívida, crédito, certo ou errado. Há apenas o real. O Direito, portanto, é pura linguagem.

Os sistemas semiológicos (os conjuntos estruturados de significação) constroem, no ser humano, a realidade "inteligida", ou seja, uma reprodução imaginária, vicária, da realidade física (que é, como já afirmava KANT, inacessível "em si") e uma estrutura que lhe é adicional, um *plus* de abstração (onde se encontrará, entre outros elementos, o próprio Direito). A consequência imediata deste mecanismo é a conclusão de que a convivência social pressupõe, a partir do condicionamento do indivíduo nas estruturas da linguagem, o aniquilamento da verdadeira individualidade, reduzindo todos os pensamentos a uma vala comum que, massificada, permite o convívio social, mormente quando este se encontra fundado em um alto grau de desenvolvimento e abstração ("criam-se" cores, formas, tempo, hábitos etc.).

---

[7] STALIN, *apud* CHAUCHARD, Paul, *in A Linguagem e o Pensamento*; trad.: Carlos Ortiz. São Paulo: Difel, 1967; p. 12.

Este processo de adestramento social (condicionamento), onde a memória (esta outra capacidade neurobiológica geneticamente dada ao ser humano) é preenchida com os elementos da cultura ou, mais especificadamente, com as estruturas das diversas linguagens cristalizadas na prática social (sua forma e substância, sua gramática organizacional) tem suas raízes (e mesmo seu ápice) na infância. Pelo convívio com os adultos (aqueles que já estão condicionados e manifestam um conjunto de linguagens, uma cultura), a criança aprende, verificando (a cada instante) que aqueles que cuidam dela (e com ela convivem) utilizam o real (que ela sente: vê, ouve etc.) de uma certa forma; ao expressar suas primeiras vontades, verifica que algumas formas são compreendidas e respondidas e outras não. É por este mecanismo que o seu pensamento vai tomando a forma que se compatibiliza com o pensamento social que o precede (historicamente) e que constitui a cultura manifestada pelo grupo a que pertence. Não é outro o sentido que dá CHAUCHARD, quando afirma que "o pensamento do homem é totalmente tributário da linguagem aprendida por ele quando criança".[8]

Mesmo quando se vai tratar da linguagem (examinando as relações que esta mantém com o pensamento e, por extensão, com a própria racionalidade), não se pode perder de vista o lastro com os imperativos biológicos. MEHLER adverte que "toda tentativa que vise a descrever a utilização da linguagem, e/ou sua aquisição, sem recorrer aos aspectos de disposição que caracterizam o cérebro humano, está condenada ao fracasso".[9] A linguagem também não existe de *per si*, mas desenvolveu-se ao longo da história dentro dos estreitos limites que lhe foram facultados pelas estruturas biológicas do ser humano. Nada além (entretanto, é possível que aquém). Em cada espécie animal, a linguagem (específica para aquele tipo animal) está limitada (e, na maioria assustadora dos casos, determinada) pelo "envelope

---

[8] CHAUCHARD, *op. cit.*; p. 37.

[9] MEHLER, Jacques, "Conhecer desaprendendo", *apud* CENTRO ROYAUMONT PARA UMA CIÊNCIA DO HOMEM *(org.); op. cit.*; p. 24.

genético" que seus indivíduos carregam. Especificamente no que se refere à capacidade de assimilação e de utilização pelos seres humanos dos sistemas semiológicos que são encontrados em suas sociedades (dentre os quais se destaca, indubitavelmente, a língua), EINSENBERG destaca que esta linguagem "é genética, pois só o genoma do ser humano é compatível com a produção da linguagem humana".[10]

A inteligência (enquanto capacidade) existe de forma independente de qualquer linguagem. A inteligência é um fato biológico, uma informação genética que se desenvolve no indivíduo ao longo de sua formação e vida (desde o embrião até a morte), utilizando-se, para tanto, de determinados instrumentos ou formas. As formas, por excelência, para se trabalhar tal capacidade (de transformar esta potencialidade em realidade mental) são as linguagens manifestadas pela sociedade a que pertence o indivíduo; é este o material modulador de seu pensamento (sempre nos limites geneticamente determinados e fenotipicamente definidos, como reiteradamente visto).

---

[10] EINSENBERG, Léon, "O caráter não crítico dos 'períodos críticos'", *apud* CENTRO ROYAUMONT PARA UMA CIÊNCIA DO HOMEM (org.); *op. cit.*; p. 49.

A INSERÇÃO NO *MUNDO DOS SIGNIFICADOS* 6

Examinou-se o processo que determina a forma e a substância da memória. Como cediço, a memória é o material ao qual recorre o pensamento para manifestar-se e desenvolver-se. Viu-se a importância que as linguagens (aprendidas pelo condicionamento) possuem em tal processo e, por conclusão, constatou-se a relevância destas em todo e qualquer processo cognitivo e intelectual humano. Os processos de assimilação das estruturas lógicas, além das axiológicas, é cogente à assimilação das linguagens do grupo social. Todo este mecanismo de formação (ou, até mesmo, de "formatação") do indivíduo principia na infância, como se disse.

O primeiro passo na formação do pensamento do ser humano (a partir dos condicionamentos sociais) é a percepção do "eu", da sua individualidade posta em oposição ao restante da realidade (que será fragmentada em partes, tornadas conceitos). Como demonstram GRACE, NICHOLSON e LIPSITT, "o recém-nascido não percebe que ele é um indivíduo separado. Até o seu quinto ou sexto mês de vida, ele não se distingue do resto do mundo".[1] O processo de descoberta e determinação intelectual de uma "situação de eu" (em oposição à realidade, da qual se destaca)

---

[1] GRACE, M., NICHOLSON, P. T. *et* LIPSITT, D. R., *in Introdução ao Estudo da Psicologia*; trad.: Jamir Martins. São Paulo: Cultrix, 1978; p. 28.

é bem gradual. Inicialmente, a criança aprende a usar o corpo, num processo que se desenvolve *pari passu* com a evolução da capacidade de coordenação motora. É a partir dessa capacidade de usar o corpo que ela descobrirá a ação; agindo, ela passa a verificar as consequências de seus atos (por exemplo: empurra um boneco e ele balança, enquanto emite sons). É preciso não esquecer, como observado por PIAGET, que "a criança raciocina de modo diferente dos adultos. [...] A mente funciona como um artista criativo que interpreta o que vê, por vezes de modo totalmente diverso do de outras pessoas. Todos nós, inclusive a criança, interpretamos a realidade de um ponto de vista pessoal".[2]

O desenvolvimento do mecanismo de aprendizagem é gradual porque mesmo a aprendizagem é aprendida (e desenvolvida), frise-se. Os elementos aprendidos são utilizados (num mecanismo de "autoalimentação") na aprendizagem de novos elementos; a criança, com o referencial que possui assimilado (e ao qual vai acrescendo novas experiências vivenciadas), interpreta a realidade e chega a conclusões que são aprendidas (ainda que existam outras mais "corretas" ou mais conformes ao sistema cultural). "À medida que cresce, o bebê passa a compreender que suas ações produzem certos resultados. [...] Até os seis ou oito meses de vida, ele não chora quando a mãe sai do aposento. Se ela não lhe estiver visível, não existe!"[3] Aos poucos o bebê irá aprender e perceber as relações de causa e efeito; assim, divertir-se-á com brincadeiras como "esconde-esconde", vendo alguém desaparecer de um lado do berço para ressurgir do outro lado.

Já por esta fase, diversos elementos estarão sendo destacados da realidade: tornam-se partes individualizadas, ou, mais precisamente, tornam-se objetos (dos sentidos, da memória, do pensamento racional). Finalmente, a criança arriscará formas elementares de linguagem que lhe permitam comunicar-se. Já aí se percebe que, ao mesmo tempo, ela assimila a gramática destas linguagens (ou seja, vai aprendendo a lógica da cultura

---

[2] PIAGET, *apud* GRACE, NICHOLSON *et* LIPSITT, *op. cit.*; p. 39.

[3] GRACE, NICHOLSON *et* LIPSITT, *op. cit.*; p. 40.

que a envolve), embora ainda tente adaptações pessoais. A criança chora e alguém aparece para acudi-la, para trocar suas fraldas ou para alimentá-la; se bate palmas ou sorri, é festejada (encontra aprovação, reconhecimento: o olhar do outro, aquele que marca a identidade qualitativa do olhado, vai-se tornando fundamental); se aponta e emite um som, obtém os objetos que deseja (quando lhe são facultados: o proibido, ainda que não aprendido, já é uma realidade anterior).

No que se refere especificamente à aquisição dos conceitos pela criança, PIAGET relata algumas de suas pesquisas de onde se originou a teoria da "função semiótica", descrevendo os mecanismos pelos quais a criança experiencia a comunicação de conceitos mais complexos e procura desenvolver, ela mesma, os primeiros fundamentos de um sistema de significação que ultrapassa os limites de apontar, chorar ou emitir pequenos sons articulados (sistema que, por ser pessoal, nem sempre logra ser compreendido, forçando-a a condicionar-se na linguagem comum). A função semiótica opera-se pela "imitação (concebida como uma repetição intencional e adequada do comportamento dos objetos, mediante movimentos corporais), a imitação interiorizada (a qual engendra imagens interiores e representações mentais), o jogo evocador e a imitação deferida (repetição de esquemas na ausência do objeto correspondente)".[4] Surge ainda na fase sensório-motora.

Relata PIAGET: "Pude observar em dois de meus filhos os primórdios da função simbólica. Primeiro, uma de minhas filhinhas: apresentei-lhe uma caixa de fósforos entreaberta, metendo nela e sob os seus olhos um objeto (um dedal de costura; sublinho que não era um objeto comestível e ver-se-á por quê). A criança tenta abrir a caixa para alcançar o objeto em seu interior, puxa de todos os lados, isso não dá resultado e então, finalmente, para, examina a caixa, e abre e fecha a boca; isso era a simbolização do que tinha de fazer (pois nada havia na caixa para comer). Um novo fato confirma essa interpretação: repeti a

---

[4] PIATELLI-PALMARINI, *op. cit.*; p. 211.

54 Semiologia do Direito • Mamede

experiência quatro anos depois com meu filho, na mesma idade, e ele, em lugar de abrir e fechar a boca quando não conseguia abrir a caixa, olhava a fresta e sua mão, depois, abria e fechava a mão. É, portanto, a mesma simbolização, desta vez em termos manuais, mas vê-se que se trata novamente da representação da meta a alcançar."[5]

O aprendizado na criança é, em muito, o processo de destacar em seu pensamento (que é, segundo as palavras de SAUSSURE, amorfo enquanto não está marcado pelos signos das linguagens) o conceito (havendo separado, na realidade fornecida pelos seus sentidos, uma parte – um objeto – correspondente, seja ela material ou não), separando-o como parte distinta do todo (a realidade). Aprendizado também, volto a frisar, enquanto assimilação da gramática que discrimina a forma pela qual estes conceitos podem ser arranjados pelo pensamento de uma forma lógica (compreensível, comunicável por ser comum a todos os pensamentos e, por conseguinte, aceitável).

No caso das experiências de PIAGET com seus filhos, tal conceito é uma ação desejada pelas crianças: abrir. A criança, inicialmente, observa a situação e particulariza mentalmente (por uma representação vicária) o movimento (abrir); ela se recorda da caixa aberta (apenas não sabe como fazê-la abrir). Individuado o conceito e não conseguindo executar o movimento, ela procura por uma forma de comunicar seu desejo a quem pode concretizar a operação: procura um símbolo. A função semiótica substitui o papel da língua, ainda não aprendida, num esforço de transformar o conceito em significado ao qual corresponda um significante comunicável.

O que se está descrevendo são os primeiros contatos da criança (do ser humano, enfim) com o signo, que é uma das grandes marcas da sociedade humana desenvolvida (culturalmente). O signo é a unidade dos sistemas de significação, composto pela união de um conceito e uma forma convencionada de se

---

[5] PIAGET, Jean, "Esquema de ação e aprendizagem da linguagem", *apud* CENTRO ROYAYMONT PARA UMA CIÊNCIA DO HOMEM (org.), *op. cit.*; p. 213-214, nota número 1.

representar este conceito, tornados, assim, significado e significante. Em sua realidade epistemológica, o signo é indissolúvel: o conceito isolado não é mais que uma realidade psicológica; a representação isolada nada quer dizer (por não estar convencionalmente associada a um significado): é apenas um gesto, um rabisco, um desenho, que não se traduz por nada.

É a partir da infância que a consciência do indivíduo vai sendo moldada pelos sistemas significativos e seus respectivos signos. O termo *formação* é bem esclarecedor para conceituar este processo: a aprendizagem determina, pela necessidade de coexistência e convívio (alicerçados na comunicação, viabilizadora de uma coordenação nas ações de cada indivíduo), o amalgamento do pensamento individual à forma social de pensar. A individualidade reduz-se a pequenos espaços não ocupados pelos padrões e por posturas variadas no enfoque destes. Tudo se reduz à linguagem; "a linguagem é a consciência real, prática, que existe também para outros homens, que existe então igualmente para mim pela primeira vez, e, assim como a consciência, a linguagem não aparece senão como imperativo, a necessidade do comércio com outros homens. Onde quer que exista uma relação, ela existe para mim. O animal não está em relação com nada, não conhece, afinal de contas, nenhuma relação. Para o animal, suas relações com os outros não existem. A consciência é, portanto, desde logo um produto social e assim permanece enquanto existam homens em geral".[6]

Quando o desenvolvimento biológico da criança lhe faculta perceber as diferenciações dos fonemas, memorizá-los e imitá-los de maneira suficientemente compreensível, inicia o seu aprendizado da (e pela) língua. Ela passa a assimilar conceitos que correspondem a certas sequências fonéticas, passa a classificar a realidade de acordo com a existência de termos que a representem. Esta estruturação do pensamento dá-se gradualmente: os signos que não estejam de acordo com o sistema semiológico

---

[6] MARX, *apud* CAMPOS, Haroldo, "Uma poética da radicalidade" (apêndice); *in Pau-Brasil* (Oswald Andrade). São Paulo: Globo: Sec. Estadual da Cultura de São Paulo, 1990; p. 7.

socialmente manifestado não são compreendidos, não logram ligá-la com o restante do grupo (afastam-na dele); a sociedade já principia a exigir-lhe que compartilhe da "vala semiológica comum" para conviver satisfatoriamente em seu meio. Define-se, assim, uma forma de intelecto e de comportamento que produz um ser social. Cada indivíduo é condicionado a manifestar, como os demais, a ideologia e sua prática (*praxis*), como será examinado logo a seguir.

"Um signo não existe apenas como parte de uma realidade; ele também reflete e refrata uma outra [...]. Todo signo está sujeito aos critérios de avaliação ideológica (isto é, se é verdadeiro, falso, correto, justificado, bom etc.). O domínio ideológico coincide com o domínio dos signos: são mutuamente correspondentes. [...] Tudo que é ideológico possui um valor semiótico."[7] E a ideologia, anteceda-se à sua análise, é o grande elemento mortificante da individualidade, é o comum que une os homens numa mesma prática social. "A rede de comunicações de uma sociedade proporciona, então, o pano de fundo da programação comportamental de seus membros. Através do sistema de significações predominantes, logra-se a socialização do homem, ensinando-o a aceitar a programação social e atuar conforme suas regras; atrela-se o sujeito, sem permitir-lhe questionamentos, ao processo de reprodução social, compelindo-o a solidarizar-se à ordem estabelecida. Um indivíduo converte-se em membro da sociedade quando, ainda sem sabê-lo, aprende a compreender os produtos e mensagens de sua cultura e começa a atuar conforme os mesmos. De um outro ponto de vista, pode-se afirmar que o comportamento humano só é previsível e portador de mensagens, isto é, significativo, porque está remetido aos padrões de uma cultura que permite interpretar comportamentos e prever ações futuras. De forma geral, os sistemas comunicacionais são a execução de programas que explicitam uma cultura."[8] Sem que tenha condições de perceber e, via de consequência, sem

---

[7] BAKHTIN, Mikhail (V. N. Volochínov), *in Marxismo e Filosofia da Linguagem*; trad.: M. Lahud *et al.* São Paulo: Hucitec, 1986; p. 32.

[8] WARAT *et* CARDOSO, *op. cit.*; p. 81.

que possa rejeitar, a criança está perdendo a sua individualidade para assimilar uma existência social: passa a ser um membro "conforme" do grupo, um indivíduo social, manifestador de valores socialmente postos. Passa a ser referenciada por um conjunto de estereótipos, comungando de uma mesma realidade "inteligida" que deve presumivelmente corresponder, de acordo com a ideologia manifestada pela sociedade, à realidade física em que se vive.

SOB O IMPÉRIO DA ALTURA | 7

Já é sabido que o ser humano possui uma capacidade racional que é, antes de tudo, geneticamente determinada e que pode ser traduzida como uma potencialidade neurobiológica de elaboração intelectiva. A partir de estímulos externos, captados pelos sentidos segundo a capacidade destes (determinada tanto no genótipo quanto no fenótipo de cada indivíduo), e processados de acordo com as estruturas neurobiológicas da espécie, esta potencialidade vai sendo convertida em memória, com elementos (conceitos) que passam a ser trabalhados, associados, comparados, relacionados etc. Engendra-se, assim, o conhecimento.

Vivendo em sociedade e tendo sido formado (ou, antes e melhor, condicionado) nas (e pelas) linguagens ali manifestadas, o ser humano possui a consciência da realidade permeada por referências sociais que compartilha com os demais membros do grupo. "Toda interação social depende da possibilidade de seus protagonistas conseguirem atribuir significados à atividade daqueles que participam do jogo social. Toda interação depende, portanto, do fato de seus artífices compartilharem um sistema de elementos comunicacionais e terem um mesmo código de ação. A cultura proporciona este código decifrador das mensagens

60 Semiologia do Direito • Mamede

emitidas na interação, antecipando a produção e interpretação de futuras práticas sociais."[1]

Observou-se, ainda, que, como a formação do indivíduo e, consequentemente, de seu conhecimento (o preenchimento das estruturas neurobiológicas da razão, constituindo a consciência) se perfazem na (e através da) sociedade, todo o seu pensamento vai sendo condicionado pelos signos das diversas linguagens do grupo. "A consciência adquire forma e existência nos signos criados por um grupo organizado no curso de suas relações sociais."[2] E, como coloca AUZIAS, "tudo são signos para nós. [...] Os signos são profundamente arbitrários, por um lado, e por outro são coercitivos. Isto é, formam um sistema de condicionamentos instalado por poderes sócio-político-culturais. Prevê-se mesmo a marginalização".[3]

Em meio a todo este mecanismo condicionante, três termos merecem um exame mais acurado: *cultura, ideologia* e *praxis* (ou prática social). Este texto se afastaria demais de seus objetivos se fosse elencar as teorias mais importantes sobre tais elementos. Portanto, limitar-se-á a defini-los, segundo os objetivos e as bases desta pesquisa.

A cultura é todo o complexo de instrumentos e significações (em atos, práticas, instrumentos, abstrações, sons, imagens etc.) que os indivíduos do grupo aprendem com as gerações antecedentes e que perpetuam nas gerações descendentes; tal complexo determina a unidade comportamental que viabiliza a coexistência desenvolvida da sociedade. "Refere-se ao modo de vida total de qualquer sociedade, não simplesmente àquelas partes desse modo que a sociedade encara como mais altas ou mais desejáveis. [...] Inclui atividades mundanas, tais como lavar pratos ou dirigir um automóvel e, para os propósitos de estudos culturais, ficam elas de par com 'as mais belas coisas

---

[1] *Idem.*; p. 79-80.

[2] BAKHTIN, *op. cit.*; p. 33.

[3] AUZIAS, Jean-Marie, *in A Antropologia Contemporânea*; trad.: Carlos Alberto da Fonseca. São Paulo: Cultrix, 1976; p. 81.

da vida'."[4] *Grosso modo*, poder-se-ia dizer que, retirando de um grupo animal tudo o que é determinado biologicamente, ter-se-á por resultado a cultura. Isto, por lógico, sem esquecer que "estaríamos creditando-nos um mérito indevido, se negássemos toda capacidade de criar cultura a todas as criaturas subumanas".[5]

A cultura constitui uma forma diversa de enfoque e trato com a realidade, forma esta que não é determinada geneticamente, mas que, ao contrário, é desenvolvida e/ou aprendida. Um exemplo: dormir é biológico; utilizar-se de quartos, camas, pijamas é cultural. ECO diz que cultura é "toda intervenção humana sobre o dado natural, modificado de modo a poder ser inserido numa relação social".[6] Absolutamente culturais são a roupa, a música, o asco (por isto ou aquilo), as artes, a estética, os valores, entre outros aspectos da vida humana; acresçam-se: normas, dever, moral, ética, etiqueta e o Direito (lícito e ilícito, justo e injusto etc.). Entretanto, o poder (e a demanda por poder), como foi visto, provavelmente não o é.

Há milhares de anos os humanos se diferenciaram dos demais animais. "Uma característica desta diferenciação foi a elaboração de seu sistema nervoso, do cérebro em particular, ao ponto de terem eles podido não somente ver, cheirar e agir, mas também representar simbolicamente uma vasta escala de experiências. Adquiriram a capacidade de pensar e falar. Podiam ter experiências das coisas e das situações de modo vicário, não no ato imediato, mas 'dramatizado' dentro do sistema nervoso. Aprenderam a comunicar experiência a si mesmos e aos outros através dessas representações simbólicas que chamamos 'conceitos' ou 'pensamentos', expressos por gestos, palavra, dança e

---

[4] LINTON, Ralph, *in Cultura e Personalidade*; trad.: Oscar Mendes. São Paulo: Mestre Jou, 1967; p. 42.

[5] HOEBEL, E. Adanson, *et* FROST, Everett L., *in Antropologia Cultural e Social*; trad.: Euclides C. da Silva. São Paulo: Cultrix, 1984; p. 17.

[6] ECO, Umberto, *in A Estrutura Ausente*; trad.: Pérola de Carvalho. São Paulo: Perspectiva: Ed. da USP, 1971; p. 5.

arte. E, pensando, começaram um processo de auto-organização. [...] Adquiriram a capacidade de projetar a experiência passada no futuro, pensando no que poderia ser."[7]

À medida que os indivíduos membros dos grupos primitivos interagiram, determinados padrões foram sendo estabelecidos e, a partir destes, a interação marcada pelo *plus* cultural foi sendo fomentada, processo acelerado a cada geração. Aos poucos, toda a realidade (dividida em partes, enfim, conceitos) foi ganhando uma significação própria de cada grupo. Definitivamente, a realidade física havia perdido a sua objetividade, passando a ser recoberta pela significação, ou seja, por uma *semiose*. Os signos passam a representar e traduzir ações, tempo, plantas, animais, situações etc., com o grupo possuindo, instituídos, instrumentos e hábitos (práticas sociais) comuns – que vão sendo desenvolvidos, adaptados às novas demandas, enquanto outros vão sendo estabelecidos e acrescidos ao elenco cultural. Com o tempo, a evolução desta estrutura conceitual licenciou a existência de elementos abstratos (sem qualquer lastro na realidade física): futuro, Deus, Direito etc. Antes da cultura, uma pedra existe; não é mais do que a realidade (nem menos); com a evolução dos padrões de instrumentalização e simbolização da realidade, torna-se o conceito de "pedra" (reduz-se, da sua individualidade, ao comum do estereótipo). Mais, torna-se um objeto utilizável: é um martelo ou um machado; em um outro contexto, é uma "gema" (possui um valor, um *plus*; é vista de uma forma preciosa, desejada), é cascalho, é brita (pode ser usada desta ou daquela forma).

A propósito, lê-se em NIETZSCHE que "toda palavra torna-se logo conceito justamente quando não deve servir como recordação, para a vivência primitiva, completamente individualizada e única, à qual deve seu surgimento, mas ao mesmo tempo tem de convir a um sem-número de casos, mais ou menos semelhantes, isto é, tomados rigorosamente, nunca iguais, portanto, a casos claramente desiguais. Todo conceito nasce por igualação do não

---

[7] HOEBEL *et* FROST, *op. cit.*; p. 15-16.

igual. Assim como é certo que nunca uma folha é inteiramente igual a uma outra, é certo que o conceito de folha é formado por arbitrário abandono dessas diferenças individuais, por um esquecer-se do que é distintivo, e desperta então a representação, como se na natureza além das folhas houvesse algo que fosse 'folha', uma espécie de folha primordial, segundo a qual todas as folhas fossem tecidas, desenhadas, recortadas, coloridas, frisadas, pintadas, mas por mãos invisíveis, de tal modo que nenhum exemplar tivesse saído correto e fidedigno como cópia fiel da forma primordial. Denominamos um homem 'honesto'; por que ele agiu tão honestamente? – perguntamos. Nossa resposta costuma ser: por causa de sua honestidade. A honestidade! Isto quer dizer, mais uma vez: a folha é a causa das folhas".[8]

O desenvolvimento dos conceitos (ou seja, da cultura) culmina por alterar a compreensão que se tem da realidade que está (inacessivelmente) além dos sentidos, criando (para aquém dos sentidos) uma realidade especificamente humana. Entre as sensações que os sentidos captam do real físico e os conceitos que a consciência conhece e manipula, há o "filtro da significação". Este "filtro" semiológico (ou, mais precisamente, ideológico) será tratado de forma mais detalhada em um dos momentos posteriores deste trabalho.

Eis o domínio da cultura: todo este "aparato" de informações (não apenas da espécie humana, ainda que excessivamente simplificado entre os demais animais) que vai sendo acumulado e moldado ao longo da evolução histórica dos grupos. O mundo cultural (a realidade inteligida) é pouco mais do que isso, um conjunto de caracteres (os conceitos) que, manipulados pela razão, são legados às novas gerações que o vão retrabalhando (desenvolvendo). A evolução histórica dos grupamentos humanos é marcada pela recriação progressiva da natureza, ou seja, pela ampliação da estrutura cultural.

---

[8] NIETZSCHE, Friedrich Wilhelm, *in Obras Incompletas*; trad.: Rubens R. Torres Filho. São Paulo: Abril Cultural, 1983; p. 48.

64 Semiologia do Direito • Mamede

Coloca LINTON que "é suficiente definir uma cultura como o modo de vida de qualquer sociedade. Este modo de vida inclui inúmeros detalhes de conduta, mas todos têm certos fatores em comum. Todos representam a reação normal e antecipada de qualquer dos membros da sociedade a uma situação particular. Assim, a despeito do número infinito de variações menores que podem ser encontradas nas reações de vários indivíduos ou mesmo nas do mesmo indivíduo em ocasiões diferentes, verificar-se-á que a maior parte das pessoas em uma sociedade reagirá a uma dada situação quase da mesma maneira".[9] Entretanto, é possível contestar a abrangência de um elemento cultural *comum* quando se examinam sociedades modernas, onde subgrupos exibem diferenças tão grandes. Na verdade, esta situação nasce da artificialização das modernas estruturas sociais de Estado, marcadas, em muitos casos, por uma assustadora vastidão territorial, bem como grandes diferenças hierárquicas na divisão do trabalho e no acesso aos recursos. Em razão desta vastidão do espaço abrangido pelo poder político de Estado e dos desníveis existentes entre os membros da sociedade, torna-se inevitável o surgimento de subgrupos que se formam em torno a elementos próprios que se diferenciam dos manifestados por outros subgrupos – o que não afasta a possibilidade de existir, entre todos estes, elementos comuns.

Procura-se, assim, apontar a existência de variações em uma mesma cultura, ou seja, padrões culturais diversos que são manifestados por subgrupos, em razão da amplitude populacional e territorial de uma sociedade (delimitada em Estado). Como a cultura (em seu todo) é o conjunto destes padrões, e mais, de todas as variações pessoais (já que não se encontra um condicionamento absolutamente igual em dois indivíduos), "nenhum indivíduo se acha familiarizado com a cultura total de sua sociedade e ainda menos obrigado a exprimir seus múltiplos padrões".[10] Cada qual possui assimilado um núcleo comum

---

[9] LINTON, *op. cit.*; p. 31.

[10] *Idem*; p. 63.

(correspondente à "grande sociedade") e aspectos referentes ao(s) padrão(ões) de subgrupos a que pertença, além, é claro, de marcas individuais.

Tomando-se como exemplo a denominada "sociedade brasileira", que corresponde à estrutura política organizada em forma de Estado e que se autodenomina República Federativa do Brasil, não será difícil identificar uma correspondente "cultura brasileira". Esta cultura brasileira é manifestada (com maior ou menor intensidade) em todas as partes do território e possui um núcleo comum (língua portuguesa, economia inflacionária, religião cristã – com variações de culto – etc.) em que foi condicionada a grande maioria daqueles que aqui tiveram o seu crescimento (e a sua formação); este núcleo comum permite a interação entre os membros do grupo social Brasil. Mas, em sua vastidão e com suas diferenças econômicas bem marcadas, o Brasil possui, dentro do todo de sua cultura (que faz parte, por seu turno, de uma cultura latino-americana e também de uma outra cultura, a lusitana, e todas estas com elementos comuns que definem uma cultura ocidental), diversos padrões culturais e suas respectivas manifestações. É possível elencar (*grosso modo*, destaque-se) alguns desses padrões: a cultura indígena (cada vez mais miscigenada com a cultura ocidental "civilizada"), a cultura nordestina do agreste, a cultura nordestina urbana, a cultura das elites industriais e financeiras, a cultura do proletariado paulista, a cultura do proletariado carioca, a cultura das populações originadas das imigrações europeias (sul do país), a cultura do interior rural mineiro etc.

"A cultura real consiste na soma total das condutas que os membros de uma sociedade compartem e tiveram de aprender. Um padrão cultural real representa uma série limitada de condutas dentro das quais as reações dos membros de uma sociedade a uma situação determinada cairão. Assim, vários indivíduos podem comportar-se diferentemente conquanto ainda procedendo de acordo com o padrão cultural real. Um padrão cultural construído corresponde ao modo das variações dentro de um padrão cultural real."[11] Cada indivíduo é condicionado em um padrão de cultura; cada indivíduo assimila uma forma (e um enfoque) distinta de cultura; é assim que se marcam as diferenças individuais, ou seja, cada personalidade. Mas "é a transmissão desse núcleo de cultura, de que todos participam inteiramente", afirma LINTON, "que fornece aos membros da sociedade o entendimento mútuo que torna possível à sociedade, como tal, sobreviver às sucessivas renovações de seu pessoal".[12]

Para este ser humano cultural, "o real não é constituído por coisas. Nossa experiência direta e imediata da realidade nos leva a imaginar que o real é feito de coisas [...]. No entanto, o simples fato de que essa 'coisa' possua um nome [...] indica que ela é, pelo menos, uma 'coisa-para-nós', isto é, algo que possui um sentido de experiência".[13] Um cidadão, assim, é bem mais do que um sujeito de direitos e deveres; antes de qualquer coisa, ele é um indivíduo atrelado a uma sociedade pelos seus pensamentos (este todo onde se encontra, até mesmo, o Direito, como parte de uma realidade intrínseca, obrigatória enquanto referencial). "Pertencer a uma sociedade é sacrificar alguma quantidade de liberdade individual, não importa quão leves sejam as restrições que a sociedade conscientemente impõe. As chamadas sociedades livres não são realmente livres. São simplesmente aquelas sociedades que encorajam seus membros a exprimir sua individualidade ao longo de umas poucas linhas menores e socialmente aceitáveis. Ao mesmo tempo condicionam seus membros a conformar-se por meio de inúmeras regras e regulamentos, isto fazendo tão sutil e completamente que esses membros ficam em grande parte ignorantes da existência de regras. Se uma sociedade executou seu trabalho de plasmar devidamente o indivíduo, não tem este mais consciência da maior parte das restrições que ela impôs

---

[11] *Idem*; p. 56.

[12] *Idem*; p. 66.

[13] CHAUÍ, Marilena de Souza, *in O que é Ideologia*. São Paulo: Brasiliense, 1983; p. 17-18.

do que tem das restrições que seu trajar habitual impõe a seus movimentos."[14]

Até este ponto, tem sido repetidamente observado como que, fruto de um processo condicionador, o ser humano passa a ter algo como uma "visão social" da realidade. Aos objetos da realidade sensível, captados pelos sentidos, o indivíduo faz corresponder conceitos, criando sobre a realidade física uma realidade inteligida que lhe corresponde e supera (um processo que pode ser metaforizado como um filtro de significação). Esse "filtro de significação" constitui, na verdade, um sistema estruturado a partir da (e pela) convivência social e que, em sua manifestação mental, domina a compreensão de cada indivíduo, lastreando-a a uma compreensão comum, básica (correspondendo, ainda, a um complexo axiológico).

É assim que se pode compreender a Ideologia. Ela é o próprio filtro de significação que, estabelecido pelo condicionamento em cada um e materializando-se nas diversas linguagens do grupo (que a contêm e transmitem), permite a existência de uma realidade inteligida comum. Ideologia, portanto, enquanto um sistema de organização do pensamento, uma estrutura de ideias e formas lógicas de organizá-las que são comuns aos indivíduos de um grupo. Ideologia, acima de tudo, como um sistema de signos, como *semiose* (quer dizer, como significação), que, de acordo com a gramática (a lógica estrutural) de cada linguagem, define possibilidades de combinação e arranjo dos conceitos, nos estreitos limites determinados neurobiologicamente. "Tudo que é ideológico possui um significado e remete a algo situado fora de si mesmo. Em outros termos, tudo que é ideológico é um signo. Sem signos não existe ideologia."[15] Daí frisar ECO que "a ideologia é reconhecível, quando, socializada, se torna código".[16]

Toda a ideologia (toda esta estrutura de signos que se determinou) encontra-se materializada (e mediatizada) em uma

---

[14] LINTON, *op. cit.*; p. 29.

[15] BAKHTIN, *op. cit.*; p. 31.

[16] ECO, *op. cit.*; p. 84.

prática social (ou *praxis*), que é outro elemento componente do fenômeno cultural. A manifestação exteriorizada das diversas linguagens sociais é a *praxis*. Na verdade, e como afirma BAKHTIN, a ideologia e a *praxis* constituem a consciência (abalizando, por consequência, o comportamento) e, assim, constroem a convivência. Dessa forma, classificam-se ações e pensamentos em adequados e inadequados, certos e errados, normais e anormais, sãos e insanos. "A consciência individual é um fato sócio-ideológico."[17]

Numa rápida descrição da dimensão possuída pelo mecanismo cultural, vê-se que a ideologia dá uma forma à realidade, dando-lhe significação, enquanto os indivíduos repetem atos (*praxis*) fundados nesta estrutura mental, instrumentalizando a realidade de acordo com a sua *semiose*. A ideologia cria a noção do tempo quantificado, onde a *praxis* se fundamenta para criar, por exemplo, a expectativa das horas ou mesmo os hábitos alimentares (a fome no horário das refeições; a preferência de paladar segundo o horário). A ideologia é, também, responsável pela existência do futuro (que não existe; na verdade, quando muito, existirá); a *praxis* do futuro é a preocupação, os planos e os projetos, a previsão etc.

Portanto, na ideologia, os estereótipos estão prontos para trabalhar a realidade sensível e formar (ou formatar) a realidade inteligida, construindo a consciência; na *praxis*, estes estereótipos se derramam na instrumentalização do cotidiano: observe como objetos diferentes são compreendidos como sendo "a mesma coisa", e sendo utilizados segundo esta compreensão: cadeiras, portas, mesas, janelas, folhas, talheres etc. (que, embora sejam diferentes entre si, são compreendidos – tratados – segundo a sua finalidade comum). Embora possuindo formas distintas, são todos significantes de um mesmo significado, aproveitando-se a um uso comum ou a uma mesma prática socialmente estabelecida.

Nestes limites define-se o comportamento. "O fato social é coercitivo; não somos livres para escapar-lhe. Mas não conhece-

---

[17] BAKHTIN, *op. cit.*; p. 35.

mos nossos móveis, pois o corpo social organiza nossas condutas. Por exemplo, os durkheimianos não verão dificuldades em demonstrar que a clássica análise – devida a Victor Cousin – da vontade não é psicológica e individual, mas representa a transposição da comparência do indivíduo perante instâncias sociais, por exemplo, num julgamento onde intervém deliberação, decisão, execução sob o signo do fator social dominante: a coerção. O fato social está oculto em suas motivações."[18]

No entanto, "não importa quão cuidadosamente fora o indivíduo treinado ou quão bem sucedido no seu condicionamento. Permanece um organismo distinto com suas próprias necessidades e com capacidades de pensamento, sentimento e ação independentes. Além disso, retém considerável grau de individualidade. Sua integração na sociedade e na cultura não se aprofunda mais do que suas reações aprendidas e, embora no adulto estas incluam a maior parte do que chamamos a personalidade, há ainda uma boa quantidade de individualismo deixada de fora. Mesmo nas sociedades e culturas mais intimamente integradas, duas pessoas jamais são exatamente iguais".[19]

Um problema de difícil solução (ou possível insolubilidade) para a ciência fica registrado: os limites entre individualidade e coerção ideológica.

---

[18] AUZIAS, *op. cit.*; p. 38.

[19] LINTON, *op. cit.*; p. 34.

IDEOLOGIA, *PRAXIS* E LINGUAGEM | 8

Ideologia e *praxis* transformam o ser humano em sujeito. Mais uma vez, pode-se invocar aqui a distinção que há pouco foi feita entre o ser humano (meramente) biológico e o indivíduo em sociedade. "A cultura é a maneira pela qual o dado natural imediato é retomado pelo grupo social. [...] Tudo é cultura; tanto a linguagem quanto a sexualidade são exemplos privilegiados de atividades fundadas em mecanismos naturais onde a interação da natureza e da cultura torna-lhes a juntura indissociável. A sexualidade é bem resposta a uma necessidade, mas articulada em signos, gestos, formas, situações, condutas que podem ser facilmente sistematizadas."[1]

A forma de assimilação da ideologia é a vivência da *praxis*, pois a ideologia permeia a existência dessa: a ideologia possui existência na memória, manifestando-se externamente nos atos e situações da prática social (*praxis*). Definitivamente, trata-se de um mecanismo de autoalimentação: a prática social, que é engendrada pela ideologia, alimenta a existência desta. Isto, assim posto, tornará necessário examinar as relações entre ideologia e *praxis*. Como a realidade inteligida é referenciada pelas linguagens do grupo, é preciso buscar a observação do processo que produz esse referente semiológico (que não se confunde com

---

[1] AUZIAS; *op. cit.*; p. 96-97.

o objeto físico referido, mas trata-se, por outro lado, da ideia que lhe corresponde na consciência dos indivíduos). Como em um mosaico, há que se relacionar aqui a cultura (ou seja, ideologia e *praxis*), realidade física, pensamento e linguagem. Para prosseguir nessa empreitada, explicitando a forma pela qual se consubstanciam tais interações, recorrer-se-á ao trabalho de BLIKSTEIN, que, acredita-se aqui, compila e trata de melhor forma a questão.

BLIKSTEIN procura aclarar tal mecanismo a partir de um gráfico:

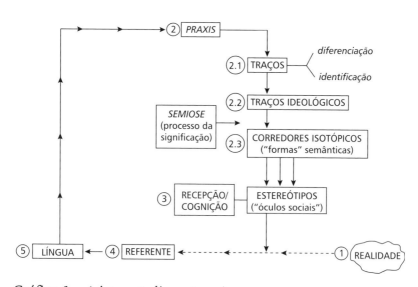

Gráfico 1   *A interação língua/*praxis.

Observe-se o Gráfico 1. Parte-se da realidade física, do mundo físico que é captado pelos sentidos do sujeito. A realidade física, como se verá, é inacessível "em si"; o referente é o seu fenômeno, o material manipulável pelo pensamento (a ideia que é referida pela linguagem) e que, referenciada por este, é trabalhado na (e pela) prática social; segundo BLIKSTEIN, "é nessa

Ideologia, *praxis* e linguagem **73**

prática social ou *praxis* que residiria o mecanismo gerador do sistema perceptual que, a seu turno, vai 'fabricar' o referente".[2]

Devem-se considerar, inicialmente, três elementos, quais sejam o sujeito cognoscente (formado em uma cultura, isto é, condicionado em uma ideologia a partir de sua prática social), o objeto a ser conhecido (a ser destacado da realidade e conceituado) e a sensibilidade, ou seja, "a capacidade de receber (a receptividade) representações de objetos segundo a maneira como eles nos afetam".[3] Os sentidos captam o objeto no limite de sua capacidade para fazê-lo e tal qual ele (o objeto) se lhes apresenta. Os seres humanos, assim exemplifica-se, não captam o ultra e o infrassom; da mesma forma, não captam cores como o ultravioleta ou o infravermelho etc. Diz-se, portanto, que os sentidos captam o fenômeno do objeto, ou seja, aquilo que sua capacidade biológica (determinada tanto pelo genótipo quanto pelo fenótipo do sujeito cognoscente, como foi visto) lhe permite perceber do objeto.

Para KANT, a primeira impressão do conjunto das sensações de um objeto no cérebro é denominada intuição.[4] Dessa forma, pode-se afirmar que as sensações, que constituem simples estímulos bioelétricos transmitidos pelos neurônios ao longo do sistema nervoso periférico, são convertidas pelo cérebro numa impressão, que é a intuição. Utiliza-se o exemplo da visão; as células da retina captam a luz; cada uma das células capta uma porção de luz (e de sombras) que é transmitida como mensagem bioelétrica (sinapses) pelos neurônios até o cérebro; este converterá o conjunto de todos os estímulos bioelétricos em uma imagem, uma paisagem (a visão), montando-a como um mosaico ("costurando" a informação de cada célula da retina): surgem formas, contornos, sombras, profundidade, cores etc.

---

[2] BLIKSTEIN, Izidoro, *in Kaspar Hauser ou A Fabricação da Realidade*. São Paulo: Cultrix: Ed. da USP, 1983; p. 53.

[3] KANT, Emmanuel, *in Crítica da Razão Pura*; trad. J. R. Mereje. Rio de Janeiro: Tecnoprint, s/d; p. 42.

[4] JOLIVET, Regis, *in Vocabulário de Filosofia*; trad.: G. D. Barreto. Rio de Janeiro: Agir, 1975; p. 128.

Na audição: os tecidos dos tímpanos vibram, propelidos que são pelas ondas sonoras que se propagam mecanicamente pelo meio (água, ar etc.); o estímulo criado por essa vibração é conduzido pelos neurônios (através das sinapses) e decodificado no cérebro como um tipo de paisagem sonora, onde se distinguem tonalidade, timbre, volume etc.

Privilegiando o enfoque inativista, quer dizer, procurando apontar, em todo este quadro que se está descrevendo, a existência de um fator *a priori*, este será localizado nos limites quantitativos e qualitativos dos sentidos para captar o fenômeno do objeto, transformando-o em sensações, assim como nessa operação neurobiológica de descodificação dos estímulos nervosos (as sinapses que constituem as sensações) em uma forma dada na mente (a intuição). Tanto um quanto outro independem da experiência (que funcionará logo a seguir, quando da transformação da intuição em conceito; aquela dada no inconsciente, este último dado no consciente).[5]

Para que se possa compreender melhor a ação deste elemento dado *a priori* nas relações de conhecimento, pode-se exemplificar, sempre *grosso modo*, trabalhando com o conceito médico de daltonismo, que é a incapacidade de determinados indivíduos de diferenciar algumas cores. O daltonismo não é uma característica das células óticas do indivíduo daltônico, mas uma característica neurobiológica de sua capacidade de formação da imagem visual (da construção da intuição sensitivo-visual) do objeto (a realidade externa, a paisagem focada pelo sentido ótico). Ainda que não se trate de uma característica dos sensores (das células encarregadas de captar a realidade), constitui um elemento dado *a priori* (mais especificamente, na organização dos estímulos provindos das células sensitivas).

Retornando ao exame do gráfico número 1 para posicionar o que até agora foi visto, tem-se que o objeto a conhecer está representado pela "realidade" (número 1); as sensações e a in-

---

[5] A esta altura, já não se está trabalhando em harmonia com o pensamento kantiano; antes, trabalha-se de acordo com o pensamento do prof. CARLOS CAMPOS, cuja obra redimensiona a teoria de KANT.

tuição deste objeto no indivíduo (o conjunto das operações que se acabou de analisar) estão representadas pela primeira parte do traço pontilhado, ou seja, antes que a realidade (percebida, ou seja, a percepção) seja influenciada pela cultura (envolvida pela ideologia e sua *praxis*). A intuição é ainda um momento dado no inconsciente do sujeito, sendo que corresponderá, na consciência, ao referente (número 4), isto é, ao conceito.

Ao chegar à consciência do sujeito cognoscente, a intuição já está classificada sob a forma de um signo. O sujeito conhecerá o objeto segundo as referências dos estereótipos ideológicos; conhecerá, portanto, o objeto segundo o seu conceito. Este conceito é, como foi visto, o significado (correspondente a um significante, na unidade indissolúvel do signo) quando analisado do ponto de vista semiológico.

O que se deve fixar de forma bem clara é que a linguagem não possui por referente ("não se refere a") o objeto posto na realidade física, externa (que, como foi visto, é inacessível, em sua essência, ao ser humano, que dela pode ter apenas fenômenos); ao contrário, seu referente é o objeto tal qual posto na consciência, o conceito do objeto, moldado pela ideologia e pela *praxis* (enfim, pela cultura). Como destaca JOLIVET a respeito do pensamento kantiano, "a realidade está além da experiência".[6] Aquém desta, na mente de cada indivíduo, existe um simulacro mental da realidade (a realidade inteligida: uma estrutura – um espelho do real físico, acrescido pelos valores abstratos postos pela cultura – de conceitos). São estes os materiais que serão referidos (manipulados) pela linguagem. Nós, os seres humanos, comunicamos o sentido de uma forma estereotipada; por seu turno, é também estereotipada a representação no indivíduo da realidade que está além de si.

Conclusão necessária, a partir dos pontos e das premissas que este trabalho já estabeleceu, é que a *praxis* e a ideologia são duas faces de um mesmo fenômeno cultural. A prática social está para a ideologia assim como o significante está para o significado:

---

[6] JOLIVET, *op. cit.*; p. 76.

76 Semiologia do Direito • Mamede

ela é a manifestação externa (dada no mundo físico) da ideologia; por outro lado, a ideologia é a estruturação memorizada de todos os elementos que são vivenciados na *praxis*, permitindo, assim, a sua existência.

Na prática social, a mente recorre a um processo seletivo de diferenciação e identificação de formas (que é ideológico), abalizando-se pelo material que traz retido na memória. Na verdade, como bem destaca JAKOBSON, "a identificação e a diferenciação não passam das duas faces de um mesmo e único problema".[7] A mente seleciona, entre os conceitos memorizados, os traços que são comuns ao da coisa percebida (um objeto, um gesto, um som, uma sequência fonética etc.), tornando-a um signo. Esses traços são representados no gráfico número 1 como traços ideológicos e dão margem a um processo de interpretação das formas (visuais, táteis, auditivas etc.) pelos referenciais em que o indivíduo foi condicionado; as formas comuns se identificam (implicando o desprezo dos incontáveis detalhes diferenciadores); reconhece-se, assim, o estereótipo correspondente (ou seja, o referente).

"Na dimensão da praxis vital, o homem cognoscente desenvolve, para existir, mecanismos não verbais de diferenciação e de identificação: para mover-se no tempo e no espaço de sua comunidade, o indivíduo estabelece e articula traços de diferenciação e de identificação, com os quais passa a discriminar, reconhecer ou selecionar, por entre os estímulos do universo amorfo e contínuo do 'real', as cores, as formas, as funções, os espaços e tempos necessários à sua sobrevivência. [...] E aqui eclode a semiose: os traços ideológicos vão desencadear a configuração de 'formas' ou 'corredores' semânticos, por onde vão fluir as linhas básicas de significação, ou melhor, as isotopias da cultura de uma comunidade. [...] São justamente esses corredores semânticos ou isotópicos que vão balizar a percepção/cognição, criando modelos ou padrões perceptivos, ou ainda os 'óculos sociais', na expressão de Schaff [...]. Esses padrões

---

[7] JAKOBSON, Roman, *in Linguística e Comunicação*; trad.: Izidoro Blikstein. São Paulo: Cultrix, 1988; p. 30.

perceptivos ou 'óculos sociais' constituem, em última análise, os estereótipos de percepção. Pois bem, com os estereótipos gerados pelos corredores isotópicos é que 'vemos' a realidade e fabricamos o referente."[8]

Do que foi visto, é importante que se retenha que os conceitos (moldes representativos da realidade exterior) são produtos de cultura que marcam o ser humano, condicionado que foi por aquela ideologia. "Fabricado pelos estereótipos, o referente se interpõe entre nós e a 'realidade', fingindo ser o 'real'."[9] Dessa forma, o real que nos chega ao consciente corresponde a uma ideia (ou uma imagem) do real (conceitos representativos da realidade exterior). Os indivíduos, imersos neste mecanismo ideológico (que é semiológico) e desconhecendo a sua influência sobre o seu consciente, experimentam a ilusão de que a realidade física é tal qual sua manifestação mental; ou seja, confundem a realidade exterior com a realidade conceitual (que lhe representa).

Os signos que são trabalhados pelas linguagens passam a influenciar a própria *praxis* e, consequentemente, a ideologia que lhe corresponde, como assinalado no gráfico número 1. "Daí a função fascista da linguagem, segundo a expressão de R. Barthes. A língua 'amarra' a percepção/cognição, impedindo o indivíduo de ver a realidade de um modo ainda não programado pelos corredores de estereotipação."[10] Com efeito, afirma BARTHES que "a língua, como desempenho de toda linguagem, não é nem reacionária, nem progressista; ela é simplesmente fascista; pois o fascismo não é impedir de dizer, é obrigar a dizer. [...] Os signos só existem na medida em que se repetem; [...] em cada signo dorme este monstro: o estereótipo: nunca posso falar senão recolhendo aquilo que se arrasta na língua. [...] Na língua, portanto, servidão e poder se confundem inelutavelmente".[11]

---

[8] BLIKSTEIN, *op. cit.*; p. 60-62.

[9] *Idem*; p. 62.

[10] *Idem*; p. 82.

[11] BARTHES, Roland, *in Aula*; trad.: L. Perrone-Moisés. São Paulo: Cultrix, 1989; p. 14-15.

O que se percebe é que a língua (bem como todo o conjunto das demais linguagens – não se deve nunca desprezá-las) molda uma realidade na consciência de forma imperativa: pelo simples fato de ser referida, a realidade assume determinados contornos conformes às estruturas semiológicas componentes da ideologia. As linguagens revelam, destacam, mascaram, desprezam; retratam e refratam a realidade. São enfoques privilegiados de alguns aspectos, desprezando outros; e isto se dá de uma forma ainda mais clamorosa em relação à realidade social, o que interessa de perto ao Direito. A gramática de cada linguagem organiza o pensamento (e "geometriza" a percepção, acondicionando-a à sua ordem), dá-lhe uma forma social (gramatical, lógica), criando o raciocínio "normal"; assim, estabelece-se um movimento para a realidade inteligida (o que se percebe claramente na linguagem comportamental), culminando por criar a ilusão de um movimento "natural" em oposição ao "anormal", o absurdo, o impossível, o improvável etc. Esta artificialização pode ser percebida na concepção do denominado Direito Natural.

"A linguagem é, assim, um dos principais instrumentos na formação do mundo cultural, pois é ela que nos permite transcender a nossa experiência. No momento em que damos nome a qualquer objeto da natureza, nós o individuamos, o diferenciamos do resto que o cerca; ele passa a existir para a nossa consciência. Com esse simples ato de nomear, distanciamo-nos da inteligência concreta animal e entramos no mundo do simbólico. O nome é símbolo dos objetos que existem no mundo natural e das entidades abstratas que só existem no nosso pensamento (por exemplo, ações, estados ou qualidades como tristeza, beleza, liberdade)."[12]

O que se constata, mais uma vez, é que a ideologia e a *praxis* são simplesmente mortificantes enquanto viabilizadoras da convivência social (aliás, fator do qual o Direito, em nome da ordem e da paz social, se beneficia). Trata-se, inclusive, de uma

---

[12] ARANHA, Maria Lúcia de Arruda *et* MARTINS, Maria Helena Pires, *in Filosofando: Introdução à Filosofia*. São Paulo: Moderna, 1986; p. 11.

constatação já vetusta, trabalhada mesmo por NIETZSCHE no século retrasado, utilizando-a para contestar a supremacia do par conceitual verdade/mentira. "O que se passa com aquelas convenções da linguagem? São talvez frutos do conhecimento, do senso de verdade: as designações e as coisas se recobrem? É a linguagem a expressão adequada de todas as realidades? O que é uma palavra? A figuração de um estímulo nervoso em sons. Mas concluir do estímulo nervoso uma causa fora de nós já é resultado de uma aplicação falsa e ilegítima do princípio da razão. Como poderíamos nós, se somente a verdade fosse decisiva na gênese da linguagem, se somente o ponto de vista da certeza fosse decisivo nas designações, como poderíamos no entanto dizer: a pedra é dura: como se para nós esse 'dura' fosse conhecido ainda de outro modo, e não somente como uma estimulação inteiramente subjetiva! Dividimos as coisas por gêneros, designamos as coisas por gêneros, designamos a árvore como feminina, o vegetal como masculino: que transposições arbitrárias! A que distância voamos do cânone da certeza! [...] Que delimitações arbitrárias, que preferências unilaterais, ora por esta, ora por aquela propriedade de uma coisa! As diferentes línguas, colocadas lado a lado, mostram que nas palavras nunca importa a verdade, numa expressão adequada: pois senão não haveria tantas línguas. A 'coisa em si' (tal seria justamente a verdade pura sem consequências) é, também para o formador da linguagem, inteiramente incaptável e nem sequer algo que vale a pena."[13]

E a vida humana desenvolvida está estruturada em "n" linguagens; BARTHES, por exemplo, demonstra que há uma linguagem no vestuário (a moda, a posição social, a função profissional), na alimentação (a linguagem culinária), na indústria automobilística (no *design*, na mecânica etc.), e alhures.[14] Também o Direito é uma linguagem, ou mais, uma gramática (um conjunto de normas) para a linguagem comportamental; mais,

---

[13] NIETZSCHE, *op. cit.*; p. 47.

[14] BARTHES, Roland, *in Elementos de Semiologia*; trad.: Izidoro Blikstein. São Paulo: Cultrix, 1988; p. 28 ss.

é como que um padrão comportamental ideal, como definido por LINTON: "Todas as culturas incluem certo número do que podemos chamar *padrões ideais*. Trata-se de abstrações criadas pelos próprios membros das sociedades e que representam o consenso da opinião sobre a forma como se deveriam comportar as pessoas em situações especiais. Até que ponto tais padrões ideais se desenvolveram, variará grandemente em sociedades diferentes. [...] Os padrões ideais podem não concordar, e de fato ocorre assim quase sempre, com os padrões construídos que o investigador cria mediante suas observações sobre a conduta real. Em alguns casos, essa falta de concordância pode refletir nada mais do que a impossibilidade de conservar-se o padrão ideal à frente das realidades de uma cultura em mudança."[15]

Enfim (de tudo o que até aqui se viu), apura-se que "o mundo cultural é um sistema de significados já estabelecidos por outros, de modo que, ao nascer, a criança encontra um mundo de valores já dados, onde ela vai se situar. A língua que aprende, a maneira de se alimentar, o jeito de se sentar, andar, correr, brincar, o tom da voz nas conversas, as relações familiares, tudo enfim se acha codificado. Até na emoção, que pareceria uma manifestação espontânea, o homem fica à mercê de regras que dirigem de certa forma a sua expressão. [...] Todas essas diferenças existentes no comportamento modelado em sociedade são o resultado da maneira pela qual os homens organizam as relações de trabalho, que possibilitam o estabelecimento de regras de conduta e dos valores que nortearão a construção da vida social, econômica e política".[16]

---

[15] LINTON, *op. cit.*; p. 61-62.

[16] ARANHA *et* MARTINS, *op. cit.*; p. 8.

A SEMIOSE | 9

Entre as diversas linguagens que permeiam a realidade humana, deve-se destacar a importância que possui a língua. "O homem é um ser que fala. A palavra se encontra no limiar do universo humano, pois é ela que caracteriza fundamentalmente o homem e o distingue do animal. [...] É pela palavra que somos capazes de nos situar no tempo, lembrando o que ocorreu no passado e antecipando o futuro pelo pensamento. Enquanto o animal vive sempre no presente, as dimensões humanas se ampliam para além de cada momento. A linguagem, ao mesmo tempo que permite o distanciamento do homem sobre o mundo, por meio da representação simbólica e abstrata, também é o que permitirá o retorno ao mundo para transformá-lo."[1]

No âmbito do Direito, a importância da língua é incontroversa; neste estudo, procura-se demonstrar que tal importância é ainda maior do que avaliado, certo que a comunicação é o fator que viabiliza a existência do Direito. Na verdade, o Direito é basicamente significação (*semiose*); é o signo que lhe permite ser diferenciado do puro exercício da força física (que lhe pode ser anterior e/ou posterior, no sentido de que contra ela se volta e/ou de que a utiliza para se fazer cumprir). Enfim, as normas jurídicas são estabelecidas, via de regra, através da língua; e através

---

[1] ARANHA e MARTINS, *op. cit.*; p. 6-7.

de linguagens (que se procura reduzir à língua) concretizam-se as relações jurídicas. Portanto, há que se proceder a um rápido exame do que seja a língua (um estudo linguístico, portanto), compreendendo quais são os seus mecanismos de estruturação.

Inicialmente, quer se trate da língua, quer se trate de qualquer linguagem, é fundamental ter-se bem claro que todo sistema semiológico é constituído por signos que se combinam de uma forma arbitrariamente disposta (forma esta que é a gramática do sistema de significação). Segundo SAUSSURE, "o signo linguístico une não uma coisa e uma palavra, mas um conceito e uma imagem acústica. Esta não é o mesmo material, coisa puramente física, mas a impressão [*empreinte*] psíquica desse som, a representação que dele nos dá o testemunho de nossos sentidos; tal imagem é sensorial e, se chegamos a chamá-la 'material', é somente neste sentido, e por oposição ao outro termo da associação, o conceito, geralmente mais abstrato. [...] O signo linguístico é pois uma entidade psíquica de duas faces. Esses dois elementos estão intimamente unidos e um reclama o outro. [...] Propomo-nos a conservar o termo signo para designar o total, e a substituir conceito e imagem acústica respectivamente por significado e significante; estes dois termos têm a vantagem de assinalar a oposição que os separa, quer entre si, quer do total de que fazem parte".[2]

GUIRAUD define o signo de uma forma em que destaca mais claramente a dimensão psicológica que envolve o processo de *semiose*; assim, diz que "o signo é um estímulo associado a um outro estímulo do qual ele evoca a imagem mental".[3] Recuperando a matéria tratada nos capítulos anteriores, é preciso estar atento para o fato de que o fenômeno colhido pelos sentidos na realidade física exterior é apenas o primeiro estímulo da cadeia semiológica (excluído o próprio objeto, em função da inacessibilidade da "coisa em si", como já afirmado). "O signo é, portanto, um excitante – os psicólogos dizem de um estímulo, cuja ação

---

[2] SAUSSURE, *op. cit.*; p. 80 e 81.

[3] GUIRAUD, Pierre, *in A Semântica*; trad.: M. E. Mascarenhas. São Paulo: Difel, 1975; p. 16.

sobre o organismo provoca a imagem memorial de um outro estímulo. [...] O que chamamos de experiência, ou conhecimento, é apenas uma 'significação' da realidade".[4]

O processo ideológico que sustenta a *semiose* já foi aqui exaustivamente examinado, permitindo a compreensão do efeito que o estereótipo possui na construção da realidade dada na consciência do indivíduo. Basta recordar que "todo e qualquer signo é, por natureza, ideológico-histórico-social, pois tem seu modo próprio de dizer a realidade, refletindo-a e refratando-a de uma certa maneira e numa certa medida".[5] É na construção histórica da cultura, neste processo de alargamento cotidiano da instrumentalização (concreta e abstrata) da realidade (construindo, assim, uma "realidade humana") que a *praxis* engendra os sistemas de significação, ou seja, que termos são postos (ou remanejados) para permitir a utilização memorizada dos instrumentais: um conceito é associado a uma imagem (tornando-se significado e significante, isto é, transformando-se em signo).

O signo, esta grande marca diferenciadora da sociedade humana (e que, entre outros aspectos, é o próprio material de que se serve o Direito para estruturar-se), existe apenas em sociedade; "os signos só podem aparecer em um terreno interindividual. [...] Não basta colocar face a face dois *homo sapiens* quaisquer para que os signos se constituam. É fundamental que esses dois indivíduos estejam socialmente organizados, que formem um grupo (uma unidade social), só assim um sistema de signos pode constituir-se. A consciência individual não só nada pode explicar, mas, ao contrário, deve ela própria ser explicada a partir do meio ideológico e social".[6]

A superioridade que o signo desenvolveu sobre o indivíduo (isto é, que a ideologia desenvolveu sobre a sociedade) determina uma redução da voluntariedade individual. É desta forma que se definem caminhos (lógicos, gramaticais, "normais") possíveis;

---

[4] *Idem*; p. 15.

[5] SANTAELLA BRAGA, M. L., *in Produção da Linguagem*. São Paulo: Cortez, 1980; p. 60.

[6] BAKHTIN, *op. cit.*; p. 35.

e, também assim, as ações individuais (bem como as situações) se estruturam e são compreendidas sempre em referência ao sistema semiológico memorizado. Como afirma ECO, "não é necessário, para ser signo, que o signo seja emitido intencionalmente por qualquer pessoa e seja elaborado artificialmente como signo: é suficiente que exista uma convenção que permita interpretar o evento".[7]

Aplicando estas conclusões especificamente ao Direito (num plano que extrapola os limites restritivos da língua), pode-se observar que um terreno não "quer" significar uma propriedade (aliás, não o é, *in natura*), mas pode ser interpretado (e normalmente o é) como tal. Um indivíduo que espanca um outro pode não querer significar nada; não obstante, a sua ação significa – no plano jurídico – um delito penal (em regra): vias de fato, lesões corporais, tortura (se o sujeito agressor é um agente de Estado, no exercício de uma função repressiva e com determinados fins). A lógica da sociedade (o mecanismo tradutor dos fatos, que lhes dá uma forma exprimível e laborável conscientemente) e da realidade pensada é, vê-se, artificial (por ser semiológica). "A lógica da consciência é a lógica da comunicação ideológica, da interação semiótica de um grupo social. Se privarmos a consciência de seu conteúdo semiótico e ideológico, não sobra nada. A imagem, a palavra, o gesto significante, etc. constituem seu único abrigo. Fora desse material, há apenas o simples ato fisiológico, não esclarecido pela consciência, desprovido do sentido que os signos lhe conferem."[8]

Nenhum signo possui um valor em si, mas, ao contrário, um valor de significação que se estabelece em função de suas relações com os demais termos da estrutura semiológica (regra aplicável a cada linguagem em particular, bem como ao conjunto total das linguagens que formam a ideologia). "Uma língua constitui um todo, um organismo no qual o valor de cada elemento depende não apenas de sua natureza e de sua forma própria, mas também

---

[7] ECO, Umberto, "Parâmetros da Semiologia Teatral"; *in Semiologia da Representação* (org. André Helbo); trad.: Eduardo Peñuela Cañizal *et al.* São Paulo: Cultrix, 1980; p. 30.

[8] BAKHTIN, *op. cit.*; p. 36.

de seu lugar e de suas relações com o conjunto."[9] Na verdade, o que determina o valor de um signo e permite a sua identificação no conjunto dos termos da estrutura semiológica é a sua diferenciação dos outros signos (que lhe são "semelhantes"). No gráfico de número 1, este processo seletivo (diferenciação/identificação) está indicado no item 2.1. Visto que o pensamento amorfo ganha forma e conteúdo com a assimilação da estrutura semiológica (que labora dentro dos limites de sua potencialidade biologicamente definida, como visto), "significante e significado devem ser definidos em termos de suas relações com outros significantes e significados".[10]

In natura, o pensamento não passa de um *continuum*; a ideologia subdivide-o em signos, organizando-o sobre determinada ordem (a lógica do conteúdo e da sistematização das unidades significantes que foi estabelecida na cultura ao longo da evolução histórica do grupo). Esta particularidade do pensamento é exemplificada, de um modo clássico, a partir do exame do espectro de cores; dentro deste, facilmente se pode identificar a cor marrom, por não ser o azul, nem o preto, nem o verde etc. Não há uma outra forma de se situar a cor marrom, a não ser em oposição às demais (pode-se apontá-la, mas não se pode defini-la sem recorrer ao espectro das demais cores). Esta operação diferenciadora/identificadora dá-se no pensamento tanto no que se refere ao significado (o conceito), quanto no que se refere ao significante; observe as similaridades entre determinados significantes, definindo (nos estreitos limites de suas pequenas diferenças) o seu valor: cama, lama, chama; por outro lado: cama, cana, cava.

"A ideia de valor, assim determinada, nos mostra que é uma ilusão considerar um termo simplesmente como a união de certo som com certo conceito. Defini-lo assim seria isolá-lo do sistema do qual faz parte [...] em que todos os termos são solidários e o valor de um resulta tão somente da presença simultânea de

---

[9] GUIRAUD, *op. cit.*; p. 79.

[10] CULLER, Jonathan, *in As Ideias de Saussure*; trad.: Carlos Alberto da Fonseca. São Paulo: Cultrix, 1979; p. 23.

outros."[11] Cada unidade opera enquanto um módulo capaz de manifestar certo espectro de sentidos, dados a partir dos limites relacionais com outras unidades. Há mesmo uma área onde se confundem, e onde, até mesmo, conflitam. Observe uma mesa; posta no meio de uma sala de jantar, possui o sentido de mesa de refeições; posta numa carpintaria, com ferramentas, será interpretada como uma bancada; colocada em uma loja, separando vendedor e comprador, poderá ser descodificada como um balcão. E o fim da tarde, não pode ser qualificado como o princípio da noite?

Verifica-se de pronto que o valor estrutural conhece dois níveis de existência: na memória (*in abstrato*) e no contexto (na realidade, *in concreto*, do enunciado). A importância do aspecto contextual é revelada pela existência de uma característica conotadora que os signos apresentam. "As unidades linguísticas têm um valor dentro do sistema, um significado que é o resultado das oposições que as definem; mas quando essas entidades são usadas num enunciado, elas têm uma significação, uma realização contextual ou manifestação de sentido."[12]

Outro exemplo clássico de valor estrutural, construído por SAUSSURE, é o jogo de xadrez. "De um lado e de outro, estamos em presença de um sistema de valores e assistimos às suas modificações. Uma partida de xadrez é como uma realização artificial daquilo que a língua nos apresenta sob forma natural. Primeiramente, uma posição de jogo corresponde de perto a um estado de língua. O valor respectivo das peças depende da sua posição no tabuleiro, do mesmo modo que na língua cada termo tem seu valor pela oposição aos outros termos. Em segundo lugar, o sistema nunca é mais que momentâneo; varia de uma posição a outra. É bem verdade que os valores dependem também, e sobretudo, de uma convenção imutável: a regra do jogo, que existe antes do início da partida e persiste após cada lance.

---

[11] SAUSSURE, *op. cit.;* p. 116.

[12] CULLER, *op. cit.*; p. 26.

Essa regra, admitida de uma vez por todas, existe também em matéria de língua; são os princípios constantes da Semiologia."[13]

Cada peça de xadrez possui, individualmente, um valor para o jogo; porém, em estado de jogo, o valor de cada peça depende da posição que ela ocupa no tabuleiro. Assim, de acordo com uma jogada, uma peça poderá mudar o seu valor dentro da partida. Por outro lado, isolada do sistema, nenhuma peça possui um valor próprio (fora do jogo, uma peça não é mais do que um pedaço esculpido em madeira, pedra, resina ou o que for). "Tomemos um cavalo, será por si só um elemento do jogo? Certamente que não, pois na sua materialidade pura, fora de sua casa e das outras condições de jogo, não representa nada para um jogador e não se torna elemento real e concreto senão quando revestido de seu valor e fazendo corpo com ele. Suponhamos que, no decorrer de uma partida, essa peça venha a ser destruída ou extraviada: pode-se substituí-la por outra equivalente? Decerto: não somente um cavalo, mas uma figura desprovida de qualquer parecença com ele será declarada idêntica, contanto que se lhe atribua o mesmo valor. Vê-se, pois, que nos sistemas semiológicos, como a língua, nos quais os elementos se mantêm reciprocamente em equilíbrio de acordo com regras determinadas, a noção de identidade se confunde com a de valor, e reciprocamente."[14] Como colocado por GUIRAUD, "o sentido, tal qual nos é comunicado no discurso, depende das relações da palavra com as outras palavras do contexto e tais relações são determinadas pela estrutura do sistema linguístico. O sentido, ou antes, os sentidos de cada palavra são definidos pelo conjunto dessas relações, e não por uma imagem da qual ele seria portador".[15]

A exegese jurídica, aliás, é a própria busca do valor estrutural de um termo e, globalmente, de um conjunto de termos organizados em forma de norma jurídica. O primeiro momento de contato do sujeito com uma norma jurídica enunciada já

---

[13] SAUSSURE, *op. cit.*; p. 104-105.

[14] *Idem*; p. 128.

[15] GUIRAUD, *op. cit.*; p. 26.

pressupõe uma atualização, ainda que parcial, de seu sentido. Diz-se atualização na medida em que o sujeito transforma a potencialidade significativa do texto, representado materialmente, em uma mensagem compreendida. Diz ECO, a propósito, que "uma expressão permanece um mero *flatus vocis* enquanto não é correlacionada, por referência a um dado código, com seu conteúdo estabelecido por convenção: neste sentido, o destinatário é sempre postulado como operador (não necessariamente empírico) capaz de abrir, por assim dizer, o dicionário a cada palavra que encontra, e de recorrer a uma série de regras sintáticas preexistentes para reconhecer as funções recíprocas dos termos no contexto da frase".[16]

Visto isto, cumpre recordar que a língua (como, de resto, todas as demais formas de linguagem) existe tanto na memória do indivíduo (enquanto uma vasta estrutura que lhe permite comunicar, enunciar, compreender e interpretar), como em cada ato concreto de enunciação (de emissão e atualização de uma mensagem, ou seja, de utilização daquela estrutura mental). Diante disso, SAUSSURE faz uma distinção entre língua e fala. A língua "é o produto que o indivíduo registra passivamente; não supõe jamais premeditação, e a reflexão nela intervém somente para a atividade de classificação [...]. A fala é, ao contrário, um ato individual de vontade e inteligência".[17]

Esclarecem CARONTINI e PERAYA que a língua "é constituída pelo conjunto sistemático das convenções necessárias à comunicação, e isso indiferentemente das variações de substância dos signos que a compõem. A língua seria esse produto social, cuja existência permite ao indivíduo o exercício da faculdade da linguagem. A fala, pelo contrário, seria a parte individual da linguagem: o uso e a realização num ato de comunicação, num ato de fala, das regras combinatórias e das convenções lexicológicas que constituem a língua".[18]

---

[16] ECO, Umberto, *in Leitura do Texto Literário: Lector in Fabula*. Lisboa: Editorial Presença, 1983; p. 53.

[17] SAUSSURE, *op. cit.*; p. 22.

[18] CARONTINI, E., *et* PERAYA, D., *in O Projeto Semiótico*; trad.: Alceu Dias Lima. São Paulo: Cultrix: Ed. da USP, 1979; p. 42.

A semiose **89**

Uma outra maneira de colocar essa realidade dual do fenômeno semiológico-linguístico pode ser encontrada em CHOMSKY, que "distingue *competência* ou aptidão do locutor a emitir e compreender frases que ele no entanto nunca ouviu, e *performance*, que é a maneira pela qual a competência linguística é atualizada nos atos de fala precisos. A competência, objeto da Linguística, pode ser concebida como um sistema de regras recursivas, que permitem ao locutor, pela associação de um certo som a um certo sentido, formar enunciados. [...] É a competência que dá conta da criatividade da linguagem".[19]

Rememorando os conceitos e as definições até aqui trabalhados, pode-se definir língua como o conjunto memorizado de signos que, armazenado mentalmente, existe enquanto potência no indivíduo; ele não está utilizando a globalidade deste conjunto a todo instante, mas pode usar qualquer de suas partes, e o fará em atos de fala. É uma estrutura retida na memória que fornece ao indivíduo um *background*, capacitando-o ("competência") a compreender, a enunciar, a organizar pensamentos. Por outro lado, a fala é o ato de utilização deste conjunto de elementos memorizados; é a conversão da potencialidade em ato, o desempenho ("*performance*") da capacidade, atualizando a estrutura semiológica (enunciando ou interpretando, em suma, atribuindo sentido).

Parece adequado localizar a competência linguística (a "língua") no âmbito da ideologia; mais, ela (somada ao conjunto das demais linguagens) é a própria ideologia que o indivíduo traz assimilada (isto é, na qual foi condicionado). Vê-se, portanto, que o termo *língua*, na forma utilizada por SAUSSURE, será mais bem compreendido se corresponder à linguagem (o conjunto de todas as formas de linguagem), como posto neste trabalho. Já os atos de fala, de desempenho ("*performance*") desta competência constituem atos de prática social (de *praxis*), mantendo-se o modelo de constituição unitária da cultura, já examinado. A

---

[19] ROBIN, Regine, *in História e Linguística*; trad.: Adélia Bolle. São Paulo: Cultrix, 1979; p. 36-37, nota número 22.

fala nada mais é do que a realização da língua, enquanto esta é a condição daquela (uma não existe sem a outra). Não há língua sem fala, ou vice-versa; a língua constitui-se sobre a base da fala.[20] Coerente com esta perspectiva bipartida do fenômeno linguístico, COSERIU dirá da existência de dois momentos da língua (da linguagem): língua virtual e língua realizada.[21] Como facilmente se pode concluir, a língua virtual corresponde à existência memorizada da língua ("competência"), enquanto a língua realizada, por seu turno, corresponde à fala ou desempenho (*"performance"*), representando a atualização da potencialidade linguística (sua conversão em ato).

Esta estrutura memorizada que é a linguagem existe em cada indivíduo manifestador da mesma cultura (ressalvadas exceções, como, por exemplo, surdos-mudos); mas, simultaneamente, ela, como de resto a cultura (conferir *supra*), é o próprio conjunto de todas as estruturas memorizadas em cada indivíduo. "Se pudéssemos abarcar a totalidade das imagens verbais armazenadas em todos os indivíduos, atingiríamos o liame social que constitui a língua. Trata-se de um tesouro depositado pela prática da fala em todos os indivíduos pertencentes à mesma comunidade, um sistema gramatical que existe virtualmente em cada cérebro ou, mais precisamente, nos cérebros dum conjunto de indivíduos, pois a língua não está completa em nenhum e só na massa ela existe de modo completo."[22]

Do quadro ora desenhado, tem-se claro que, não obstante existirem gramáticos e gramáticas, bem como de dicionaristas e dicionários de todas as espécies, a língua não está contida nem totalmente abarcada por eles. Pode-se, por consequência, afirmar a existência de uma "língua legalizada", correspondente à normatização academicamente estabelecida. Mas não se pode negar que esta manifestação normatizada é tão parte da língua quanto a "língua gentia", que se expressa em inflexões,

---

[20] COSERIU, E., *in Teoría General del Lenguage*. Madrid: Gredos, 1962; p. 41.

[21] *Idem*; p. 92-93.

[22] SAUSSURE, *op. cit.*; p. 21.

alterações fonéticas, gramaticais etc. e faz com que a própria língua evolua. Como a cultura, as linguagens (destacadamente, a língua) existem em módulos de abrangência variável e indeterminável, ou seja, em padrões que estão em correspondência a subgrupos sociais interligados pela coexistência política, ressalvada a existência de um núcleo comum que une a todos e permite a compreensão mútua. São, assim, palco de disputas entre os indivíduos, grupos e, consequentemente, entre classes sociais pelo acesso aos recursos produzidos em sociedade. À "língua legalizada" corresponde uma elite que possui condições de manejá-la, de exprimi-la, criando um distanciamento da "língua gentia". Há estilos, conteúdos, formas gramaticais etc. que tornam a mensagem de um texto quase hermética, dirigindo-se apenas àqueles que possuem competência linguística específica para atualizá-los. Recordando que a fase de formação da criança (quando ela principia a assimilar as diversas estruturas gramaticais das linguagens manifestadas pela sociedade) corresponde à fase de estruturação de sua consciência, segundo os parâmetros sociais a ela contemporâneos, apura-se uma tendência de conservação da estrutura social estabelecida (a elite de hoje educa a elite provável do futuro – seus descendentes –, enquanto que o proletariado mantém-se alijado de uma educação satisfatória).

Mas não só desta forma podem-se manipular as diversas linguagens como instrumento de poder e domínio, procurando controlar os níveis estratificados da organização social. O Direito, por exemplo, exige uma competência lexicológica específica, sem a qual o indivíduo não consegue atualizar, satisfatoriamente, suas mensagens, ainda que as normas jurídicas dirijam-se a todos. Poder-se-ia, destarte, especular se a *télos* da norma não é ser inacessível (e, por conseguinte, incontrolável, de manejo improvável pela massa), já que cediço é que muitos não estão capacitados a compreendê-la, carecendo, portanto, de "intérpretes" (advogados, delegados, juízes etc.).

Mais: a forma de emprego das linguagens implica uma outra instância de poder, permitindo aos demais indivíduos classificar e qualificar o sujeito enunciador. O emissor, ainda que involuntariamente, é reconhecido pelo que representa (pelo estilo em que emprega as linguagens oral, comportamental, de vestuário etc.), num processo que é, via de regra, imediato e inconsciente. Daí afirmar GOFFMAN que "une personne, dans les situations les plus banales, se présent elle-même et présent son activité aux autres".[23] Este "postar-se na ribalta" da realidade social, constrói um estranho fenômeno de "leitura" dos indivíduos: pode-se identificar sua posição no estrato social, bem como, por vezes, sua atividade profissional etc. "Les observateurs peuvent tirer de sa conduite et de son apparence les indices propres à réactiver l'expérience préalable qu'ils peuvent avoir d'individus à peu près semblables ou, surtout, propres à apliquer à l'individu qui si trouve devant eux des stéréotypes tout constitués. Ils peuvent postuler, sur la base de leur expérience passé, que dans un milieu social donné on ne peut pas des gens d'une certaine espèce."[24]

Destas enunciações (que não são exclusivamente, nem predominantemente, verbais) que envolvem o indivíduo (e as situações) para determinar sua identificação e interpretação, parte é voluntária; ou seja, em um certo número de situações, o indivíduo assume, consciente ou quase conscientemente (isto é, de forma automática, por ser usual), os traços semiológicos que traduzem o seu "papel" social: escolhe-se vestuário, vocabulário, comportamentos; em relação aos ambientes, escolhem-se cores, mobiliários, formas etc. Outro tanto desses traços é enunciado involuntariamente, ou melhor, inconscientemente, embora sua mensagem seja atualizável por ser convencional. "Parfois l'acteur agit d'une façon minutieusement calculée en employant un language uniquement destiné à produire le type d'impression qui est de nature à provoquer la réponse recherchée. Parfois l'acteur agit de façon calculée, mais ne s'en rend compte qu'à demi. Parfois il choisit de s'exprimer d'une façon déterminée, mais essentiellement parce que la tradition de son groupe ou parce que son statut social réclame ce genre d'expression et non pas

---

[23] GOFFMAN, Erving, *in La Mise en Scène de la Vie Quotidienne*; trad. francesa: Alain Accardo. Paris: Les Editions de Minuit, 1973; p. 9.

[24] *Idem*; p. 11.

pour obtenir de ses interloucuteurs une réponse particulière (en dehor d'une vague approbation). Parfois les traditions attachées à un rôle amènent l'acteur à produire une impression bien définie, d'une type déterminé, bien qu'il ne soit, ni consciemment ni inconsciemment, disposé à créer une telle impression."[25]

Não se deve deixar de observar, por derradeiro, que o modo próprio de organização das linguagens pelos diversos subgrupos e pelas classes sociais implica também enfoques distintos da realidade (bem como distintos sistemas axiológicos, estruturas que são subjacentes às estruturas semiológicas). Afinal, a realidade interna (inteligida) é composta pelos aspectos conceituais (significativos) valorizados pela linguagem, pelas analogias verbais, pelas posições de utilização gramatical e afins. Como afirma BAKHTIN, "cada campo de criatividade ideológica tem seu próprio modo de orientação para a realidade e refrata a realidade à sua própria maneira".[26] Este aspecto não é exclusivo da língua, aplicando-se, inclusive, à linguagem comportamental, com o que se vislumbram as diferenças axiológico-jurídicas entre os subgrupos sociais (sobre os quais o aparelho de Estado se esforça, comumente, por exercer um poder uniformizante, pela imposição da norma – aplicável a todos –, ou, simplesmente, ignora determinados comportamentos desconformes, julgando não justificarem uma iniciativa repressora).

Estas distinções no enfoque da realidade (e na significação que esta assume) podem, muitas vezes, não encontrar expressão nos signos da língua (podem não ser verbalizáveis), mas comumente o são. Verbalizáveis ou não, importa reconhecer que, a partir de um mesmo referente, é possível ter signos distintos (significantes e/ou significados distintos). Exemplos encontram-se nos valores que possuem termos como: honra, fé, honestidade, fidelidade etc. Afinal, realidade é enfocada e compreendida conforme o seu aproveitamento usual, ou seja, pela forma como pode ser instrumentalizada, posta a serviço do

---

[25] *Idem;* p. 15.

[26] BAKHTIN, *op. cit.;* p. 33.

indivíduo, segundo o seu condicionamento. "Para que o objeto, pertencente a qualquer esfera da realidade, entre no horizonte social do grupo e desencadeie uma reação semiótico-ideológica, é indispensável que ele esteja ligado às condições socioeconômicas essenciais do referido grupo, que concerne de alguma maneira às bases de sua existência material."[27] Sobre tal pluralidade, a norma não distingue: todos devem ser iguais (embora, definitivamente, não o sejam).

---

[27] *Idem*; p. 45.

RELAÇÕES ASSOCIATIVAS E SINTAGMÁTICAS | 10

A língua é uma estrutura de signos que se encontra memorizada em cada indivíduo, com características gerais comuns e pequenas variações pessoais. Como já se frisou anteriormente, as unidades de significação buscam seu sentido das relações que estabelecem com os termos vizinhos. Cumpre, portanto, analisá-las, principiando por aquelas que SAUSSURE chama de "relações associativas" (que são por BARTHES denominadas de "sistemas complexos") e que estão presentes na língua *in absentia*, ou seja, em sua dimensão virtual. Diz SAUSSURE que "fora do discurso, as palavras que oferecem algo de comum se associam na memória e assim se formam grupos dentro dos quais imperam relações muito diversas. [...] Os grupos formados por associação mental não se limitam a aproximar os termos que apresentem algo em comum; o espírito capta também a natureza das relações que os unem em cada caso e cria com isso tantas séries associativas quantas relações diversas existam."[1]

Os grupos relacionais de signos, frutos destas sistematizações aleatoriamente produzidas pela consciência (em função de traços comuns e pequenas diferenciações) são o produto da evolução histórico-cultural, tanto numa perspectiva social e, portanto, ideológica, quanto numa perspectiva individual, isto é,

---

[1] SAUSSURE, *op. cit.*; p. 143 e 145.

psicológica. É a estes traços (comuns e diferentes) que se referia o processo de diferenciação/identificação apontado no gráfico número 1, como se verá.

Este mecanismo irá constituir as denominadas "famílias associativas". As similaridades que determinam tais famílias associativas são as mais diversas possível, apuráveis tanto no significado, quanto no significante. Conceitos que se aparentam (que se identificam em parte, o que traduz uma limitação mútua, como já foi visto) estão próximos uns dos outros, determinando-se (revelando, pela oposição entre similares, o seu conteúdo específico); sinônimos, similaridades fonéticas, associações livres de ordem psicológica etc. também são formas a determinar tais grupos de termos. "Os termos de uma família associativa não se apresentam nem em número definido nem numa ordem determinada. Se associarmos desej-oso, calor-oso, medr-oso etc., ser-nos-á impossível dizer antecipadamente qual será o número de palavras sugeridas pela memória ou a ordem em que aparecerão. Um termo dado é como o centro de uma constelação, o ponto para onde convergem outros termos coordenados cuja soma é indefinida."[2]

Enquanto estrutura, a língua revela-se como este conjunto, ora descrito, de signos organizados em campos associativos onde não se pode retirar uma parte ou um elemento, sem que se obtenha por resultado uma completa alteração de todo o conjunto e do valor das demais partes, redeterminando a sua organização (ainda que em porções ínfimas). O mesmo dá-se pelo acréscimo de qualquer termo à estrutura. A localização de um termo na estrutura faz-se por uma operação onde se combinam identificação de elementos comuns e diferenciação pelas partes distintas, como já foi mencionado anteriormente. "Os termos do campo (ou paradigma) devem ser ao mesmo tempo semelhantes e dessemelhantes, comportar um elemento comum e um elemento variante: é o caso, no plano do significante, de

---

[2] *Idem*; p. 146.

ensinamento e armamento, e, no plano do significado, de ensinamento e educação."[3]

Às relações associativas, dispostas enquanto um dos eixos da linguagem, corresponde a um outro eixo, desta feita manifestado *in praesentia*. Enquanto aquelas definem uma estrutura memorizada, dada no indivíduo no nível ideológico-psicológico, este outro eixo, denominado sintagmático, define um plano onde as relações entre os signos são apuradas no discurso. Naturalmente, para que se possam apurar tais relações, faz-se necessária a competência linguística, ou seja, é indispensável que o indivíduo (ou indivíduos) possua assimilados os sistemas complexos (isto é, o plano paradigmático da linguagem).

Os sintagmas "se compõem sempre de duas ou mais unidades consecutivas (por exemplo: re-ler; contra todos; a vida humana; Deus é bom; se fizer bom tempo, sairemos etc.). Colocado num sintagma, um termo só adquire seu valor porque se opõe ao que o precede ou ao que o segue, ou a ambos".[4] Como se constata, o sintagma manifesta-se como uma combinação entre os termos de um discurso, definindo os valores atribuíveis aos signos que lhes são correspondentes, uma vez que um limita o significado do outro.

É preciso estar atento para toda a dimensão desta limitação que se opera pelo mecanismo do sintagma. Um termo opõe-se ao que com ele mantém uma relação sintagmática, definindo-se, mutuamente; há uma limitação entre os sentidos que cada um poderia assumir. Por que se diz termo e não signo? Para que fique bem claro que, enquanto o signo é o conjunto de significante e significado, o sintagma é o definidor justamente dos limites do significado na sequência semiológica, ou seja, o determinador, entre os valores possíveis para o significante, daquele(s) que, em concreto, se encontra(m) atualizável(is) no texto. Se digo, por exemplo, "ação de cobrança", limito os significados de ambos os termos da mensagem; de uma forma simplificada, pode-se

---

[3] BARTHES, *op. cit.*; p. 76.

[4] SAUSSURE, *op. cit.*; p. 142.

demonstrar o mecanismo lembrando que não é qualquer "ação", assim como não se trata de qualquer "cobrança". Esta realidade pode ser mais bem percebida quando se troca um dos termos do sintagma; observe o significado que se atribui à "ação" no sintagma "ação de cinema".

Um dos problemas que se deverão examinar na sequência é a importância que também o contexto possui sobre a definição dos limites semiológicos dos termos de um discurso. Mas, por enquanto, cabe apenas anotar que o sintagma também está imerso em um plano maior (que, por seu turno, é inferior ao paradigma ou campo associativo) igualmente definidor do sentido, qual seja, o contexto.

SAUSSURE adverte que não se pode dizer que o sintagma pertença exclusivamente à fala; "há um grande número de expressões que pertencem à língua; são frases feitas, nas quais o uso proíbe qualquer modificação, mesmo quando seja possível distinguir, pela reflexão, as partes significativas".[5] Constituem exemplos em português: "e daí?"; ou, ainda, "com que então?", "quebrar galhos" etc. Mais: para SAUSSURE, também são sintagmas atribuíveis à língua os que são "construídos sobre formas regulares" como as "solidariedades sintagmáticas", a exemplo de desej-oso, duvid-oso, des-fazer etc.[6]

Os eixos da linguagem (paradigmático e sintagmático) inter-relacionam-se entre si. Como coloca KÖPKE, "onde há o ato de fala, o sistema de signos se encontra presente, como se sobrepassando qualquer forma de clausura".[7] Este sobrepasse do sistema sobre o texto e seus sintagmas aniquila uma completa originalidade que o discurso poderia possuir, ainda que uma pequena (mas não desprezível) variação psicológica se mantenha (ainda que lastreada nos padrões de cultura), diferenciando o sistema de sujeito para sujeito.

---

[5] *Idem*; p. 153.

[6] *Idem*; p. 153.

[7] KÖPKE, Carlos Burlamarqui, *in Ensaios de Linguística Geral*. São Paulo: Quíron, 1975; p. 34.

O valor estrutural de um termo dado reveste-se, portanto, de um grau de subjetividade, manifestada entre o que o indivíduo traz condicionado, que é social, e o que possui de individual, fruto de sua experiência psicológica, que é única. Nesses limites de subjetividade e comunidade, o sujeito enunciante determina o signo no texto e, da mesma forma e a partir do mesmo mecanismo, atualiza-o o sujeito destinatário. São estes os espaços dos processos interpretativos (ditos hermenêuticos), onde o núcleo comum de cultura revela-se como o viabilizador da interseção sistêmico-sintagmática dos momentos enunciativo e interpretativo (de atualização), permitindo a existência da comunicação (pelo lastro obrigatório das variantes com o estereótipo componente da ideologia).

A observação dos processos de enunciação e atualização dos termos dispostos em um discurso põe a descoberto um outro aspecto do mecanismo semiológico: não se pode confundir a matéria que representa o significante com o próprio significante. "É impossível que o som, elemento material, pertença por si só à língua. Ele não é, para ela, mais que uma coisa secundária, matéria que põe em jogo."[8] Este aspecto será mais bem examinado num dos momentos posteriores deste trabalho (quando se analisará a diferença entre identificação e descodificação). Por enquanto, cumpre apenas destacar que a substância do significante, que é sempre material, não se confunde com este. Há diversas maneiras pelas quais se podem grafar as letras que formam a palavra *Direito*, sendo que todas são representações materiais do mesmo significante. A competência linguística do destinatário permite-lhe identificar, na matéria representante, o próprio significante. Um sujeito que não possua competência linguística (de mesma natureza do enunciador) verá apenas formas gráficas, às quais não poderá atribuir qualquer valor. No mesmo sentido, não se pode dizer que a forma de alguém pronunciar os sons da palavra *água* seja o significante e não a forma pela qual o seu interlocutor o faz. "Meu interlocutor e eu

---

[8] SAUSSURE, *op. cit.*; p. 137.

produzimos ruídos diferentes; no entanto, queremos dizer que produzimos o mesmo significante, que usamos o mesmo signo. O significante, então, não é a mesma coisa que os ruídos que ele ou eu produzimos. É uma unidade abstrata de uma certa espécie, que não deve confundir com a real sequência de sons."[9]

Mesmo que um indivíduo pronuncie de uma forma foneticamente "errada" uma sequência de sons, empregando-os de uma maneira que se difere da *praxis* linguística (com o que altera, em sua fala, a estrutura sonora de uma palavra, como o que se constata em indivíduos que manifestam determinados problemas fonológicos), ele não estará alterando a estrutura da língua. Afinal, "é certo que a fonação não pode ser confundida com a língua: nem a instituição nem o sistema são alterados se o indivíduo que a eles recorre fala em voz alta ou baixa, conforme uma evolução lenta ou rápida, etc.".[10] O sistema semiológico não se altera, mas o indivíduo é localizado no espectro social; em todas as diferenças que foram aqui elencadas, dá-se uma luta de poder entre os membros do grupo. A sociedade humana cultural, desta forma, mantém o impulso hierárquico, garante formas pelas quais se podem diferenciar animais dominantes e dominados.

---

[9] CULLER, *op. cit.*; p. 21.
[10] BARTHES, *op. cit.*; p. 18.

DIREITO E COMUNICAÇÃO | 11

Estendendo-se o exame, um dos pontos que merecem ser estudados refere-se às relações que se estabelecem entre Direito e comunicação. A comunicação é o fator que permite a existência organizada de qualquer grupamento animal, não sendo uma exclusividade da sociedade humana, como já tratado anteriormente. Constitui o canal pelo qual se coordena a interação entre os diversos membros do grupo, permitindo a cooperação, a divisão de trabalho, a sincronia nas atividades do grupo, sempre através do "conhecimento" que um indivíduo pode ter das ações que os demais estão executando, executaram ou executarão, dentre outras informações que são transmitidas (nos limites biológicos e etológicos possíveis de cada espécie).

Especificamente quanto à espécie humana, a comunicação faz-se através de diversos sistemas de significação, dos quais destaca-se a língua; tais linguagens culminam por recriar, como visto, a realidade na consciência do indivíduo, sob a forma de um simulacro inteligido. Este simulacro da realidade é o produto do enfoque dado por tais sistemas semiológicos, ao passo que, pela prática social, engendra-se a evolução desses sistemas e da própria realidade inteligida, num mecanismo como que em espiral, onde a significação cria uma forma de realidade consciente, que a seu turno permite que se engendrem mais abstrações semiológicas que culminam por alterar ("aperfeiçoar") o sistema.

Na *praxis* da comunicação, os sistemas semiológicos se aprimoram; na verdade, o trato da realidade pelos atos de fala (incluindo-se, aqui, o pensamento, na qualidade de expressão de um sujeito para si mesmo) elabora o próprio sistema conceitual, ou seja, a própria estrutura ideológica. "Pode-se muito bem, aqui, admirar o homem como um poderoso gênio construtivo, que consegue erigir sobre fundamentos móveis e como que sobre água corrente um domo conceitual infinitamente complicado: e, sem dúvida, para encontrar apoio sobre tais fundamentos, tem de ser uma construção como que de fios de aranha, tão tênue a ponto de ser carregada pelas ondas, tão firme a ponto de não ser espedaçada pelo sopro de cada vento. Como gênio construtivo o homem se eleva, nessa medida, muito acima da abelha; esta constrói cera, que recolhe da natureza, ele com a matéria muito mais tênue dos conceitos, que antes tem de fabricar a partir de si mesmo."[1]

De canal transmissor de informações entre os elementos de um grupo a elemento propulsor da evolução da ideologia do grupo (pela interação dos novos elementos aprendidos pelos indivíduos e transmitidos aos demais), faz-se necessário que se examine detalhadamente o processo de comunicação. JAKOBSON aponta-lhe a existência de seis fatores componentes, quais sejam:

1º) a fonte, ou seja, o emissor ou sujeito enunciante;

2º) o destinatário, ou seja, o sujeito receptor;

3º) o canal, ou seja, o contato entre o emissor e o receptor; é o que aqui se denominou, anteriormente, de matéria do significante;

4º) o código linguístico, ou seja, as convenções *in absentia* (as relações associativas) e *in praesentia* (sintagmas) que estruturam a linguagem;

---

[1] NIETZSCHE, *op. cit.*; p. 51.

Direito e comunicação **103**

5º) a mensagem, ou seja, o conteúdo que se pode atribuir ao enunciado a partir da atualização dos termos *in praesentia* (os sintagmas); e

6º) o referente, ou seja, o objeto da mensagem, ou ainda, a parte da realidade inteligida que é referida pelo enunciado (tal qual visto anteriormente).[2]

É possível aplicar este esquema ao Direito. Os detentores do poder de Estado (ou seja, enquanto instituição organizada, o aparelho de Estado) ocupam a posição de emissor, isto é, de fonte, cabendo à sociedade (a população dos que estão submetidos àquele referido poder – os súditos – dos quais os cidadãos correspondem a uma subespécie, fruto das evoluções políticas) a posição de receptores (destinatários). O canal é constituído, na grande maioria dos casos, pelas letras impressas (de materialidade gráfica, ou seja, a tinta que marca o papel) encontradas nos Diários Oficiais (órgãos publicadores das disposições normativas do aparelho de Estado), bem como em todas as demais formas de editoração e republicação destas disposições normativas (editores que publicam leis, códigos, circulares etc.). O código que orienta a enunciação e sobre o qual esta se constrói é, indubitavelmente, a língua nacional. Finalmente, deve-se reconhecer que a mensagem (o referente) é a norma que se está estatuindo o comportamento ou a situação que é por esta regulada, posta como devida, proibida ou facultada.

Tecendo considerações sobre o processo de comunicação, mais especificamente sobre o par emissor/receptor, lembra RIEGEL que, "conforme o tipo de comunicação, ora um polo é exclusivamente emissor e outro receptor (jornal, placas do código rodoviário), ora os papéis de emissor e receptor são intercambiáveis (diálogo)".[3] No Direito, especificamente quanto

---

[2] JAKOBSON, Roman, *in Linguística e Comunicação*; trad.: Izidoro Blikstein. São Paulo: Cultrix: Ed. da USP, 1969; p. 19.

[3] RIEGEL, Martin, *in Manual Prático de Iniciação à Análise Linguística*; trad.; Marcílio Marinho. Rio de Janeiro: Ed. Rio, 1981; p. 21 e 22.

à legiferação, os polos mantêm-se fixos, obedecendo a funções estáveis e permanentes (aparelho de Estado/Sociedade). Mas tal disposição de funções não é constante em outros aspectos e momentos do fenômeno jurídico; assim, no processo judicial, é inegável a existência de intercambiariedade nas posições ocupadas por emissores e receptores enquanto pessoas processuais (partes e juízo). O processo é, portanto, uma forma de diálogo que é garantido, inclusive, por princípios fundamentais (definidos constitucionalmente), como o contraditório.

Mais do que nos limites ora esboçados, é irrefutável que a existência do Direito na sociedade humana está diretamente ligada (e até mesmo fundamentada) na existência de processos comunicacionais, consubstanciados nas mais diversas formas (isto é, por todas as formas de linguagem manifestadas pelo grupo social). Afinal, para que, partindo do aparelho de Estado (que é a *civitas maxima*), as determinações normativas possam organizar a vida em sociedade, ou seja, possam ser conhecidas pela população, ser cumpridas voluntariamente ou aplicadas pelos órgãos de repressão instituídos com tal intuito (e, *mutatis mutandis*, possam os comportamentos individuais ser interpretados como lícitos ou ilícitos), não há como se desconhecer a necessidade de um mecanismo de transmissão de informações (de mensagens). Como destacam SOURIOUX e LERAT, "l'activité juridique est faite d'exercices de vocabulaire".[4]

Deve-se voltar a destacar que, não obstante o enfoque privilegiador que se está, por ora, dando à língua, esta não é o único tipo de manifestação semiológica (significativa) do fenômeno jurídico. No universo da dimensão semiológica (e comunicacional) do Direito, extrapolados os limites restritos da língua, pode-se falar da significação de gestos, de símbolos gráficos etc. Dessa forma, a ordem de um policial para que os veículos de uma determinada via urbana parem e para que os de outra via iniciem movimento, utilizando gestos e/ou sinais

---

[4] SOURIOUX, Jean Louis, *et* LERAT, Pierre, *in La Langage du Droit*. Vendome: Presses Universitaires de France, 1975; p. 9.

sonoros (silvos de apito, mais precisamente), é um exemplo de comunicação normativa não linguística. Pode-se anotar, também como exemplo desta realidade, a linguagem das luzes em cores convencionadas e adotadas para os semáforos de trânsito (assim, a luz vermelha é o canal da mensagem que determina que os veículos daquela via devem parar; a mesma luz vermelha pode ser atualizada de outra forma: se o veículo daquela via não para, deverá ser multado, ou seja, penalizado).[5]

Ainda mais sutil é o complexo das demais formas semiológicas que existem e que, de uma forma ou de outra, contribuem para a existência do fenômeno jurídico. Nesse complexo semiológico (de linguagens) não se encontrará legiferação ou normatização, mas o Direito em sua existência dinâmica, exercido pelos sujeitos de deveres e titulares de direitos. A significação dos comportamentos, dos sinais, dos aspectos estéticos etc. A estruturação social (o complexo hierárquico que define posições sociais às quais correspondem direitos e deveres, privilégios, possibilidades e limitações quanto ao acesso aos recursos produzidos em sociedade), e que é fundamentada pela existência das normas jurídicas, está toda alicerçada e exteriorizada (com maior ou menor eficiência) em linguagens comunicativas. São os indicadores de quem ocupa que função e dos poderes e influências que possui. Linguagens como a moda (o terno, a farda, o macacão, a roupa de boa ou de má qualidade), fachadas e estruturas arquitetônicas, símbolos, adesivos para vidros de carro, placas, brasões, bandeiras. Mesmo as atitudes, como vem-se procurando destacar, constituem um complexo de sinais altamente significativos (conferir supra).

"O espaço da comunicação não é um espaço separado, à parte, estabelecendo com o espaço cotidiano uma relação dialética

---

[5] Acresçam-se as marcas de proibição de ultrapassagem (faixa contínua, amarela, tal como se encontra nas rodovias), bem como as marcas sinalizadoras de sentido obrigatório e placas transmissoras de mensagens de proibição, execução obrigatória ou simples regulamentação (por exemplo: sentido obrigatório, parada obrigatória, estacionamento proibido, estacionamento permitido em determinadas horas e dias da semana). Conferir MAMEDE, Gladston, As normas não-escritas do Direito Brasileiro: estudo do Direito de Trânsito; *Revista Jurídica Mineira*, número 80, p. 59-67, dezembro de 1990.

e ambivalente; é um *topos* difuso, abstrato, que se instala ou se insinua discretamente no âmago da cotidianiedade; é um espaço doméstico e domesticado onde se formalizam institucionalmente os ritos tradicionais depurados da sua carga eminentemente explosiva."[6] A comunicação cria um contato (cênico, distanciado, vicário) entre os indivíduos e, assim, posterga o toque físico, assustadoramente próximo da agressão, depurando, desta maneira, a denominada "carga eminentemente explosiva" que é intrínseca às relações sociais, utilizada a expressão de RODRIGUES. Esta carga é a própria possibilidade de se vencer o superego (a censura, já inconsciente, aos comportamentos), exteriorizando-se, fisicamente, os impulsos do arquétipo animal do ser humano.

Por este ângulo torna-se possível perceber que o âmbito da comunicação está, a exemplo do próprio Direito (e ambas as esferas, em suas estreitas ligações), "integrado na divisão social do trabalho e do trabalho social", fazendo "parte da regra e da norma".[7] As regras da comunicação, observe-se, já não são só uma forma de normatização, de controle, do meio expressivo, como já se afirmou. Também o Direito assume, sabe-se, a posição de regulador arbitrário da linguagem comportamental (referenciando diferenças sociais e contribuindo para a manutenção de um certo modo de organização social que é favorável a um tipo de divisão social do trabalho). Tanto por leis, quanto por dispositivos morais, alguns sempre manejaram os conceitos de comportamentos desejados, tolerados e repelidos, em contraposição à universalidade dos comportamentos.

Estes são alguns aspectos relevantes da comunicação jurídica em sua dimensão fixa (de polos fixos), onde o aparelho de Estado, segundo a vontade de seus detentores, assume o papel de (exercita o poder de ser) emissor de regulamentações (de padrões de licitude e ilicitude). No outro polo, localiza-se a massa receptora (e cumpridora) de tais enunciados, na dimensão do que RODRIGUES chama de "topologia da inclusão total". Não se

---

[6] RODRIGUES, Adriano, "A propósito da Comunicação", in *Filosofia e Epistemologia II, op. cit.*; p. 144.

[7] *Idem*; p. 144.

faz (e não se pode fazer) "acepção de pessoas nem de classes; o interlocutor é um número médio, uma ficção estatística, sem espessura física nem dimensão simbólica, sem *topos* nem *chronos*".[8]

Já no âmbito do processo, as linguagens pelas quais se estruturam os atos processuais são a própria encarnação da depuração da carga explosiva (o impulso agressivo que ainda busca lastro nos instintos) das relações entre indivíduos; assim, funcionam (como disse RODRIGUES, a propósito de outro tema) substituindo "vivamente as insatisfações e disfuncionalidades produzidas pelas contradições sociais".[9] O processo traz os membros da sociedade que estão em conflito (estas incontáveis manifestações da "carga eminentemente explosiva" da existência grupal humana) para que seu litígio seja decidido segundo a autoridade (e a regularidade) de Estado, que se expressará na enunciação de uma norma individual, fruto tanto do diálogo que é processo, quanto do poder de Estado, exercitado no caso em concreto. Em regra, esse diálogo se estrutura segundo os interesses das partes, trabalhados pela competência jurídica de seus procuradores (devidamente remunerados pelos esforços de beneficiar seus clientes). Este complexo comunicativo é mediado por um agente possuidor de determinada porção de poder de Estado (o magistrado, que ocupa ora a posição de emissor, ora a de receptor) a quem cabe determinar a decisão (com qualidade de Estado, resolúvel nos limites definidos em lei). Mais que solucionar pendências, o processo funciona como um mecanismo de conservação da estrutura social.

Mas não só no processo se identifica a existência de diálogos dentro da dimensão comunicativa do Direito. O contrato é um outro exemplo de diálogo jurídico, materializado, por vezes, em um instrumento que atesta a sua existência e vigência entre as partes. Também as relações de trabalho (que são contratos), as obrigações (originadas em um contrato), as relações de vizinhança etc.

---

[8] *Idem*; p. 145.

[9] *Idem*; p. 144.

A PALAVRA E O DIREITO | 12

Enquanto expressão verbal, o Direito não possui uma língua (e uma gramática) própria; mas possui, isto sim, um léxico particular que se moldou ao longo de uma evolução histórica própria (como o possuem todas as áreas específicas do conhecimento humano). Constata-se, assim, a existência de um *corpus* lexicológico jurídico, onde se encontram valores estruturais específicos, apuráveis em contextos técnico-jurídicos. Ao delimitar tal *corpus*, é-se forçado a reconhecer, como assinalado por CORACINI, que "nenhum *corpus* é representativo da língua enquanto sistema homogêneo, mas é representativo de uma determinada visão histórica, social e ideológica, que enunciadores (locutor/ouvinte, autor/leitor) deixam veicular, através da organização discursiva e de certos índices linguísticos".[1]

Não se trata de um *corpus* composto de palavras, mas sim de signos verbais. A diferença está diretamente ligada à noção já estudada de valor estrutural. A palavra é a lexia do sistema semiológico verbal; mas, em razão da polissemia, nem todos os significados que podem ser atribuídos a uma palavra terão pertinência com o *corpus* delimitado. Para este interessam apenas os signos que representam um referente jurídico; perseguem-se,

---

[1] CORACINI, Maria José R. Faria, "Considerações sobre Linguística e Ideologia"; *in Projeto História – Revista do Programa de Estudos Pós-Graduados*. departamento de História (PUC/SP), número 5, p. 41, fevereiro de 1986.

portanto, os valores estruturais jurídicos que são manifestados pelas palavras. Retoma-se o exemplo da palavra *ação*. Usualmente, faz-se-lhe corresponder um "valor de base"[2] de "ato ou efeito de agir"; assim, tem-se: "Sua ação foi muito rápida, não pude sequer me defender!" Mas traduz também o sentido de uma influência exercida sobre alguém, ou um movimento etc. No âmbito específico do teatro, ação é a sequência de gestos e cenas que compõem uma peça; igualmente, em inúmeros outros campos encontrar-se-ão acepções diferentes para a palavra *ação*. Isto para não listar a quase incontável gama de empregos metafóricos que a qualquer termo se pode atribuir em um texto. Mas, entre todos os sentidos atribuíveis à "ação", é possível identificar alguns que se aplicam ao Direito e consequentemente fazem parte do *corpus* ora definido. Entre estes sentidos de pertinência jurídica, pode-se exemplificar: "ação", significando "cota ou capital de uma pessoa em uma sociedade comercial", ou, ainda, "ação", significando "processo intentado em juízo para pedir alguma coisa".[3]

Um aspecto relevante da polissemia, no presente modo de encará-la, é que, enquanto signos, as diversas acepções (significados) de um único significante não se identificam. Assim, de acordo com o contexto, os significantes "ação" e "ação" serão

---

[2] A expressão *valor de base* (empregada por GUIRAUD; *op. cit.*, p. 39) possui contestável adequação à teoria semiológica. Seria possível, verdadeiramente, afirmar que toda palavra possui um valor estrutural específico quando tomada isoladamente? É uma afirmação temerária. Como afirma RECTOR (Monica, *in Para se ler Greimas*. Rio de Janeiro: Francisco Alves, 1978; p. 37.) "tomando como base o dicionário e procurando o sentido das palavras vemos que não significam apenas o que querem dizer mas indicam uma direção, ou seja, uma intenção e finalidade". Mas – pode-se objetar – é possível atrelar o conceito de valor de base a uma média (suposta e arbitrária) das estruturas linguísticas memorizadas pelos indivíduos, associá-lo à etimologia da palavra ou à arbitrariedade dos dicionaristas que trazem os verbetes com sentidos numerados. Parece-me que o valor de base ao qual GUIRAUD opõe o "sentido de contexto" não pode excluir variações de sistemas linguísticos individuais (podendo cada indivíduo determinar um valor de base para cada termo significativo). Ainda assim, sobram dúvidas, pois, de acordo com o contexto memorizado (que não deve ser confundido com o contexto do discurso), o indivíduo pode estabelecer sentidos de base distintos (num momento em que semiologia e psicologia se entrelaçam).

[3] PLÁCIDO E SILVA, De, *in Vocabulário Jurídico, vol. I*. Rio de Janeiro: Forense, 1987; p. 17 ss.

partes de signos distintos (aquele tendo por significado, por exemplo, "cota ou capital em uma sociedade comercial", este, "conjunto de gestos e cenas que compõem uma peça teatral"). Afinal, indissociável em sua unidade, um signo só é igual (idêntico) a si mesmo. Dessa forma, se um mesmo significante está correlacionado a dois ou mais significados, ter-se-ão tantos signos quantos sejam os significados que lhe sejam passíveis de atribuição, acredita-se aqui.

Mas, ao centrar o presente estudo em torno da palavra (instrumento exaustivamente manejado pelo Direito), coloca-se a necessidade de se enfrentar, semiologicamente, sua dimensão. O problema é um pouco mais complexo do que pode aparentar. Segundo BIDERMAN, "os linguistas não sabem definir a palavra, nem tão pouco delimitá-la. Estamos falando, naturalmente, de uma definição de validade universal".[4] Oferece, então, uma narração resumida das controvérsias que envolvem o tema, destacando que, no VI Congresso Internacional de Linguística, realizado em Paris, 1948, a conceituação de palavra "dividiu a assembleia dos linguistas presentes em posições conflitantes e radicais, muitas vezes. Houve quem propusesse a prescrição definitiva do termo na nomenclatura linguística, devido à sua imprevisão e à impossibilidade de se chegar a um acordo sobre uma divisão ideal".[5]

Entre outros autores, pode-se citar BLOOMFIELD como um daqueles que não trabalham com a "palavra". De forma muito interessante, distingue como termos da estrutura semiológico-linguística os "morfemas" e as "formas livres mínimas". "Escritor" e "escrevendo", por exemplo, são formas livres mínimas; entretanto, _–(t)or_ e _–(e)ndo_ são morfemas; é de se verificar que não só as formas livres mínimas, mas também os morfemas são significantes, pois estão ligados a seus respectivos significados. Veja: _–(t)or_ é transmissor da ideia de sujeito que pratica a ação; _–(e)ndo_ é significante da ideia da forma gerundiana da ação; _–s_

---

[4] BIDERMAN, Maria Tereza Camargo, *in Teoria Linguística*. Rio de Janeiro: Livros Técnicos e Científicos, 1978; p. 73.

[5] *Idem*; p. 76.

112 Semiologia do Direito • Mamede

está ligado à mensagem de plural; e assim por diante.[6] Outro autor, HODGE, trabalhará com a morfe, ou seja, "a menor parte significativa em que podemos dividir um enunciado. Estes morfes podem ser raízes, tais como *book, black, bird, house*; afixos, tais como -s e -let; padrões de acentuação, tais como o de *blackbird* que contrasta com o de *black bird*".[7]

Em função de tantos litígios conceituais, dos quais se deu apenas uma pequena amostragem (transcrevendo apenas duas teorias que procuram esquivar-se do uso da palavra em seus estudos), BIDERMAN chega a concluir que "não é possível definir a palavra de maneira universal, isto é, de uma forma aplicável a toda e qualquer língua". Não obstante, reconhece que "é possível identificar a unidade léxica, delimitá-la e conceituá-la no interior de cada língua".[8]

Em meio a este quadro de imprecisão conceitual, LAMB propõe que se distinga "a palavra morfológica, a palavra léxica e a palavra semântica".[9] Exemplifica: *mesa* e *mesas* são duas palavras morfologicamente diferentes, mas constituem duas formas da mesma palavra léxica. *Mesa*, na frase: "o livro sobre a mesa" e na frase: "a mesa no livro", são duas palavras semânticas diferentes correspondentes a uma única palavra léxica. "As palavras morfológicas de uma língua são especificadas por suas construções morfológicas. São as unidades que os linguistas estão tentando especificar como as unidades mínimas que podem ser pronunciadas isoladamente. A palavra léxica é a unidade básica do léxico, ou dicionário, de uma língua, e é também a unidade básica da Sintaxe, a unidade cujas combinações são especificadas pela estrutura sintática. [...] Usaremos para a palavra semântica o termo semema, usado pela primeira vez em 1908 pelo linguista sueco Adolf Noreen e introduzido na linguística norte-americana por

---

[6] *Idem*; p.77 ss.

[7] HODGE, Carleton, "Morfologia e Sintaxe"; *apud* HILL, Archibald A. (org.), *in Aspectos da Linguística Moderna*; trad.: Adair Pimentel Plácido *et al.* São Paulo: Cultrix, 1972; p. 32.

[8] BIDERMAN, *op. cit.*; p. 85.

[9] LAMB, Sydney M., "Lexicologia e Semântica"; *apud* HILL, *op. cit.*; p. 43.

Leonard Bloomfield em 1926. Como definição aproximada, pode-se pensar no semema como um elemento do significado."[10] Dessa maneira, quando se distingue um *corpus* linguístico-jurídico, está-se, na verdade, delimitando um campo de exame definido por "palavras semânticas" de conteúdo específico jurídico; ou seja, estar-se-á trabalhando com sememas de valor jurídico.

Para que se possa aprofundar no estudo da palavra, este objeto de manejo constante nas atividades jurídicas (este palco de disputas políticas entre polos opostos de interesse, digladiando pelo significado aplicável a cada enunciado em relação a cada caso concreto posto), é preciso recuperar o seu exame enquanto signo (mais precisamente, signo linguístico). E um signo é, como foi visto, a união inseparável de um significado e um significante.

Sobre as relações mantidas entre estes dois componentes do signo, afirma SAUSSURE que "o laço que une o significante e o significado é arbitrário [...]; a ideia de mar não está ligada por relação alguma interior à sequência de sons m-a-r que lhe serve de significante; poderia ser representada igualmente bem por outra, não importa qual".[11] Observe-se, assim, que *sea*, *mar* e *mer* são significantes diferentes, em idiomas diferentes (respectivamente, inglês, português e francês), para um mesmo significado (e um mesmo referente). Também seria arbitrária a determinação do próprio significado em relação ao significante. Os referentes foram arbitrariamente delimitados e construídos dentro da evolução histórica de cada grupo, de cada sistema semiótico-linguístico, e estão arbitrariamente unidos aos seus significados (e estes aos respectivos significantes). CARONTINI e PERAYA esclarecem que por arbitrário, em SAUSSURE, "deve-se entender que o laço que une o significante e o significado não possui 'nenhuma ligação natural na realidade' e que a relação entre eles não está de modo algum fundamentada na natureza das coisas ou na sua conformidade. Portanto, esse laço pode ser declarado radicalmente arbitrário, já que manifesta a inexistên-

---

[10] *Idem*; p. 44.

[11] SAUSSURE, *op. cit.*; p. 81-82.

cia de razões naturais, lógicas ou psicológicas na determinação recíproca e simultânea das articulações das substâncias acústica e semântica".[12]

Esta arbitrariedade, entretanto, deve ser examinada com reserva. PERROT, por exemplo, enfatiza que "o signo linguístico é, com efeito, ao mesmo tempo *arbitrário* e *necessário*: a ligação que une significante e significado é necessária; na consciência do falante português e brasileiro o significante *boi* (isto é, a imagem acústica do grupo de sons boi) evoca necessariamente o conceito de boi e o conceito desencadeia necessariamente a imagem acústica de boi".[13] Tal realidade já foi aqui estudada anteriormente; trata-se de uma circunstância que busca justificativa na mecânica ideológica que é formadora, pelo condicionamento, da consciência de cada indivíduo (lastreando-a à cultura manifestada pelo grupo social a que este pertence). Pelo condicionamento das operações mentais biologicamente possíveis, a ideologia forma entre os sentidos (a percepção) e a consciência do indivíduo uma determinada realidade que é semiológica e (destacando a língua entre os sistemas significativos) linguística. Para GREIMAS, como analisa RECTOR, "a percepção e a significação são indissociáveis [...]. Mas a percepção não é significação. É mediadora entre o mundo dos objetos e o mundo das significações".[14]

Este mecanismo bifacetado (percepção/significação) encontra uma explanação téorica em CARLOS CAMPOS. Percebido o objeto, as informações colhidas pelos sentidos serão organizadas em intuição (forma opaca da percepção) no inconsciente; trata-se, ainda, de um elemento fora do mecanismo impositivo das estruturas semiológicas. Para que possa ser pensado (ou seja, para que seja trabalhado pelo consciente) deverá ser transformado em conceito (por processos já aqui estudados), ou, mais: em significado (ao qual corresponde um significante). "A intuição é, pois, o objeto cego, imprecioso, onde não se determinou

---

[12] CARONTINI *et* PERAYA, *op. cit.*; p. 54.

[13] PERROT, *op. cit.*; p. 39.

[14] RECTOR, *op. cit.*; p. 32.

ainda nitidamente o modo de ser, isto é, o conceito categorial. Ela é opaca, é cega. O conceito categorial, a categoria sem o objeto é vazia, isto é, é impensável, porque ela é modo de ser e não temos experiência de modo de ser senão nos objetos, nas cousas, e não os podemos pensar realmente sem as cousas. Eles, os conceitos categoriais, ficam vazios, impensáveis."[15] O único reparo a se fazer substitui "cousas" por referentes. Não se pode pensar sem o referente, pois não há conceito (significado) sem um referente correspondente, embora possa existir conceito sem coisa. RECTOR exemplifica: "quando falamos de dinossauros, de fantasmas, sabemos que estes elementos, estas coisas, não existem no mundo";[16] mas seus referentes, estes, sim, existem (daí existirem significantes e significados, enfim, os signos de dinossauros e fantasmas).

Para além dos limites dessa necessidade ideológica, a própria arbitrariedade é colocada em dúvida, em certos níveis, por alguns autores, como, por exemplo, JAKOBSON. "Em 1939, em sua comunicação ao quinto Congresso de Linguística de Bruxelas sobre 'as leis fônicas da linguagem infantil', escrevia ele: 'a escolha dos elementos diferenciais no interior de uma língua, longe de ser arbitrária e fortuita, é regida, pelo contrário, por uma lei (ou tendências) de ordem universal e constante', leis de implicação ou de incompatibilidade, próprias de qualquer sistema fonológico."[17]

Em *Diálogos*, JAKOBSON desenvolve este tema (p. 37 ss), mostrando a linha de análise e pesquisa que seguiu, até perceber que "evidenciava-se que os fonemas das diferentes línguas do mundo, em toda a sua diversidade, decompunham-se com rigorosa lógica num número reduzido de elementos diferenciais", tornando-se necessário "determinar de modo mais preciso, por um lado, o fundo motor e, por outro, as particularidades físico

---

[15] CAMPOS, Carlos, *in Ensaios sobre a Teoria do Conhecimento*. Belo Horizonte: Cardal, 1959; p. 28.

[16] RECTOR, *op. cit.*; p. 32.

[17] FONTAINE, Jacqueline, *in O Círculo Linguístico de Praga*; trad.: João Pedro Mendes. São Paulo: Cultrix: Ed. da USP, 1978; p. 39.

e psicoacústicas dos elementos diferenciais".[18] Mais à frente, dirá: "A aproximação comparativa do desenvolvimento da fala infantil e da estrutura de diferentes línguas étnicas culminou na descoberta essencial das leis de implicação que agiam em duas esferas, ou seja, a existência de uma entidade Y implica ou exclui a existência de uma entidade X no mesmo sistema. Quanto mais progride a pesquisa, tanto mais torna-se claro que tais leis não só estão na base da estrutura fonológica da língua, como também intervêm no plano morfológico e sintático. Demonstram a estrutura hierárquica dos diferentes aspectos da língua e, além disso, determinam a ordem das relações entre a língua e os outros domínios da cultura."[19]

MEHLER também afirma a dependência da fonologia, em grande parte, "da existência de estruturas neurobiológicas altamente especializadas que se desenvolvem de um modo previsível desde o nascimento".[20] A capacidade do ser humano de produção e manifestação de linguagens (e a consequente utilização dos seus sistemas semiológicos), das mais simples às mais complexas, desenvolve-se de uma forma determinada. Está previamente determinado o gradiente de sons possíveis de emissão, dentre os quais se articulam os fonemas; está predeterminada a capacidade de captar a realidade externa (os sentidos de que dispomos); estão predeterminadas todas as estruturas neurobiológicas (tecidos de neurônios e reações bioquímicas – entre as quais se destaca a sinapse, como visto – que produzem a razão).

Igualmente irresignado com as possíveis dimensões desta arbitrariedade na ligação entre significante e significado, encontra-se GUIRAUD. Para ele, "toda palavra é sempre motivada em sua origem, e ela conserva tal motivação, por maior ou menor tempo, segundo os casos, até o momento em que acaba por cair no arbitrário, quando a motivação deixa de ser percebida".[21]

---

[18] JAKOBSON, Roman, *et* POMORSKA, Krystina, *in Diálogos*; trad.: Elisa Angotti Kossovitch. São Paulo: Cultrix, 1985; p. 40.

[19] *Idem*; p. 45.

[20] MEHLER, *op. cit.*; p. 24-25.

[21] GUIRAUD, *op. cit.*; p. 28.

De fato, no momento de sua criação (de sua instituição), que só pode ser suposto, já que perdido no tempo, o signo conhece uma motivação qualquer, tanto para a individualização do referente, quanto para a ligação que se determina entre significante e significado. Houve, naquele momento (para quem primeiro o enunciou), um motivo que determinou a união destes elementos; mas a evolução do tempo apaga tal registro, deixando-nos a impressão de arbitrariedade, e mais, deixando, no que se refere ao presente, a própria arbitrariedade na ligação de significante e significado. Desta maneira, a arbitrariedade continua sendo, numa dimensão sincrônica, uma característica do signo, certo que "a motivação deve apagar-se em proveito do sentido".[22]

Mesmo considerando-se a arbitrariedade em sua dimensão sincrônica, é possível examinar a existência, quer na língua, quer, por extensão, no *corpus* de sememas aplicáveis ao Direito, de "motivações secundárias". Estas são de duas naturezas: marcas da evolução histórica dos sentidos aplicáveis a cada termo, e desdobramentos morfológicos que cada lexia pode conhecer (associações de "morfemas" para constituição de formas livres mínimas variáveis). Dessa forma, a motivação secundária é, de certa forma, um mecanismo de ampliação do raio de alcance do universo referível, seja por extensão de sentido, seja por combinação de radicais e afixos. No universo destas motivações secundárias, podem ser diferenciadas, por sua natureza, as motivações externas, como a fonética (por exemplo, as onomatopeias, que são, também, uma forma de motivação primária) ou a metassêmica (mudanças de sentido experimentadas por um significante, como ocorre na metáfora, que por vezes cristaliza o sentido conotado); e também as motivações internas, como a própria morfologia (a partir de banana, formam-se bananeira, bananada, bananal, por exemplo), além da paronêmica (assimilação ou confusão de duas formas idênticas).

A própria etimologia está repleta de situações onde se percebe a existência de motivações secundárias. É, em última

---

[22] *Idem*; p. 28.

instância, o próprio mecanismo de extensão da língua que está sendo colocado em tratamento. Neste sentido, sabe-se que do latim *iudex* ("o que mostra ou diz o direito, juiz, árbitro")[23] formou-se *judicar, judicial, judiciário, judicante* etc. Trata-se de uma motivação morfológica, classificada como externa. A partir de uma raiz (à qual se pode, ou não, determinar a evolução etimológica, como foi feito no exemplo, buscando-a na origem, o latim) constrói-se um "campo semântico". Os afixos são, desta maneira, formadores por excelência dos campos semânticos, cujo centro é representado pelo radical (e, igualmente, pela ideia central traduzida por este), caracterizando uma forma muito comum de motivação secundária. "A raiz presente em todas essas palavras, porta o mesmo substrato semântico em cada um desses vocábulos."[24] Note-se, ainda, que *iudex* é, mesmo em sua origem, um vocábulo motivado: deriva de *ius* ("títulos que estabelecem o direito; justiça, direito";[25] a partir de *ius* formaram-se, em português, vocábulos tais como: *justiça, justificável, justificar, justiceiro, justiçar* etc.

Usando-se do exame semântico do vocábulo *justiçar*, pode-se observar um fenômeno interessante e de grande importância dentro do mecanismo da língua: os lastros da motivação secundária vão-se perdendo, em graus que variam de vocábulo a vocábulo, da raiz sêmica do respectivo campo semântico. *Justiçar* é, no sentido mais coloquial, "fazer 'justiça' com as próprias mãos", o que nem sempre é "justo", ou correspondente às noções de justiça traçadas pela lei ou pelo senso comum. Um criminoso, por exemplo, pode "justiçar" um policial por tê-lo preso, ou fazê-lo com quem o denunciou.

Para prosseguir o exame das motivações secundárias, e deixando-o restrito ao âmbito específico do *corpus* delimitado (os sememas de valor jurídico), observa-se SOURIOUX e LERAT afirmarem que "un phénomène qui n'est pas moins notable [...]

---

[23] FARIA, Ernesto, *in Dicionário Escolar Latino-Português*. Rio de Janeiro: FAE, 1988; p. 298.

[24] BIDERMAN, *op. cit.*; p. 91.

[25] FARIA, *op. cit.*; p. 300.

est l'existence de termes nombreaux qui respectent les procédés les plus constant de la derivation, mais sont formés à partir d'un mot sorti de l'usage, en sorte qu'ils ont perdu leur motivations linguistique".[26] Estas derivações povoam o Direito; termos como *dação* (ato de dar, de entregar) ou *oitiva* (derivado de auditivo) já saíram do coloquialismo, mas possuem ainda uso no âmbito do Direito. Outra motivação de ordem secundária que SOURIOUX e LERAT observam no *corpus* lexicológico que serve ao Direito é a troca de categoria gramatical; "le droit use abondanment de substantivations à partir d'adjetifs et de participes".[27] É o que se constata em termos tais como os seguintes: *contradita* (forma contraída de *contraditado,* que é o particípio passado do verbo *contradizer*); também em *julgado* (que é o particípio passado do verbo *julgar*).

Os denominados "empréstimos" são outra forma usual de motivação secundária encontrada no léxico jurídico. "Os empréstimos são palavras vindas do estrangeiro, geralmente com as coisas que elas designam."[28] O latim é uma fonte por excelência dos empréstimos encontrados no léxico do trato jurídico. Mas não só; do inglês podem-se citar: *leasing, debenture, factoring* e *warrant*, entre tantos outros. Aqui, verifica-se que há casos em que a palavra termina por ser assimilada pelo vernáculo que a tomou emprestada. Assim, a palavra inglesa *debenture* passou por uma "aportuguesação", tornando-se *debênture*, como *warrant* ("garantia, segurança, penhor") estimulou, na língua portuguesa, termos como *warrantagem* ("garantia dada por meio de *warrant*") e *warrantar* ("instituir penhor através do *warrant*").[29]

Muitas lexias de valor jurídico são secundariamente motivadas como resultado de um processo de evolução semântica denominado nominação; "uma vez criada a palavra, por transferência de sentido ou por qualquer outro modo, seu sentido

---

[26] SOURIOUX *et* LERAT, *op. cit.*; p. 19.

[27] SOURIOUX *et* LERAT, *op. cit.*; p. 20.

[28] BIDERMAN, *op. cit.*; p. 41.

[29] PLACIDO E SILVA, *op. cit.*; vol. IV, p. 511.

120 Semiologia do Direito • Mamede

pode evoluir espontaneamente; de fato, na quase totalidade dos casos, ele evolui".[30] Observe o vocábulo em português *preposto*; segundo PLÁCIDO E SILVA, preposto é o empregado a que se atribuíram poderes de representação para praticar atos ou efetivar negócios concomitantemente à realização dos serviços ou dos trabalhos que lhes são cometidos, como função e encargos permanentes".[31] Observada a etimologia de *preposto*, fica claro o processo de evolução semântica que o originou. No latim, encontra-se o verbo *praeponere*, ou seja, "pôr diante, pôr à frente, prepor". *Praepositio* é "a ação de pôr adiante ou à frente de", enquanto *praepositus* (particípio passado de *praeponere*) traduz-se por "coisas preferidas" ou, melhor para o contexto, "comandante ou oficial".[32] *Praepositus* possui como forma correspondente, no latim dito "vulgar", o termo *praepostus*, onde se distingue facilmente uma proximidade com o termo português em questão. O que se pode observar entre *praeponere* e *preposto* é um deslizamento de sentido, ao longo de um conjunto de evoluções morfológicas de diversas naturezas. Primeiro, a substantivação de uma ação: prepor; mas, mais que isto, a alteração que se constata entre *praepositus* ou *praepostus* (aquele que é posto à frente, em regra, o comandante) e preposto.

---

[30] GUIRAUD, *op. cit.*; p. 43.

[31] PLÁCIDO E SILVA, *op. cit.*; vol. III, p. 431.

[32] FARIA, *op. cit.*; p. 433.

BIOLÓGICO, PSICOLÓGICO E JURÍDICO | 13

A atenção ao elemento biológico é uma referência básica, e obrigatória, para o exame e a compreensão do fenômeno jurídico. Refere-se àquilo que se poderia chamar de "condição animal" do ser humano: somos, como os outros animais, uma massa de matéria bioquímica, estruturada (em células e/ou tecidos e/ou órgãos) de acordo com informações geneticamente transmitidas. Essa condição manifesta-se de forma limitada, tanto em seu alcance, quanto no que diz respeito à utilização, pelos indivíduos (humanos ou não) de seus corpos. Assim como nossos braços e pernas possuem um limite de utilização (tanto no alcance – a força, por exemplo – quanto na forma em que os podemos empregar), nosso sistema nervoso, nele destacado o cérebro, também o possui. Este elemento biológico (comum), permitiu a CHOMSKY especular a existência de uma "gramática universal" como uma "essência da linguagem humana": "sistema de princípios, condições e regras que são elementos ou propriedades de todas as línguas humanas, não por acaso, mas por necessidade – quero dizer, é claro, necessidade biológica, e não lógica."[1]

Para além do dado biológico, constrói-se a "humanidade" de cada indivíduo, em contornos essencialmente sociais; vale dizer,

---

[1] CHOMSKY, Noam. *Reflexões sobre a linguagem*. Trad. Carlos Vogt. São Paulo: Cultrix, 1980; p. 28.

parafraseando SAUSSURE (quando este refere-se à língua): parte substancial da "humanidade" é um "produto social depositado no cérebro de cada um".[2]

De posse de tais referências, pode-se postular a adequação de algumas afirmações:

Primeira afirmação: o ser humano é um ser animal: possui em si informações genéticas variadas, entre as quais encontram-se informações comportamentais. Embora o ser humano não esteja atento a esta realidade, sua existência (e composição) é um produto bioquímico. Somos todos bioquímicos: um emaranhado de células com funções específicas (determinadas pelas informações genéticas). Nossa memória é um registro de substâncias cuja combinação possuímos a capacidade (inconsciente) de descodificar (de atualizar). Disfunções nestas substâncias podem nos "roubar" a memória (destruí-la ou impedir o acesso à ela), podem nos "tirar a razão" (chegando mesmo a nos colocar em "delírio": acreditar na vivência de situações que só possuem existência no âmbito cerebral). Neste contexto, a falta ou o excesso de qualquer substância possuem efeitos sobre o comportamento do indivíduo.

Segunda afirmação: inserido em um contexto cultural, o ser humano passa a viver em uma realidade conceitual que parte da realidade física (captada pelos sentidos, nos limites da capacidade e da qualidade destes) e é reconstruída na consciência; os "tijolos" dessa reconstrução do real físico (e de acréscimos abstratos) são os conceitos (formas padronizadas de se compreender a realidade, dividindo-a em partes, o que implica na renúncia – implícita – a diferenças e nuances).

Terceira afirmação: tais conceitos são o produto de uma evolução social e estão organizados em um sistema: eis aí a razão de se aproveitar a analogia com "tijolos" e a "construção"[3]. Esta

---

[2] *Op. cit.*; p. 33.

[3] Deve-se estar atento para o fato de que toda e qualquer analogia, assim como as metáforas, conhece um limite de incompatibilização: já não mais explica, confunde, engana, mascara.

estrutura de conceitos está permeada por valores (marcando "negativos" e "positivos"), sendo que se pode denominar este somatório semio-axiológico de *ideologia*, no plano da "vivência mental", sendo sua vivência concretizadora (os atos humanos) denominada de *praxis*. A formação do indivíduo na sociedade, a partir da infância, é a "construção" de sua consciência, vale dizer, a repetição em si da ideologia e da *praxis* do grupo em que se encontra. Haverá assim, com algumas distorções (ainda e felizmente) inevitáveis (em maior e menor grau), uma comunhão na compreensão do real e na sua instrumentalização (e utilização, por consequência).

Quarta afirmação: a unidade por excelência desse "mundo de conceitos" (de rótulos e funções preestabelecidas) é o signo, sendo a língua seu principal sistema; entretanto, outras linguagens há, todas organizadas em gramáticas próprias que tendem a ser respeitadas pois, na consciência dos indivíduos, constituem o normal e, por vezes, o possível. Eis o real cultural: o produto do somatório dessas linguagens, formando a consciência. O ser humano em cultura compreende o mundo a partir dessa consciência conceitual: da enorme variedade concreta de folhas (e tipos de folhas), subtrai a diferença referindo-se a um comum fisicamente inexistente(a folha da árvore); por outro lado, acrescenta *coisas* ao mundo: "paz", "fantasmas" etc.

Quinta afirmação: este plano consciente da existência humana, moldado pelos conceitos, os valores e as práticas com os quais, historicamente, foi sendo "construída" a cultura, são influenciados por impulsos psicológicos (que são neurobiológicos e, por consequência, bioquímicos), entre os quais alguns possuem uma origem na estrutura biológica (cf. primeira afirmação). O plano primeiro desses impulsos é o inconsciente, estranho domínio alógico da existência humana. Alógico por não ser gramatical e por não se lastrear nos valores constantes do consciente, com o que chega a trabalhar conceitos (ou partes de conceitos, ou somatórios de conceitos) de uma forma "absurda" (como vivenciado nos sonhos).

124 Semiologia do Direito • Mamede

O inconsciente é tudo o que, no indivíduo, está fora do que se poderia denominar "foco da consciência": este foco é o "eu" do discurso, ou seja, o *topos* de produção e irradiação dos pensamentos (o que implica o acesso – supõe-se restrito, isto é, limitado – a informações retidas na memória). Os indivíduos se referem a seus pés, suas mãos, seu cérebro; mas há uma unidade da qual, normalmente, não se dissociam e à qual se referem como "eu"; este é o consciente, produto da atividade cerebral (não exclusivo, certo que o inconsciente também é produto desta atividade). Para fora deste foco a que referimos, habitualmente, como "eu", está o inconsciente[4].

PAGLIA, ocupando-se, a seu modo, desta divisão mente/corpo (cultural/biológico), à qual faz corresponder as figuras mitológicas de Apolo e Dioniso, respectivamente, lembra que "nossos cérebros são divididos, e o cérebro separado do corpo. A briga entre o córtex superior e os cérebros límbico e reptílicos mais antigos."[5] Sob um certo ângulo de análise pode-se corresponder Apolo ao consciente e Dioniso ao inconsciente: ao primeiro corresponderá a organização racional (semiológica e, assim, gramatical) da realidade; ao segundo, o impulso, o desejo, a aleatoriedade amoral do natural que também somos (por mais que nos esforcemos por compreendê-lo e controlá-lo).[6] Essa cisão é um dos produtos da cultura, como demonstra

---

[4] Chego a me perguntar se também não compõem o inconsciente todas as partes não neurobiológicas do organismo, ainda que possamos ter no consciente um *espelho tátil* de sua existência: pode-se sentir – trazer para o consciente – cócegas no pé, dores no coração ou na perna etc. Isso tudo, recordo, como produto de combinações bioquímicas (que possuem uma certa faixa de configurações padrões, às quais poder-se-ia aplicar o rotulo de normalidade).

[5] *Op. cit.*; p. 99.

[6] Diz Paglia: "No ocidente, Apolo e Dioniso lutam pela vitória. Apolo faz as linhas de fronteira que são civilização mas conduzem a convenção, contenção, opressão. Dioniso é energia desenfreada, louca, rude, destrutiva, estróina. Apolo é a lei, a história, a tradição, a dignidade e a segurança do costume e da forma. Dioniso é o novo, emocionante mas rude, varrendo tudo para começar de novo. Apolo é um tirano. Dioniso um vândalo." (*Idem*; p. 99)

Biológico, psicológico e jurídico **125**

FIGUEIREDO ao relatar a "invenção do psicológico" ao longo de "quatro séculos de subjetivação (1500-1900)".[7]

Retendo-se a análise no plano cerebral, enquanto um certo número de neurônios e, por correspondência, sinapses, ocupam-se do foco de consciência (este comando racional do comportamento humano), há toda uma outra produção, levada a cabo por um número muito maior de neurônios e sinapses, que foge ao domínio do "eu" (e da vontade). Por exemplo, todas as sinapses que são provocadas aleatoriamente por "n" analogias entre informações provindas dos sentidos e informações mnemônicas correspondentes, vale dizer, lembranças que não estão sendo focalizadas conscientemente, mas que estão lá, registradas (bioquimicamente). O indivíduo não está, conscientemente, entregue a este constante acessar de informações presentes e passadas que guardam certa analogia ou identidade; tais registros mnemônicos, sem merecer o foco da consciência, podem ser acessados em determinadas circunstâncias (levando o indivíduo a "sentir" que "já viu aquilo" ou a "sentir-se mal, sem saber porquê", dentre outras situações conscientes análogas), ou simplesmente não possuírem qualquer correspondência aparente no consciente. Em outra situação, entre as tantas sinapses que antecedem a enunciação, aparentemente "descompromissada" deste ou daquele termo "sinônimo" há um complexo de operações cerebrais não conscientes (ou seja, inconscientes), o que torna o termo enunciado – bem como o discurso – uma tradução das estruturas neurobiológicas inconscientes. É preciso, entretanto, estar atento para o fato de que o inconsciente – crê-se, a exemplo de PAGLIA – não ser preponderantemente linguístico.[8]

Destaque-se que tais operações neurobiológicas, face a sua aleatoriedade (certo que estão para além dos limites da vontade do "eu"), podem concretizar-se a partir do uso "subvertido" dos signos, realidade que facilmente se percebe nos sonhos. Para além da *agramatibilidade*, vale dizer, da inexistência de uma or-

---

[7] FIGUEIREDO, Luís Cláudio. *A invenção do psicológico*; quatro séculos de subjetivação (1500-1900). São Paulo: EDUC: Escuta; 1994.

[8] *Idem*; p. 301.

ganização correspondente à lógica cultural (ideológica e concretizada na prática social), mesmo a correspondência significado/significante pode fugir – e foge – às convenções culturais. Os sonhos nos demonstram isto com facilidade: não há um contexto constante e, por vezes, não há causalidade entre fatos, não há organização temporal (passado, presente, futuro) nem espacial; determinada imagem – ou objeto – pode estar envolta em uma absurda relação semiológica (significando o que, na convenção semiológica, *não significa*). O inconsciente funciona na completa negação ideológica.

Também ali estão as percepções dos sentidos para as quais não dirigimos a nossa atenção, mas que foram captadas pelos sentidos e estão armazenadas, estímulos orgânicos variados etc. Como ensina LEDFORT, "a percepção é total e instantânea no nível do inconsciente, mas extremamente limitada no nível do consciente";[9] "a realidade percebida conscientemente é geralmente uma enorme simplificação e abstração da realidade verdadeiramente perceptível. A miríade de percepções que o conhecimento consciente não enfatiza, põe de lado, torna desfocada, relega ao segundo plano e/ou reprime, permanece no arquivo inconsciente da mente por períodos variados de tempo. Talvez algumas percepções fiquem armazenadas permanentemente."[10]

Toda a produção neurobiológica marginal (à margem do foco consciente, do domínio do "eu") é o inconsciente, bem como também o é todo o registro mnemônico que não está sendo (e/ou não pode ser) acessado, pelo eu, naquele instante (ou em qualquer instante). Observe uma situação: uma mulher assiste a uma aula: sua atenção (sua consciência) está no conteúdo que está sendo ministrado. Entretanto, conquanto haja, em função de qualquer estímulo (ainda que captado inconscientemente), uma grande produção de estrógeno por seus ovários[11], cresce-lhe

---

[9] Apud KEY, Wilson Bryan. *A era da manipulação*. Trad. Iara Biderman. São Paulo: Scritta, 1993; p. 18.

[10] *Idem*; p. 17.

[11] "O estrógeno atua sobre o sistema nervoso central, preparando a fêmea para a cópula, estimulando o impulso sexual." (AMABIS, MARTHO E MIZUGUCHI, v. 2, 1978-79: 468)

Biológico, psicológico e jurídico **127**

o impulso de copular. Este impulso, em circunstâncias tais, tende a não ocupar o foco do inconsciente. À informação que chega ao cérebro de que está alto o nível de estrógeno, criando o impulso sexual, corresponderá uma informação mnemônica (adquirida ao longo de anos de condicionamento) de que a cópula pode acontecer apenas em *"tais e quais"* condições. Este conflito pode passar-se fora do foco da consciência, que dele não se aperceberá. Mas está ocupando um conjunto de neurônios e sinapses: está, portanto, sendo inconsciente[12].

Todo o vasto trânsito dos hormônios e sua enorme influência sobre o temperamento e o comportamento humanos está confinado ao âmbito inconsciente do ser humano (que, infelizmente, não lhes pode dar, nos limites da consciência, a atenção devida, já que não o pode perceber); ao consciente só cabe o conhecimento do resultado dos impulsos endócrinos, quando a ele já se opôs toda a carga mnemônica das normas (dos *"não's"*) – entre as quais normas morais e religiosas (muitas das quais ratificadas no ordenamento jurídico). PAGLIA, em meio a diversos desvarios (analogias que me parecem excessivamente despropositadas, além de muitas colocações que fogem à plausibilidade e que parecem ter sido enunciadas com o firme propósito de criar polêmica e, portanto, instaurar o debate) demonstra a existência de "n" subprodutos comportamentais da realidade endócrina – bem como, dos contornos da anatomia humana – nas relações sociais masculino/feminino[13].

Como se pode notar, o plano inconsciente do indivíduo é assustadoramente mais vasto do que o seu plano consciente. Nossos "atos impensados" são exteriorizações dessa produção neurobiológica marginal (ou seja, inconsciente: fora do controle do "eu": fora do foco da consciência). O que, nos domínios da

---

[12] E, sem chegar ao consciente (até mesmo, e via de regra, em função de um mecanismo de proteção: há mecanismos neurobiológicos de censura – criados para garantir a continuidade, "pacífica", da existência do indivíduo: as neuroses, dentre as quais o esquecimento), este conflito pode tomar grandes dimensões, chegando, desvirtuadamente, ao consciente. O "eu" conhecerá apenas os subprodutos destes embates: ansiedade, manias, fobias etc.

[13] *Op. cit.*; p. 32 e ss.

consciência, nos surge como melancolia, cansaço, desânimo, ansiedade (isto é, um quadro depressivo) corresponde a uma baixa nos volumes presentes no cérebro de substâncias neurotransmissoras que, entre outras causas, pode originar-se como resultado de um estresse (uma sobrecarga da função cerebral e/ou corporal, criada por uma maior demanda de trabalho ou por tensão – inclusive tensão psicológica). Tudo isto, frise-se, sem o controle da lógica: nestes planos, impera o impulso, a mera conformação e contraposição de substâncias químicas; enfim, este é um plano basicamente aleatório.

Composto de uma vasta parte inconsciente e de um foco consciente que lhe permite visualizar-se como uma parte ("eu") em oposição a um mundo exterior constituído, igualmente, por partes (cuja tradução pode ser buscada nos pronomes), eis o ser humano. Desconhecer tais realidades, ainda que em âmbitos específicos como o Direito, é trilhar o caminho do engano.

Em meio a tal realidade (as afirmações precedentes), o ser humano pode ser encarado como uma (certa) individualidade, uma personalidade (influenciada por informações genéticas e por sua história). Mas, consideradas as influências genética e histórica, deve ser encarado, igualmente, como um comum biológico e um comum social, determinando, em certos limites, o comportamento de todos e de cada qual. A afirmação do "comum" em nós (comum entre humanos mas, para além, comum entre os animais) tende a assustar e a criar repugnância. Mas seu reconhecimento determina, acredito, um desenvolvimento, pela possibilidade de se reconhecer os desafios colocados ao aumento dos níveis de conscientização (e autocompreensão) que são fundamentais à evolução humana.

A compreensão de todas estas características que envolvem o ser humano em cultura são fundamentais para a compreensão do indivíduo em sociedade (ao qual se quer atribuir a condição de cidadão). Sem compreender tais elementos, o tratamento pelo Direito do indivíduo (a quem pode denominar de sujeito de direitos e deveres, mas que antes disto é uma *persona* social – e, assim, biológica, sociológica e psicológica) torna-se incompleto, inábil, portanto, para satisfazer os fins aos quais expressamente deveria se destinar, engendrando enganos que, por vezes, perpetuam-se ao longo dos séculos. Um deles é o chamado Direito Natural, que nada possui de natural; está baseado numa visão equivocada – humanizada – de natureza. Estendendo-se - ideologicamente – sobre a realidade, o ser humano "de cultura" confere certos atributos ao que denomina "natureza" (as matas, os bosques, os jardins): seu olhar cria, nestas paisagens, uma harmonia, uma paz, uma "beleza" que pouco correspondem ao real. Como provoca PAGLIA, "é só afastar do olhar o filtro e tornar a olhar. Eis a natureza espumando e borbulhando, as loucas bolhas espermáticas transbordando e estourando naquela ronda inumana de desperdício, podridão e carnagem. Das compactadas células brilhantes de ova de peixe aos esporos macios que as vagens verdes ao explodirem despejam no ar, a natureza é um ninho de vespas infectado de agressão e matança."[14]

O Direito Natural é apenas um dos paradoxos que envolvem a utilização, nos atos de fala (as enunciações propriamente ditas e os pensamentos), dos conceitos "natureza", "natural" e afins. Esse "natural" referenciado nos discursos é um mero produto da conceitualização, quero dizer, do enfoque racional (e portanto, "objetivista", ideológico) da realidade exterior. Entretanto, como lê-se entre as tantas especulações de PAGLIA, "não há objetivo na natureza, só a terrível erosão da força natural, salpicando, dilapidando, triturando, reduzindo toda matéria a fluido, à grossa sopa primal da qual brotam novas formas, arquejantes por vida."[15] Observe-se que mesmo nesta afirmação de PAGLIA é visível a extensão do humano sobre o natural; por exemplo, quando ela usa o adjetivo "terrível" para qualificar a "força natural". Contudo, acredito que a natureza, "em si" – vale dizer, inacessível ao conhecimento absoluto (que não existe, como ensinou KANT) –, não é terrível ou graciosa, nem bonita ou

---

[14] *Op. cit.*; p. 37-38.

[15] *Idem*; p. 39.

feia, nem justa ou injusta; ela simplesmente é. As adjetivações são meramente humanas.

Neste contexto, é curioso observar o Direito Natural como uma busca racional de fundamentação para uma certa qualidade de normas jurídicas, vale dizer, o esforço pelo estabelecimento um ordenamento normativo que possua uma orientação mínima de respeito por cada ser humano. É, portanto, como qualquer outro trato racional da realidade, produto da elaboração conceitual do consciente, que é ideológico, como se apura na lição de BAKHTIN, que já teve, aqui, a oportunidade de examinar. Esta busca racional por uma fundamentação jurídica a qual se deu (e se dá) a arbitrária adjetivação de "natural" reflete a busca pelo que HEEMANN denomina "metanorma",[16] ou seja, por uma norma primária e pressuposta (que não me parece confundir-se com a "norma fundamental" teorizada por KELSEN) que fundamente os conjuntos normativos vigentes.

Neste ponto, faz-se necessário observar que há dois níveis de fundamentação jurídica. Um é a evolução histórica que determina a ocupação por determinados indivíduos do domínio da sociedade. Uma vez que, hodiernamente, esta sociedade possui uma estruturação de Estado, este domínio é o aparelho de Estado.[17] Para além deste fundamento, o poder sobre a sociedade (mais: a discussão social, a política, o complexo das relações de disputa, dominação e estruturação da sociedade em determinadas níveis hierárquicos ocupados por estes ou aqueles indivíduos) passa pelo discurso: mais do que a força física (exercida ou ameaçada), por vezes é preciso justificar a dominação pelas palavras, pelos ideários, que são uma importante forma de força de dominação. Aquilo em que um grupo crê (seu ideário político, que pode ter um enfoque religioso, regional – ou seja, geográfico –, racial etc.) constitui uma força motivadora inestimável de seus com-

---

[16] *Op. cit.*; p. 52.

[17] Que será estudado na sequência.

Biológico, psicológico e jurídico **131**

portamentos.[18] Esse ideário (enquanto metanorma) fundamenta a enunciação e a conservação da vigência de normas jurídicas.[19]

Durante séculos, vigeu para o Direito o que HEEMANN denomina "fundamento transcendental",[20] vale dizer, as normas buscavam justificativa em dogmas religiosos. A evolução cultural humana, determinando um nível maior de "afloramento" consciente e, por consequência, crítico no trato com as normas (morais e, especificamente, jurídicas) culminou numa instabilização dos sistemas normativos, que passaram a ser contestados. Dogmas religiosos e tradições ancestrais não mais constituem metanormas aceitáveis, ainda que certos setores de sociedades não desenvolvidas (como a brasileira) ainda não tenham experimentado uma evolução que lhes permita contestar o meramente estabelecido. Como ensina HEEMANN, "com a evolução sociocultural, e seu influxo desmitificador, o homem se desestabiliza; sai de sua acomodação e, apesar de suas consequências, enfrenta o desafio, partindo para um comportamento moral cada vez mais crítico e reflexivo."[21]

Estas crítica e reflexão sobre o conteúdo normativo implica na necessidade de se preparar os indivíduos para o debate e

---

[18] Como destaca Key, "os homens são singularmente perigosos porque sua cegueira perceptiva não lhes permite ver que são perigosos. Há fanáticos nos governos de todo o mundo que querem justificar assassinatos em massa em nome de suas fantasias ideológicas." (*Op. cit.*; p. 28) Bosnia, Ruanda e Tchechênia são apenas alguns exemplos deste final de século XX. Carter, após falar em mais de "30 conflitos de grande porte no mundo, quase todos guerras civis", tece críticas a uma visão militarista do mundo, vigente neste fim de século, e completa reconhecendo o que se pode denominar de a cruel realidade dos interesses: "embora centenas de milhares de pessoas estejam sendo mortas, o mundo ocidental ignora até mesmo o mais mortífero combate, a não ser que ele ameace interesses norte-americanos ou europeus." (CARTER, Jimmy. "Governos devem perder monopólio da paz". *Folha de S.Paulo*. São Paulo, 21 de maio de 1995. Mundo, p. 32.). O pior, neste contexto, é recordar a afirmação de Key: "os homens dificilmente assustam-se; eles esquecem-se muito facilmente." (*Op. cit.*; p. 28)

[19] Conquanto os ordenamentos jurídicos podem não guardar – e com efeito, não guarda, *v.g.* – uma uniformidade, pode-se possuir metanormas distintas convivendo em um nível mais imediato. Entretanto, em última instância, todo o sistema – ainda que aparente desarmônico - está lastreado por uma única metanorma.

[20] *Op. cit.*; p. 26.

[21] *Idem*; p. 29.

para a participação na constituição de sistemas normativos que regerão a sociedade (ainda que esta efetiva participação dependa do engajamento dos indivíduos na sua própria formação e, em seguida, na análise interessada das estruturas sociais: politização é uma opção pessoal – que não se confunde com participação política institucionalizada: partidos, eleições etc). Esta obra postula um posto em meio a este debate, procurando expandir os âmbitos de exame do fenômeno jurídico. Acredita-se que todos os membros da sociedade – mas principalmente os profissionais do Direito – devem estar atentos a todas as peculiariedades que envolvem – e compõem – o fenômeno jurídico, estando preparados para a sua compreensão politizada. Aliás, os responsáveis pelo ensino e teorização jurídicas, a partir de uma má interpretação do pensamento kelseniano, e mais especificamente da Teoria Pura do Direito, determinaram a tendência de formação dos operadores do Direito (em seus mais diversos e variados níveis) em meros técnicos do manejo de normas materiais e procedimentais, sem a capacidade de compreender a sua ligação direta com o complexo das relações político-econômicas (e interesses político-econômicos). Esta obra prefere, em oposição, tentar esmiuçar quantas facetas do fenômeno jurídico sejam possíveis. Mais: acredita-se que um exame político – e politizado – do Direito (uma Teoria Política do Direito) deva transcender os umbrais das academias jurídicas, tornando-se objeto de debate de toda a sociedade, como condição de cidadania plena.

A NORMA JURÍDICA E A QUALIDADE DE ESTADO — 14

Após todas estas considerações, nas quais a Semiologia foi sendo, paulatinamente, aplicada a diversos aspectos do fenômeno jurídico, é chegado o momento de examinar o que até agora foi chamado de texto jurídico por excelência, ou seja, a norma jurídica.

Somente a vida animal (ou estágio correspondente), sem valores e sem significação (sem axiologia e semiologia), dispensa uma sociedade da necessidade de alicerçar sua existência (e, consequentemente, a coexistência de seus membros) em um conjunto normativo, ainda que por demais simples, sem o qual os litígios resolver-se-iam por embates físicos, precedidos – e por vezes decididos – nos jogos de ameaça e fuga. A capacidade de determinar significações é que viabiliza, como visto, o fenômeno jurídico nas sociedades humanas, como momento (representativo, mental) de pré-agressão, de força não materializada, mas ameaçada, pois a norma pressupõe o poder (dado aos – ou retido pelos – detentores do poder de Estado) de exigir sua aplicação quando não é voluntariamente cumprida.

O Direito é o conjunto das normas que são postas e garantidas por um poder central; essas normas procuram tornar estável a estrutura de Estado que se quer dar à sociedade, ou seja, uma estrutura hierárquica altamente organizada (e vasta, em maior ou menor grau), definidora das funções sociais (uma divisão de trabalho em âmbito geral: proletário, produtores, especuladores de capital ou de mercado, governantes etc.) e do acesso aos recursos produzidos; a estrutura de Estado também serve a uma necessidade de definir pessoas internacionais com capacidade de relacionamento entre si.

Embora a sociedade humana tenha se tornado cada vez mais complexa, ou seja, mais instrumentalizada e significativa, o Direito segue exercendo a função de objeto e instrumento de poder de Estado, em oposição a toda gama de relações (de uma forma ou de outra, políticas) que porventura tentam engendrar-se (ou, de fato, se engendram) fora dos limites normatizados. A evolução dos processos semiológicos aumenta a dimensão e o alcance do fenômeno jurídico (e vai redimensionando-o, a partir de novos elementos, como a ordem política internacional e a sua influência sobre cada país). A exemplo de qualquer sistema de signos (e valores), o Direito vai reengendrando a sua própria *semiose* (e sua ideologia correspondente) pela experiência e demanda da *praxis*, sempre constituindo fatos reais em fatos jurídicos (lícitos ou não, mas com um valor jurídico).

No esforço de controle das relações sociais, o aparelho de Estado recorre a diversas formas para determinar normas jurídicas. Mas reconhece-se que a legislação é sua grande fonte e que a lei é sua forma por excelência (não se pode, porém, deixar de considerar outras formas, desde portarias e circulares, até mesmo as placas, luzes e gestos utilizados para o controle do trânsito automotivo ou a mensagem falada, como a ordem de prisão).

Em um alfarrábio do início do século passado, encontra-se uma definição de SOUFFLIER para "lei" (esta forma privilegiada de norma jurídica): "une règle sociale obligatoire, établie en permanence par l'autorité publique, et sanctionnée par la force".[1] Nesta definição, alguns elementos se destacam: a autoridade pública (sobre a sociedade), além da existência do fator força como forma de garantir a obrigatoriedade da norma na

---

[1] SOUFFLIER, Camile, *in Vocabulaire de Droit ou Definitions de Termes Usités dans les Études de Droit*. Paris: Giard, 1908; p. 46.

A norma jurídica e a qualidade de Estado **135**

regulamentação da sociedade. Também STOYANOVITCH, em seus estudos calcados no pensamento marxista, tratará o tema de forma semelhante; ao elencar as fontes do Direito (onde não se atém à lei, mas chega a listar os costumes), destaca, como característica da norma jurídica, a "qualité de l'autorité ou l'organe qui formule et ordonne la règle de droit".[2] Pode-se dizer, assim, de uma qualidade de Estado que a norma deve possuir. Entre os doutrinadores brasileiros, é no mesmo sentido que se encontra a lição de CARVALHO SANTOS: "a norma jurídica é uma regra de conduta humana que se impõe aos homens que vivem em sociedade e cujo respeito é assegurado pela autoridade pública".[3] Esta autoridade pública cuja qualidade torna jurídica a norma é o aparelho de Estado; vale dizer: para ser jurídica, a norma deve ser emitida pelo aparelho de Estado (ou, em última análise, pelos detentores do poder de Estado).

A discussão que se coloca, verificado que a norma jurídica deve se originar no aparelho de Estado (detentor da capacidade de instituí-las e garanti-las), versa sobre a *imposição* desta norma à sociedade, enquanto exercício de coerção, ou seja, enquanto exercício (ou ameaça de exercício) da força repressiva que é o poder de Estado. Este trabalho afilia-se à visão do Direito como manifestação de força (da coercibilidade como característica necessária da norma jurídica), coerente com a sistemática socio-biológica (inconscientemente, arquetípica e instintiva) em que se organiza a sociedade humana. A normatização apresenta-se como uma manifestação de força, como um exercício de um poder repressor que uns possuem (em razão da evolução histórica, que lhes permitiu manipular certos instrumentos de força) sobre o restante do grupo.

Contudo, é pertinente objetar-se que há normas que não obrigam, que não constituem mandamento ou comando, mas, ao contrário, que criam direitos, ou regulam a vida social conforme

---

[2] STOYANOVITCH, K., *in Marxisme et Droit*. Paris: Librairie Générale de Droit et Jurisprudence, 1964; p. 66.

[3] CARVALHO SANTOS, J. M., *in Repertório Enciclopédico do Direito Brasileiro*, vol. XXXIV. Rio de Janeiro: Borsoi, 1948; p. 242-243.

136 Semiologia do Direito • Mamede

a vontade de qualquer um, como as regras de Direito "qui confèrent aux simples particuliers le povoir de faire des testements, de conclure des contrats ou des mariages, ainsi que des règles de droit que accordent des pouvoires des autorités, par exemple, à un juge de juger des litiges, à un ministre d'edicter des règles".[4] A solução pode ser encontrada recordando-se que cada norma é uma unidade de um todo normativo, denominado Direito. Pois bem, se algumas normas não podem ser denominadas comandos propriamente ditos e, assim, não se poderia generalizar a qualidade de comando de toda norma jurídica, definindo-a como tal, resta a conclusão necessária de que o sistema jurídico, enquanto totalidade de normas, é comando, é imperativo. Qualquer transgressão ao sistema jurídico, ao Direito, constitui um desafio ao aparelho de Estado, que pode insurgir-se contra o agente (como, é fato, também pode simplesmente desconhecer a ação desconforme).

Deste modo, a norma que, numa leitura isolada, está apenas permitindo que alguém deixe bens em testamento (nos limites que ela define), está diretamente ligada (sistematizada) a todo um conjunto normativo, dentro do qual deve ser compreendida (e examinada). E, interpretando essa norma dentro do conjunto em que se encontra (ampliando os restritos limites significativos de sua leitura isolada), verifica-se que ela comanda que a transmissão de bens, em razão da morte do seu proprietário, se dê segundo as formas que estipula ou, alternativamente, segundo as formas que são estipuladas por outras normas que com ela completam o tratamento jurídico do instituto de transmissão de bens em razão da morte, não podendo se consubstanciar através de outra forma qualquer. Consequência imediata destes comandos, um sujeito de direitos e deveres, proprietário de determinado imóvel, não poderá simplesmente dizer a outrem: "Quando eu morrer, esta casa será sua!" Embora essa seja sua vontade (uma vontade igual à daqueles que a expressam de acordo com a lei, em testamento que supra os requisitos determinados na legis-

---

[4] HART, H. L. A., *in Le Concepte de Droit*; trad. francesa: Michel von de Kerchov. Bruxelles: Facultés Universitaires Saint-Louis, 1976; p. 43.

lação), não se concretizará por não corresponder aos modelos estipulados legalmente.

Há que se lembrar, no mesmo sentido, que a norma que estabelece o "poder de fazer testamentos" está diretamente ligada ao instituto da propriedade, que é uma forma de divisão dos recursos disponíveis, imposta pelo aparelho de Estado à sociedade. Se eu posso testar é porque, primeiramente, sou proprietário e posso fazer valer a minha autoridade sobre o imóvel (o meu poder de gozar, usar e dispor daquela determinada coisa), de acordo com o comando de Estado que define tais poderes. O comando, em sua totalidade (apurável em um conjunto de normas), determina tal direito. Mais: se posso testar, é porque, ainda que eu esteja morto, a propriedade não se torna simplesmente vaga para que dela se apodere o primeiro que a alcance, mas, antes, estão estipuladas (comandadas) normas para a sucessão de tal titularidade; tudo isto, vê-se, caracteriza o imperativo, ou ainda, a imposição ditada através do sistema normativo.

O mesmo tipo de ressalva poderá ser feito com os demais exemplos dispostos por HART. Pode-se lembrar que a norma que confere ao juiz o poder para julgar está, por consequência, excluindo dos demais (aqueles a quem não foi conferido o poder de Estado para o exercício da judicatura, não dispondo, portanto, do título de Juiz) essa possibilidade (e, assim, esta capacidade). Assim também, pode-se recordar, entre outros níveis de sistematização, que esta norma culmina por obrigar as partes envolvidas em um litígio a respeitar a decisão do magistrado (se se submeteram ao processo), já que, para decidi-la, ele é competente (com as ressalvas do poder de pedir reexame da causa em outros graus de jurisdição que a legislação possa, porventura, estabelecer).

Revela-se, desta maneira, o trato do Direito como um sistema de normas jurídicas e as ligações que cada unidade normativa guarda, e deve guardar, com as demais. É assim que se pode afirmar que a norma está sempre ligada a um imperativo, constituindo, por tal, uma via estreita para definir uma obrigatoriedade para o comportamento humano. É o que, aliás, se pode interpretar em BONNECASE, para quem "la norme est un précepte de conduite exterieure effectivement imposé à l'homme, sur la pression d'une contrainte également extérieure et du chef d'une autorité constituée, en vue de la réalisation de l'harmonie sociale".[5] Destacado, ademais, que os preceitos referem-se a condutas exteriores, existindo como tributários de um constrangimento (uma coerção) igualmente exterior, devendo partir de uma autoridade constituída para normatizar. Não se tornou possível, até hoje, criar normas que intentem regular e controlar a consciência (como ficcionado por ORWELL em *1984*); mas é certo que a historiografia narra momentos em que normas fundamentaram perseguições contra ideários políticos (e religiosos) "indesejáveis".

Mas há mais a perquirir sobre a norma jurídica. Como em outras definições, também VASCONCELOS afirma que "a norma é pura e simplesmente previsão. Modelo de conduta diante de fatos relevantes para o convívio social".[6] A norma jurídica não está garantindo a ocorrência dos comportamentos estatuídos (ou impedindo a efetiva ocorrência dos comportamentos proibidos). Ela prevê a necessidade de efetivar-se ou não determinado comportamento, posto como necessário (em face ao comando), estando implícita a possibilidade de desrespeito, para a qual ela se prepara, pela previsão de uma sanção. Segundo NAWIASKY, as normas jurídicas são "normas que prescriben un comportamiento externo", e que se caracterizam "por la específica naturaleza de las consecuencias del comportamiento antinormativo".[7]

Para KELSEN, igualmente, "com o termo 'norma' se quer significar que algo deve ser ou acontecer, especialmente que um homem se deve conduzir de determinada maneira".[8] Esse autor

---

[5] BONNECASE, Julien, *in Introduction à l'Étude du Droit*. Paris: Recueil Sirey, 1931; p. 42.

[6] VASCONCELOS, Arnaldo, *in Teoría da Norma Jurídica*. Rio de Janeiro: Forense, 1986; p. 5.

[7] NAWIASKY, Hans, *in Teoría General del Derecho*; trad. espanhola: José Z. Valverde. Madrid: Rialp, 1962; p. 30.

[8] KELSEN, Hans, *in Teoria Pura do Direito*; trad.: João Batista Machado. São Paulo: Martins Fontes, 1987; p. 4.

A norma jurídica e a qualidade de Estado **139**

destaca a condição de "dever ser" da norma jurídica, certo de existir a possibilidade de o indivíduo transgredi-la; destarte, opõe à norma jurídica a norma da natureza (que estabelece o que é, e não o que deve ser). Para diferenciar o dever ser normativo do não normativo, KELSEN recorre a um lastro entre a previsão e o Sistema Jurídico; a norma deve estar sempre fundamentada no Sistema Jurídico. "Se o ato legislativo que subjetivamente tem o sentido de dever-ser, tem também objetivamente este sentido, quer dizer, tem o sentido de uma norma válida, é porque a Constituição empresta ao ato legislativo este sentido."[9] Assim, exemplifica, pode-se diferenciar a ordem de um gângster e de um funcionário de finanças cobrando dinheiro. Somente esta segunda, por representar o "Estado" (isto é, por ser conforme à "ordem jurídica" ou, enfim, por ter a autoridade antes referida), é uma norma jurídica.

O tratamento que KELSEN dá ao Direito e à teorização deste trabalho divorciam-se em muitos pontos. Por exemplo, quanto à sanção, diz KELSEN que "uma determinada conduta apenas pode ser considerada [...] como prescrita – ou seja, na hipótese de uma ordem jurídica, como juridicamente prescrita –, na medida em que a conduta oposta é pressuposto de uma sanção (no sentido estrito)".[10] Aqui afirmou-se e demonstrou-se (há pouco) que se pode considerar a sanção não estatuída diretamente na norma, mas no Sistema Jurídico.

Por final, cumpre examinar a norma jurídica como regra de conduta (previsão de comportamento). CARVALHO, a este respeito, classifica as normas jurídicas em normas de comportamento e em normas de estrutura. Enquanto as normas de comportamento se ocupam do agir humano (constituindo, portanto, previsões de conduta), as denominadas normas de estrutura "prescrevem o relacionamento que as normas de conduta devem manter entre si, dispondo também sobre a sua produção e acerca das modificações que se queiram introduzir

---

[9] KELSEN, *op. cit.*; p. 9.

[10] *Idem*; p. 28.

140 Semiologia do Direito • Mamede

nos preceitos existentes, incluindo-se a própria expulsão de regras do sistema".[11]Assim, uma norma que revogue outra não constitui uma norma de conduta, não define um paradigma comportamental. O artigo 2º da Lei 7.209/84, por exemplo, ao dispor que: "São canceladas na Parte Especial do Código Penal [...] quaisquer referências a valores de multa, substituindo-se a expressão 'multa de' por 'multa'", não perde seu caráter normativo por não estar prevendo um comportamento e uma sanção para o seu descumprimento.

No entanto, se, mais uma vez, a leitura não for isolada, reconhecer-se-á que toda norma é, em última instância, comportamental, pois relaciona-se a um Sistema Jurídico que visa regular comportamentos. Assim, nas relações que guardam umas com as outras (e que influenciam sua significação, como visto), as normas de estrutura, bem como as normas constitutivas, terminam sempre por determinar uma prescrição de comportamento. A norma que dispõe sobre a revogação de uma outra termina por determinar (poder-se-ia, até mesmo, dizer que ela conota) que não mais se deve comportar da forma anteriormente estabelecida (proibida ou comandada), mas de uma outra forma. No caso do citado artigo 2º da Lei 7.209/84, ao trocar as expressões *multa de* por *multa*, terminou-se por exigir um outro comportamento dos magistrados e um outro *quantum* a ser pago como sanção pelos condenados em penas pecuniárias. Da mesma forma, uma norma que estabeleça prazo prescricional para os crimes está conotando que, uma vez decorrido tal prazo, é ilegítima a pretensão punitiva, ou seja, que não se pode agir no sentido de apenar o agente de um determinado delito.

Enfim, no âmbito do Direito, este sistema de normas que é regulador do comportamento humano, há normas jurídicas que denotam (as normas de comportamento propriamente ditas) e normas que conotam (as normas de estrutura e as normas constitutivas) previsões comportamentais. Sua leitura faz-se

---

[11] CARVALHO, Paulo de Barros, *in Curso de Direito Tributário*. São Paulo: Saraiva, 1985; p. 301.

sempre em consideração à estrutura (a exemplo de qualquer outro signo), inegavelmente voltada para o agir humano.

Feitas tais considerações, será propício procurar-se uma definição para norma jurídica dentro do contexto deste trabalho, quer dizer, uma definição que se construa a partir de um enfoque semiológico-linguístico. Dir-se-á, assim, que a norma jurídica é um enunciado do aparelho de Estado (ou seja, dos detentores do poder de Estado, a elite política organizada e institucionalizada – em suas estreitas relações com a elite econômica – da sociedade) que visa regular a existência e convivência social pelo estabelecimento de modelos hipotéticos de comportamentos (e situações devidas), revestindo-lhes uma significação e um valor autorizado (jurídico), disposta em um sistema imposto (que é o Direito), de onde cada unidade retira a sua imperatividade. A norma jurídica deve ser cumprida voluntariamente pelos súditos de Estado ou poderá ser aplicada a sanção que lhe corresponde (em *lato sensu*, quer dizer, tanto a sanção, quanto a execução forçada da obrigação normativa, ou a sua anulação etc.), usados os poderes repressivos da estrutura organizada de Estado (enquanto *civitas maxima*). Os súditos, aqui referidos, são os denominados sujeitos de deveres e titulares de direitos, definidos pelo sistema, e que se encontram, de qualquer forma, submetidos ao poder (repressivo) de Estado. O fim último do Direito é manter a estrutura de Estado o mais estável possível, com o que culmina por garantir que um modelo de vida e organização social (e, por consequência, um modelo econômico) se perpetue, referenciados pelos interesses dos que detêm o poder necessário para validá-los e efetivá-los (poder este que pode ser conquistado, como mostra a historiografia).

Como já se afirmou, a qualidade de Estado diz respeito às sociedades humanas. Nesta teorização, o termo *Estado* perde o valor de substantivo para ganhar o valor de adjetivo, referindo-se a uma característica específica com que a cultura, em sua evolução histórica, revestiu determinados aspectos políticos da vida social humana. Esta característica pode ser conceituada como um valor institucional dado a determinados tipos de organização, e mais, a mecanismos protetores de uma certa forma em que a sociedade deve se estruturar. Esta estrutura social resultante e todos os instrumentos que a asseguram revestem-se de uma completa significação específica (significam "Estado").

Também foi visto que há uma organização de indivíduos que controla este tipo de estrutura social, o aparelho de Estado, e, em correspondência a este aparelho, há um poder de Estado, isto é, uma capacidade institucional (diacrônica e sincronicamente determinada) de ação reguladora sobre a estrutura social, a partir do manejo e do emprego de instrumentos repressivos, ou coercitivos, de Estado. O que se denomina usualmente como Estado, desta maneira, é aqui posto como "uma 'máquina' de repressão que permite às classes dominantes assegurar a sua dominação. [...] É, antes de mais nada, o que os clássicos do marxismo chamaram de o *aparelho de Estado*. Este termo compreende: não somente o aparelho especializado (no sentido estrito), cuja existência e necessidade reconhecemos pelas exigências da prática jurídica, a saber: a política – os tribunais – e as prisões; mas também o exército, que intervém diretamente como força repressiva de apoio em última instância [...] quando a polícia e seus órgãos auxiliares são 'ultrapassados pelos acontecimentos'; e acima deste conjunto, o Chefe de Estado, o Governo e a Administração".[12]

Embora, em muito, assuma-se aqui a teoria esboçada por ALTHUSSER para a estrutura de Estado, concebendo-a como encabeçada por um aparelho repressivo "que permite às classes dominantes assegurar a sua dominação sobre a classe operária",[13] é preciso deixar patente que, como acontece com outros autores citados, não há uma adesão completa à teorização por ele construída. Não parece, por exemplo, corresponder à realidade da evolução histórica restringir esta estrutura hierarquizada (repressiva por e para o benefício de uma classe) às chamadas "sociedades capitalistas". As mazelas dos sistemas espoliativos

---

[12] ALTHUSSER, Louis, *in Aparelhos Ideológicos de Estado*; trad.: Marai L. V. Castro. Rio de Janeiro: Graal, 1983; p. 62-63.

[13] *Idem*; p. 62.

estão diretamente ligadas a um tipo de formação egocêntrica (autobeneficiadora) que os seres humanos, condicionados em certo tipo de ideologia, manifestam. Para um outro tipo de formação, em ideologias do tipo cooperativista (encontradas mormente nas sociedades ditas selvagens ou primitivas), os moldes em que se estruturam as relações interpessoais são também outros. A qualidade de Estado é apenas o desenvolvimento institucional (determinado historicamente) do modelo egocêntrico (mais agonístico que altruísta).

Muitos movimentos revolucionários propuseram alterar este quadro (e, consequentemente, as relações interpessoais, retirando-lhes as conotações de exploração); entretanto, o modelo espoliativo (egocêntrico, autobeneficiador) persistiu existindo na ideologia de cada indivíduo (mesmo dos líderes, por não raras vezes), com o que o modelo espoliador não pode ser superado. Tais estruturas ideológicas (e, consequentemente, os modelos de organização social que implicam), em lugar de colocar postulados de negação das estruturas competitivas (e, destarte, dos possíveis arquétipos animais inconscientes), dão mostras de, nas suas mais variadas formas, albergá-las (em elementos como o *status*, o desnível social, a economia de mercado, o melhor e o pior – em referência ao indivíduo – etc.). Assim, a Revolução Francesa fracassou em seus ideais de "liberdade, igualdade e fraternidade"; da mesma forma, fracassaram os modelos de ordem político-econômica fundados no pensamento marxista. A "ordem social" que se queria impor esbarrava, sempre, nas ambições (e ignorâncias) individuais, arraigadas (e fundamentadas) em um modelo ideológico (fruto da evolução histórica).

A qualidade de Estado é o fruto do complexo de disputas por poder (sobre outro(s) membro(s) do grupo): uma hierarquia definida a partir de lutas nem sempre, ou quase nunca, físicas, entre os indivíduos; em escala ampliada, tais lutas individuais podem ser vistas como se travadas entre grupos hierárquicos, quer dizer, como lutas de classes (não obstante as disputas que dois membros da elite travem por mais poder, eles se associam para conter a massa que àquela elite está submetida).

144 Semiologia do Direito • Mamede

A compreensão dessa força de Estado como exclusivamente física (representada pelas polícias, pelas Forças Armadas e afins) não é de todo adequada. É preciso compreender a força de Estado também em sua dimensão abstrata (que, embora não seja física, é garantida pela existência residual do poderio de repressão física: aprisionamento, aniquilamento etc.): força econômica, psicológica, sociológica, semiológica etc. VIDAL, por exemplo, identifica uma das manifestações desta força no casamento, "a melhor maneira que o empregador tem de controlar o empregado. O homem jovem com um filho e uma mulher grávida fará tudo o que lhe mandarem. O homem ou a mulher jovem sozinhos talvez não sejam tão maleáveis."[14] ALTHUSSER, por seu turno, teorizou, sobre o rótulo de "aparelhos ideológicos de Estado" outras manifestações: a religião, a escola, a família, o Direito, os diferentes partidos políticos, os sindicatos, a imprensa, as letras, belas-artes, esportes etc.[15]

O ser humano em sociedade comporta-se desta ou daquela maneira não apenas em função de um temor à sanção normativa. O impulso comportamental pode até mesmo ser agonístico, mas podemos contrapor-lhe um impedimento psicológico ou, até mesmo, uma opção consciente por outro comportamento. Assim, não se pode negar, a maioria dos comportamentos concretizados nas sociedades são lícitos e ao concretizá-lo o indivíduo não possui por referência normas jurídicas. Concretiza-o porque os considera "adequados", "corretos", compreendendo a hipótese contrária, para além dos limites da normatividade jurídica, como "indesejável", "repreensível", "culpável" (numa dimensão mais psicológica do que jurídica). Pode, até mesmo, considerá-la "pecado", com o que a coerção da culpa atinge cumes que se sobrepõem, e muito, ao medo das sanções normativas. Eis um plano que eu ainda não tinha descortinado: a (culpa como) coação interna (psicológica), colocando-se a serviço dos interesses de Estado, ou contrários a este (um ato considerado

---

[14] VIDAL, Gore. *De fato e de ficção*; ensaios contra a corrente. Trad. Heloisa Jahn. São Paulo: Companhia das Letras, 1987; p. 297.

[15] *Op. cit.;* 68 e ss.

"pecaminoso" pode ser legislado como devido e, assim, poderá ser – e provavelmente será – alvo de resistência).

Um redimensionamento – e questionamento – da conceituação do que seja "Estado", como aqui foi engendrado, é uma tendência contemporânea dos estudos jurídicos (muitos dos quais denominados, ou autodenominados, de *pós-modernos*, tendência à qual este trabalho não tem a intenção de aderir). A "pós-modernidade", anota CANOTILHO, também já questiona o conceito de "Estado" perfilado desde o século retrasado. Afirmam tais autores, com certa propriedade, que "a organização política não tem centro: (1) é um sistema de sistemas autónomos, auto-organizados e reciprocamente interferentes; (2) é multipolar e multiorganizativa. Com efeito, ao lado do 'Estado', existem, difusos pela comunidade, entes autónomos institucionais (ordens profissionais, associações), e territoriais (municípios, regiões). Daí a referência à perda do centro (do Estado concebido como organização unitária e centralizada) e a existência de um direito sem Estado, isto é, de modos de regulação (contratos, concertação social, negociações) constitutivos daquilo a que se poderá chamar de reserva normativa da sociedade civil".[16]

Este trabalho não ratifica a existência de um "direito" sem a correspondente qualidade de Estado, mas reconhece a existência de uma reserva normativa da sociedade civil. Esta reserva e o Direito mantêm, crê-se, relações dinâmicas de aceitação e exclusão que permeiam os procedimentos de aplicação do ordenamento jurídico e as relações entre os súditos de Estado (ou entre o aparelho de Estado e seus súditos). Enquanto envolto nesta dinâmica de aceitação/exclusão, não se pode comungar do pensamento pós-modernista de um Direito informal (popular, "achado na rua"), mas de atos que merecem ou não a reação do aparelho de Estado (aqueles primeiros podendo, até mesmo, ab-rogar normas jurídicas por desuso), com o que podem, no decurso de prazos estabelecidos pela ordem normativa, obter valor jurídico.

---

[16] CANOTILHO, J. J. Gomes, *in Direito Constitucional*. Coimbra: Livraria Almedina, 1991; p. 14-15.

146 Semiologia do Direito • Mamede

Esta aceitação/exclusão, quer permeando os procedimentos exegéticos, quer confrontando-se com as pretensões de efetividade (lícitas ou ilícitas), leva à necessidade de repensar as relações entre a norma jurídica e o meio social. Segundo CANOTILHO, "assiste-se também a uma relativização do papel da lei e proclama-se sem rebuços a 'crise' da lei". Para os "pós-modernistas", a norma "carrega as sequelas do 'centralismo e direcionismo' jurídico dos modernos, esquecendo a existência de equivalentes funcionais reguladores, alternativos do direito, como, por ex., o mercado, no plano econômico, a autonomia contratual, no plano interprivado, os negócios ou *agreements* informais no plano da barganha política, as soluções comunitárias de conflitos, como, por ex., os 'tribunais de bairro'".[17]

Este trabalho acredita que a "crise da norma" não é uma realidade tão somente contemporânea; a norma sempre foi a tentativa de impor, o que provoca a tendência de resistência direta (desobediência) e/ou indireta (comportamentos obliquamente desconformes, vale dizer, com pequenas variações no modelo hipotético determinado). A norma, em nossos dias, conhece uma outra crise, certamente: assiste-se a uma aceleração extremada no desenvolvimento cultural (de instrumentos e significações), com mudanças constantes na prática social cotidiana. Com a legiferação atrelada a procedimentos políticos demorados, o ordenamento não consegue acompanhar o ritmo de evolução das relações interpessoais: resta um conjunto de norma inabilitado a refletir o que a sociedade está efetivamente vivendo. Daí verificar-se um alargamento da zona de aceitação pelo Direito da regulamentação do comportamento das normas que compõem as reservas sociais, tal qual destacado acima: juntas de arbitramento, associações de classe etc. Este fenômeno, contudo, não pode ser interpretado como uma abdicação do poder de exclusão que os detentores do poder de Estado possuem (ainda que nem sempre tenham condições de se exercitá-lo plenamente); tal poder é, ao menos, uma elemento de "barganha" ao longo das negociações e disputas políticas.

---

[17] *Idem*; p. 16.

O DIREITO POSTO E O DIREITO VIVIDO: O PROBLEMA DA EFETIVIDADE JURÍDICA | 15

Em um quadro de disputas ao longo das estratificações hierárquicas, o Direito conserva-se como o exercício do poder de Estado sobre a sociedade, pretendendo regular e regulamentar situações e comportamentos (dar-lhes significação e valor). É, portanto, um estágio de pré-agressão, de ameaça (de coerção, poder-se-ia dizer), cuja existência torna-se viável em função da sociedade humana constituir meio altamente significativo (repleto de *semiose*), onde comandos específicos podem ser expressos em um sistema semiológico comum, desenvolvido o suficiente para criar, mentalmente, uma instância de representação simbólica da realidade (o que não exclui a possibilidade de se concretizar a agressão física, efetivando-se as disputas no plano físico); é nesta instância semiológica que se digladiam os impulsos individuais e as normas que os inibem, criando limites para a ação individual. O Direito, assim, pode ser encarado como um dos produtos da encenação humana que procura, pela aparência de "normalidade" (à qual serve, inclusive, a norma jurídica), diferenciar o "estado de natureza" das sociedades ditas civilizadas.

À procura de negar-se como instrumento de embate, o Direito assistiu ao desenvolvimento de toda uma terminologia auxiliar, tornando amplo e complexo o campo de implicação da teoria jurídica (que adquiriu, até mesmo, a pretensão de "ciência"). O Direito, assim, foi "mergulhado" em uma vasta tecnicidade (no mínimo, vocabular). Ainda que se possa cogitar de determinadas fases da evolução histórica das sociedades onde o fenômeno jurídico dispensasse a existência conexa de um *corpus* lexicológico próprio, tal não mais se verifica. A complexidade que envolve a atividade jurídica em nossos dias chega a tornar improvável que qualquer um, sem um mínimo de formação específica, tenha total compreensão das normas em vigor e seu mecanismo de funcionamento. Esta, aliás, é a situação da grande maioria dos súditos de Estado. Eis, como visto, o processo que consolida a manutenção de toda uma classe de indivíduos qualificados para trabalhar neste meio, representando interesses daqueles que, por ausência de formação específica, não poderiam defender a contento os seus direitos.

A existência de um *corpus* lexicológico e semântico específico do Direito implica, é fundamental observar, a existência de um enfoque igualmente específico da realidade, representando-a, refratando-a por um determinado ângulo. A lógica do Direito é a gramática que permeia os movimentos e combinações (não só linguísticos) de elementos para esta realidade mental (vista por um ângulo de normas e tipos normativos, classificadores de bens, institutos, ações típicas ou atípicas, princípios etc.). É assim que se torna possível, então, afirmar a existência de uma "competência jurídica", tomado o termo *competência* no sentido que foi dado por CHOMSKY (cf. supra); esta competência jurídica constitui uma capacidade manifestada pelo indivíduo para emitir ou atualizar enunciados jurídicos, além de raciocinar (ou seja, de estruturar o seu pensamento) em termos de uma lógica aplicável ao Direito, trabalhando com os conceitos deste.

Cada indivíduo possui armazenado em sua memória, como resultado de diversos processos de aprendizagem, um *quantum* de conhecimento de pertinência jurídica. Logicamente, este *quantum* é personalíssimo, isto é, varia em forma e em conteúdo de indivíduo a indivíduo, sendo mesmo impossível que se possam encontrar conformações idênticas (ainda que seja certo que ainda não há meios de apurar a extensão e substância de cada conformação). Este *quantum* pode ser "zero", como nas crianças mais novas, ou absolutamente específico e complexo. Enquanto parte do sistema semiológico do indivíduo (e da ideologia que lhe corresponde), mantém relações associativas com informações (mais uma vez, substância e forma) morais, éticas, religiosas, filosóficas etc.

O *quantum* especialíssimo desta competência (em seus mais diversos graus) é apurável naqueles que tiveram uma formação educacional jurídica, bem como naqueles que militam com a matéria (de serventuários da justiça a antropólogos e sociólogos jurídicos etc.). Aos demais membros do grupo correspondem competências de limites variáveis, que, embora não lhes facultem o perfeito acesso à profundidade do pensamento jurídico propriamente dito, permitem-lhes pautar suas ações, entre valores como legal/ilegal, honestidade, delito, certo/errado, dever/direito etc.

Pode-se denominar este *quantum* de informações de "memória jurídica" (definidora da referida "competência jurídica"), que baliza a capacidade do indivíduo de elaborar pensamentos e enunciados jurídicos, ou de atualizá-los, em um grau maior ou menor de profundidade semântica. Cada ato específico de utilização desta memória, ou seja, de exercício desta competência, será denominado, como facilmente se conclui, de *performance* (ou desempenho, ou, até mesmo, de "fala jurídica").

Neste ponto, é possível que se recupere o fator político na análise semiológico-linguística do Direito; isto é viável a partir do exame do binômio interpretação/aplicação da norma jurídica. Já se viu que, a partir da memória jurídica, cada indivíduo possui uma capacidade de certa qualidade para produzir uma vastíssima gama de enunciações e atualizações jurídicas diferentes. A qualidade da competência jurídica de cada um (não tomada pelos referenciais do tipo melhor/pior) permite, inclusive, que um mesmo enunciado seja atualizado de formas diferentes por indivíduos diversos, ou mesmo pelo mesmo indivíduo, como se verá. Por consequência, se considerado o detentor do poder de Estado que enuncia uma norma (e que, para ela, possui um sentido no momento da enunciação) e qualquer sujeito de direito e deveres que a atualiza, podem-se ter sentidos diversos (correspondentes a qualidades ou conformações diversas de memória jurídica).

É neste espaço de divórcio semiológico (e semântico) que se analisa, mais uma vez, a questão da luta por poder (luta em defesa de interesses, quer legítimos, quer não). Não se podem sequer afastar as hipóteses em que se utiliza da exegese para forjar sentidos inexistentes para a norma (como quando o administrador de imóveis diz ao inquilino que a lei determina "isto ou aquilo", mesmo à revelia do texto normativo). Estes aspectos que se constroem na efetividade das relações entre os membros do grupo constitui a matéria que se pretende desenvolver nos próximos momentos deste trabalho. Para tanto, é preciso recordar que a norma jurídica é apenas uma proposição (que o aparelho de Estado *deve* aplicar, caso não seja voluntariamente cumprida). Destaca-se: a norma jurídica é apenas a descrição de uma hipótese, o que não pode significar que esta hipótese, que se quis determinar como obrigatória (como devida), ocorrerá ou não. É por isso que se afirma estar diante de um processo de disputa. Observe: o sonegador de impostos desafia os detentores do poder de Estado, assim como o faz o ladrão, o assassino, o motorista que avança um sinal vermelho. Estas transgressões são partes do complexo de disputas por poder, por acesso privilegiado aos recursos produzidos em sociedade (aqui incluídos os imateriais, como o tempo que se quer ganhar ao avançar um semáforo).

Na base definidora do sistema jurídico, contudo, espera-se que os mecanismos de Estado encarregados de aplicar o Direito possam reagir (e reajam) contra os ilícitos, certo que não podem impedi-los. Assim, centrar-se-á a atenção, a partir de agora, nas relações que são mantidas entre a "competência linguístico-jurídica" e o Direito efetivamente existente nas interações sociais (nos casos concretos da cotidianidade social). Procurar-se-á examinar o exercício do poder de Estado pelos seus detentores (nos limites em que efetivamente podem e interessam-se em exercitá-lo) como utilização da competência linguístico-jurídica; a *performance* linguístico-jurídica, por este prisma, pode se transformar (e efetivamente se transforma) em um instrumento de disputa pela posição hierárquica na sociedade, ou seja, pelo *status quo* (definidor – repete-se – do privilégio no acesso aos recursos produzidos).

O Direito, em sua amplitude, conhece determinados limites; a capacidade de execução física de uma norma é um desses limites (ainda que se possam punir seres humanos por não cumprirem normas fisicamente impossíveis de execução, como voar). A capacidade política de se exigirem determinados comportamentos (fisicamente possíveis) em dado contexto cultural, fazendo executar tal obrigatoriedade (a dimensão da força política – o poder de manipular instrumentos coercitivos, como a força militar – para fazer cumprir a norma). Entre o Direito legislado e as relações jurídicas vividas em sociedade (efetivas), pode haver, vê-se, uma desconexão. Efetividade, também, no próprio interesse dos detentores do poder de Estado de fazer aplicar determinadas normas em determinadas situações, em oposição à possibilidade de simplesmente desconhecer a desconformidade do comportamento. O comportamento ilícito, assim, pode tornar-se efetivo (e, com a evolução histórica, poderá tornar-se juridicamente estável e juridicamente protegível).

O problema que se coloca e o critério proposto não são novos. Por exemplo, colocando a discussão através de outros parâmetros, também DAVID propõe-se a analisar, nos países da América do Sul e Central, a disparidade entre "legitimidade" e "vigência societária", quer dizer, as "disparidades básicas entre sus previsiones normativas legisladas, los hechos y los valores que articulan las mismas, y aquellas normas, valores y hechos que se dan en la conducta concreta de los grupos y las personas a las que ese orden legislado se aplica". Para tanto, entende por legitimidade "aquella cualidade de la prescripción jurídica por la que es considerada como expresión del soberano, y como tal, debe ser obedecida, independentemente de su efectividad funcional al nivel de la conducta concreta de los que han de acatarla. Por otra parte, llamamos 'vigencia societaria' a la circunstancia de la existencia de una norma, un valor y un hecho en la conducta efectiva de una comunidad, de sus grupos o de sus integrantes".[1] "Vigência societária" e efetividade, como se pode constatar facilmente, são conceitos que, em certos níveis, se confundem entre si. Entretanto, aquele critério ("vigência societária") é empregado por DAVID para traduzir o Direito tal qual concebido pela sociedade (ao qual pode se opor o Direito legislado, traduzindo valores e práticas sociais diversas). Já a efetividade é aqui colocada como parâmetro abalizador das relações entre o sistema de comportamentos normatizados e os comportamentos efetivados, sendo estes últimos o resultado de disputas de interesses individuais.

A propósito do tema, DAVID narra as concepções de EHRLICH sobre o "direito vivente", "tal como es efectivamente observado en la conducta cotidiana de una sociedad, sus grupos y individuos, y luego en su distinción del que constituyen solamente las normas jurídicas, promulgadas por el Estado y dirigidas a los jueces y administradores de justicia, las cuales puedem hallarse en concordancia, conflicto o antagonismo con dicho derecho". Prossegue: "Pero además, Ehrlich vio en el derecho una trama indisoluble de la vida social, y lo ubica, aun en ausencia de toda normación expresamente sancionada por el Estado, en el orden interno de la asociación, esto es, del grupo. Cada grupo vive así el derecho, que consiste en actitudes colectivas o individuales en cualquier aspecto de la vida social."[2]

Tratando a questão por um prisma semiológico, dir-se-á que o Direito enunciado pelo aparelho de Estado pode ser encarado como um conjunto de textos; estes devem ser atualizados pelos indivíduos (os súditos) para que os comportamentos (e situações) que constituem suas mensagens sejam efetivamente difundidos (e concretizados) na prática social. Em sua retransmissão, tais mensagens podem sofrer alterações de conteúdo. Uma das razões é que nem todos conseguem buscar as normas na fonte, ou seja, conhecê-las enquanto textos normativos, ainda que esta seja a pressuposição legal, assim como nem todos que

---

[1] DAVID, Pedro, *in Conducta, Integrativismo y Sociología del Derecho*. Buenos Aires: Victor P. de Savalia, 1970; p. 12.

[2] *Idem*; p. 82.

leem o enunciado normativo estão aptos a (possuem "competência linguístico-jurídica" para) atualizá-los adequadamente. A mensagem (a previsão normativa), desta forma, pode falsear-se ao longo dos elos dessa cadeia de retransmissão, por erro; mas também por dolo (pode-se querer moldar o conteúdo semântico de uma norma ao interesse individual). Nos espaços criados por tais distorções far-se-ia necessária a intervenção do aparelho de Estado, corrigindo-as, o que não ocorre na maioria dos casos.

Se o foco é deslocado para a resistência explícita (aqueles súditos que se opõem ao poder de Estado e às normas jurídicas, sem para tanto utilizarem-se de interpretações inconformes), bem como para a simbiose entre normas jurídicas (normas de Estado) e outros conjuntos normativos não estatais (que, frise-se, não podem ser chamados de Direito ou "direitos" – equívoco, crê-se, do "pós-modernismo"), o tema ganha um contorno sociopolítico interessante, permitindo ampliar o debate "pós-modernista". Diz-se, anteriormente, de um complexo de relações de aceitação/exclusão entre estes grupos normativos. Tal complexo de embates e licenciamentos revela, até mesmo, uma falha nos modelos filosófico-políticos.

Neste sentido, os modelos teóricos que definiram as relações entre o comando de Estado e a sociedade como um contrato social careciam de condições sociais de verificabilidade. O contrato social (que, acredita-se aqui, depende da possibilidade e viabilidade de uma "ação discursiva", tal qual posto em HABERMAS) requer um perfil de formação dos cidadãos, hábil a tornar efetivamente democrática a existência do Estado (para participar, é necessário que se tenha condições de compreender as condições políticas postas em jogo e, conscientemente, optar). Esta conformação social, verifica-se, é uma realidade bem nova e limitada a países onde se resolveu a carência educacional (o que, recorde-se, não afasta a possibilidade de serem utilizados meios modernos de manipulação da opinião pública).

Seguindo esta linha possível de raciocínio, ter-se-ia que a evolução sociopolítica de tais países foi concretizada mui após a teorização que a definiu. Simultaneamente, é possível ver-se nos países subdesenvolvidos (mormente os de grande contraste social, com classes dominantes de poder econômico assustadoramente superior às classes dominadas – a exemplo do Brasil), que o modelo político-jurídico medieval não foi superado (mais: agrava-se). A sociedade, enquanto palco, é vítima de embates de poder entre grupos (e suas lideranças) e o aparelho de Estado: os denominados "Coronéis" das regiões paupérrimas do interior, associações de empresários, grupos (famílias) latifundiários e líderes políticos (muitos dos quais com participação no aparelho de Estado), organizações criminosas (como as que controlam o Rio de Janeiro), entre outros. Parte destes grupos (e seus conjuntos normativos, por vezes ilícitos, por vezes contrários aos interesses sociais), em lugar de obter combate (esforço de exclusão) do aparelho de Estado, são aceitos (e assimilados) pelo mesmo, desde que não ameacem as estruturas de Estado. Seguindo a metáfora da "Nova Idade Média" (com fins exclusivamente comparativos), poder-se-ia cogitar de uma quase relação de suseranagem e vassalagem (não no sentido próprio, é lógico). E, como resultado final, tem-se uma razoável falta de modelos comportamentais dos quais os cidadãos possam se servir, vigindo um embate constante (estamos marcados por "n" pequenas ou grandes transgressões, todas com a pretensão de efetividade).

No correr dos momentos seguintes deste trabalho, ver-se-á a dimensão semiológica da efetividade, sem que se afaste sua dimensão política. Ver-se-á que atualização do enunciado normativo também é uma forma de realização de atos políticos (ou seja, pertinentes às divisões de poder dentro da sociedade) exercida não só por detentores do poder de Estado. Sim! Não só os agentes de Estado (em seus postos mais ou menos elevados) estão usando-se da língua para exercer poder; mas também qualquer sujeito de direitos e deveres pode fazê-lo (seja pela mera interpretação, seja manipulando a significação, seja premeditadamente desconhecendo a norma e definindo uma relação de competição com os detentores de Estado, pela adoção de comportamentos disformes aos modelos estatuídos).

O quadro torna-se ainda mais digno de interesse quando se observa, como se verá, que situações (e comportamentos) que se concretizam desconformemente aos paradigmas legais podem lograr ser assimiladas pelo complexo jurídico, mesmo em desproveito do interesse juridicamente garantido e protegido de um ou mais sujeitos. O aparelho de Estado, nestas hipóteses, não se volta contra o ato ilícito que, com o tempo, culmina por ser absorvido (não obstante sua origem) pela ordem jurídica. Exemplos: não é criminoso, e não pode sofrer qualquer forma de punição, aquele que não é declarado como agente de uma ação delituosa (ainda que efetivamente a tenha praticado); observe-se que, em incontáveis casos, os objetos furtados simplesmente passaram ao domínio dos agentes delituosos, ou de receptadores, que poderiam defender sua posse (destaca-se, mais uma vez, já que desconhecida, ou desprezada, a origem escusa) usando meios legais. Diversos contratos são ilicitamente celebrados e cumpridos (ainda que não se possa exigir a aplicação de sanções por seu descumprimento); outros são indevidamente desfeitos, em desproveito de uma das partes (que, provavelmente, não conhece as formas pelas quais poderia defender os seus direitos, ou não possui condições de prover seu efetivo exercício); etc. Igualmente, pode-se colocar a prescrição como uma forma de a ordem jurídica assimilar atos desconformes.

Nesse quadro, o descumprimento da norma, sem que haja uma providência de Estado, é a regra, não a exceção: crimes sem solução (ou seja, sem punição do agente responsável) são a situação mais comum, não o contrário. Na área cível, outra não é a realidade; das lesões de direito, apenas um número reduzido é reparado; o restante é deixado à míngua (mesmo em função da inércia do interessado). Lesões de direito trabalhistas são excessivamente comuns, mas a sua reparação adequada não o é, sendo que o sistema chega a prever um tipo procedimental que, em nome da conciliação e da celeridade processual, instiga a assimilação dos prejuízos pelos empregados.

Os fatos que não são agressivos aos interesses dos detentores do poder de Estado são comumente relegados a um segundo plano. Os interessados devem esforçar-se para cobrar do aparelho de Estado as providências previstas no Sistema Jurídico, esforço este que carece de uma consciência que apenas se poderia ter com um mínimo de educação. A elite, por seu turno, está devidamente aparelhada para fazer valer seus interesses (seja em que ordem for: administrativa, judiciária, legislativa). Observe os contrastes: o que possui uma ação mais enérgica do aparelho brasileiro de Estado, a existência generalizada da contravenção do jogo de bicho ou uma greve que ameace os interesses econômicos ditos "estratégicos"? O aparelho de Estado é mais eficiente ao reprimir a ocupação de terras por posseiros ou no controle dos abusos cometidos nos garimpos (como Serra Pelada, onde existe um sistema jurídico paralelo, com penas de humilhação e execuções sumárias)?

CARVALHO NETTO, a propósito (mas sem esposar enfoque similar ao deste trabalho), assinala "que a crônica distância que separa a lei de sua aplicação no País é estrutural, pois não apenas se vincula e explica pela trajetória histórica de uma sociedade hierarquizada e excludente, que deixa à margem a maior parte da população, como ainda é, ela mesma, condição essencial à preservação dos privilégios e monopólios herdados que a caracterizam".

Prossegue o autor: "retomamos a questão sob uma nova perspectiva, em que a análise das práticas discursivas constitucionais, legais, jurisprudenciais e doutrinárias nos permite recolocá-la não a partir do enfoque de um aparente divórcio, mas tematizá-la como subversão efetiva dos significados possíveis, originais e primeiros dos textos legais que, ao serem atualizados por práticas tradicionais inerentes à ordem anterior, asseguram a continuidade desta, matizando e determinando uma leitura específica intimamente vinculada àquela ordem precedente ao texto que deveria implantar a nova ordem, e que, sob a ótica de uma Ciência do Direito, enquanto técnica de interpretação, não poderia nele encontrar amparo".[3]

---

[3] CARVALHO NETTO, Menelick de, *in A Sanção no Procedimento Legislativo*. Belo Horizonte: Del Rey, 1992; p. 207.

O direito posto e o direito vivido **157**

Mas como foi possível garantir, até hoje, a estabilidade social diante de um quadro como este? A resposta para tal questão pode ser dada semiologicamente, e relaciona-se à existência de um "discurso jurídico" (o conjunto, suposto, de todos os textos jurídicos, e o enfoque semântico que permeia a todos), definidor, inclusive, do contexto jurídico (que será examinado posteriormente). Este discurso é a própria semântica da "língua do Direito", conteúdo genérico onde todos os textos jurídicos vão buscar a sua significação (todo e qualquer texto jurídico remete o leitor, com competência linguístico-jurídica, a este discurso pressuposto). Mesmo os que não estão adequadamente aptos às *performances* linguístico-jurídicas estão condicionados na semântica deste discurso (ela é parte da ideologia do grupo).

"Considerando, com Benveniste, que o discurso nada mais é que 'a língua enquanto assumida pelo homem que fala'",[4] chega-se a uma interessante relação de textos (ou discursos) em diferentes níveis: todo indivíduo é, do ponto de vista semiológico (e semântico), um discurso que guarda relações com um discurso maior (que é o enfoque da realidade, concretizado ao longo dos conceitos manipulados, enquanto significados, pela língua) e diversos discursos menores (as mensagens dos diversos atos de fala). "O sujeito do discurso é, portanto, aquela instância que, segundo a concepção saussuriana, não se limita a assegurar a passagem do estado virtual ao estado atual da linguagem: ele aparece como o lugar em que se encontra montado o conjunto dos mecanismos da *colocação em discurso da língua*."[5]

Mas o discurso jurídico não constitui um meio de concretização, como se poderia esperar, mas, ao contrário, constitui um postergar. Perpassando o conjunto das relações interindividuais (e seus tantos conflitos), a presença do discurso jurídico na realidade mental (na ideologia condicionadora) cria um meio próprio a adiar o embate, fazer-lhe decair da potencialidade agressiva que carrega. Pode ser visto, assim, como a encenação verbal de um

---

[4] GREIMAS, Algirdas Julien, *in Semiótica e Ciências Sociais*; trad.: Álvaro Lorencini *et al*. São Paulo: Cultrix, 1981; p. 4.

[5] *Idem*; p. 4-5.

"estado de ordem", a promessa (da existência) de um "estado de Direito" (ao menos satisfatório), evitando (por postergar) a eclosão do conflito físico. Referenciados pelo discurso jurídico, os súditos de Estado não percebem que as lesões ao Direito são a regra, confiando nas providências de Estado para garantia de seus direitos. Funciona, assim, como um *topos* domesticante nos ritos sociais institucionalizados, procurando contornar (afastar ou, ainda, postergar) a "carga eminentemente explosiva"[6] que é intrínseca às relações sociais tais como postas garantindo a subsistência do sistema político-econômico de Estado.

O "estado de Direito", destarte, foi transformado em mais um mito social: está longe de existir (provam-no os miseráveis, e todas as agressões que sofrem), mas compõe o ainda crível discurso jurídico. É, assim, uma ilusão compartilhada por todos, alicerçada numa (e garantida por uma) distribuição de certos privilégios para uma classe média que suporta as agressões das classes inferiores sob a forma de criminalidade (o conflito generalizado é afastado, mas a carga explosiva da sociedade manifesta-se nas agressões criminosas que a classe média sofre: crimes contra o patrimônio e – de certa forma – o tráfico de entorpecentes).

A par das normas, o Direito efetivo é ditado segundo os interesses dos detentores de poder de Estado, nos limites em que julgam poder exercitá-lo e que, efetivamente, o exercitam (enquanto muitos dos súditos preferem burlar o sistema normativo ou adaptá-lo aos seus interesses particulares). CARVALHO NETTO, a propósito, destaca a "importância do papel reservado a um discurso jurídico rigorosamente científico, enquanto elemento capaz de limitar, ao atribuir rigor e coerência interna ao trabalho de reconstrução da sistemática do ordenamento normativo, as possibilidades estruturais e orgânicas viáveis de interpretação dos textos legais, principalmente tendo-se sempre em vista a pesada herança de uma sociedade hierarquizada e excludente, na realidade fundada muito mais nos privilégios zelosamente preservados do que em uma igualdade jurídica formal, constitucionalmente há muito declarada no Brasil. Herança que

---

[6] RODRIGUES, *op. cit.*; p. 144.

termina por prevalecer sobre os textos constitucionais, ao tornar aceites leituras e práticas oficiais que, a rigor, cientificamente, não encontrariam respaldo jurídico nos mesmos".[7]

Dois elementos conceituais devem ser destacados na mitologia do discurso jurídico: "direito" (enquanto respeito, garantia, faculdade) e "Justiça". Presentes na ideologica condicionante, estes conceitos tendem a criar uma limitação aos impulsos de contestação mais extremados, fazendo com que ao súdito de Estado pareça absurda a completa negação do conjunto normativo estatal (ainda que se constate toda uma cultura de pequenas transgressões). A estrutura de Estado, como subproduto do discurso social condicionante, ainda conota (e, em certos âmbitos, denota) segurança, estabilidade, garantia de um respeito mínimo ao que se considera justo (além de outros mínimos, como "desenvolvimento", "progresso" e afins). É neste contexto que se concretiza a prática jurídica. "Todo fazer pressupõe um saber-fazer (ou um não-saber-fazer, o que dá na mesma): ao discurso – manifestação de um fazer – corresponde, portanto, o sujeito do discurso dotado da competência discursiva. A instância do sujeito falante, sendo ao mesmo tempo o lugar da *atualização da língua*, é também o lugar da *virtualização do discurso*; lugar em que estão depositados, gozando de existência semiótica, as formas pressupostas do discurso, formas que este último, ao atualizar-se nas suas *performances*, só poderá manifestar incompleta e inacabadamente."[8]

Aqui, torna-se curioso observar que grupos de resistência declarada ao poder de Estado e ao Direito (como a criminalidade organizada) manifestam, em regra, um *corpus* lexicológico próprio (onde termos que se refiram aos atributos de Estado possuem uma forte carga pejorativa, agressiva, alicerçando uma axiologia própria, notadamente contrária aos interesses que o aparelho de Estado procura garantir). Os que se usurpam do Direito e dos "bem públicos", igualmente, possuem um estilo semântico próprio para definir seus atos.

---

[7] CARVALHO NETTO, *op. cit*; p. 206.

[8] GREIMAS, *op. cit.*; p. 5.

ASPECTOS SEMIOLÓGICOS DA NORMA JURÍDICA | 16

Especificado que a norma jurídica é (e deve ser) enunciada por um indivíduo (ou grupo de indivíduos) autorizado (com autoridade) para tanto, será interessante observar que essa máquina (essa estrutura político-diretiva centralizada) que é o aparelho de Estado existe enquanto um conjunto subdividido em partes, ou melhor, em "órgãos" de Estado, cada qual com uma função definida, quer dizer, com uma competência política e jurídica própria, administrativa ou não. Pode-se, por conclusão, caracterizar o órgão do aparelho de Estado como uma unidade de poder e atribuição funcional (correspondente), dentro de uma estrutura onde tais unidades se limitam (embora, por vezes, venham a se conflitar), definindo-se e definindo o conjunto total (correspondendo, de certa forma, assim, à estrutura dos signos em um sistema semiológico).

Para que a vontade de um indivíduo (ou mesmo de um grupo de indivíduos) possa ser reconhecida como (possa ter o valor e a significação de) vontade do aparelho de Estado, é necessário que haja uma prévia atribuição de poder e competência para usar uma parcela do poder de Estado. Somente quando está presente esta atribuição de poder e competência (em KELSEN, identificada no conceito de *"Ermächtigung"*) para a produção de normas jurídicas com determinada validade e eficácia, é que um enunciado constituirá norma jurídica, implicando uma proteção coercitiva (pressuposta e potencial) que o aparelho de Estado dedica-lhe. Esta atribuição é determinada pelo conjunto escalonado das normas, que, em KELSEN, é fundamentado por uma norma pressuposta (e aqui, é fundamentado, *em concreto*, pela evolução histórica da sociedade, onde um grupo termina na condição de dominar o poder repressivo centralizador).

Neste sentido, são as normas (em seus níveis escalonados) que determinam que este ou aquele indivíduo (ou grupo de indivíduos) é competente para esta ou aquela função (é órgão de Estado com esta ou aquela função e poder). Assim, o Congresso Nacional, no sistema jurídico brasileiro, é órgão com competência para enunciar normas constitucionais (emendas à Constituição), leis complementares, ordinárias, leis delegadas, decretos legislativos, de acordo com a norma estatuída no artigo 58 da Constituição Federal Brasileira (1988). No mesmo sentido, no sistema jurídico brasileiro, um juiz de determinada comarca é órgão autorizado para a emissão de normas individuais nos casos cuja competência jurisdicional seja definida como sua (ou que venham a tornar-se, por ser relativa, de sua competência), ou o prefeito de um município é órgão com capacidade jurídica para enunciação de normas jurídicas especificamente definidas, como decretos dispondo sobre a organização dos serviços de transporte coletivo local.

A existência dessas unidades funcionais permite determinar que esta ou aquela norma deve ser enunciada por um órgão específico do aparelho de Estado. Mais, é possível determinar qual foi o indivíduo ou indivíduos que, na qualidade de agentes titulares daquele órgão de Estado, enunciaram uma certa norma jurídica. Contudo, uma das características do moderno discurso jurídico (fruto da evolução das relações políticas ao longo da história) é a impessoalidade, que ora se examinará.

O primeiro elemento impessoalizante que se examinará é a atopia da qualidade de Estado que, em regra, se encontra presente nas normas gerais, sendo um pouco difícil de ser mantida nas hipóteses de normas individuais. Trata-se de uma característica da técnica legislativa moderna: a norma não traz em si referências (marcas) que permitam afirmar ter sido enunciada a partir de um lugar específico ou por um sujeito específico; mantém apenas uma referência de Estado. A este respeito, cumpre observar que não se deve confundir a sede do Governo, ou de qual seja o órgão emissor, com o *topos* da fonte emissora do enunciado normativo; afinal, esta referência não se encontra no texto legal (e, para tanto, se desprezam as partes não normativas do texto). A sede do órgão emissor altera-se, o agente titular altera-se, o tempo passa, mas a norma conserva (se assim desejarem os novos detentores do poder de Estado) sua imperatividade. Enfim, a norma presume-se enunciada pelo "Estado", um sujeito (um mito) impessoal, abstrato, que está presente em toda a extensão territorial onde seu poder é exercido, como se tal figura não dependesse de seres humanos (membros do grupo social) para ter existência.

Ao dizer que o tempo passa, torna-se necessário debruçar-se sobre uma outra característica da norma jurídica: a acronia. Assim como o indivíduo enunciador e o local de onde partiu a enunciação são apenas informações que cedem lugar à referência de Estado (que não possui identidade física ou localização específica), o momento da enunciação também não faz parte da estrutura normativa, como se a enunciação se prolongasse no tempo: a norma está (nos limites definidos para a sua validade) como que sendo reenunciada constantemente.

O exame da acronia normativa abre margem à análise de uma situação específica: uma norma jurídica, viu-se, não possui tempo; o tempo da tipificação da "fraude processual" como crime (art. 347 do Código Penal Brasileiro) não é 7 de dezembro de 1941 ou 1º de janeiro de 1942 (data da entrada em vigor), mas todo o tempo de sua vigência. Uma norma vigente em um determinado tempo é, neste, correspondente à vontade dos detentores do poder de Estado, ainda que por estes não tenha sido pessoalmente enunciada. A validade de uma norma é o resultado de um somatório de forças e interesses (pode-se mesmo dizer de uma "oposição de forças e interesses") em relação ao seu objeto. Se os detentores (nesse momento) do poder de Estado não alteram uma determinada norma, estão reenunciando-a, emprestando sua autoridade para torná-la válida. O tempo de enunciação de uma norma jurídica mantém-se suspenso até a sua revogação (em *lato sensu*). O soberano (a *civitas maxima*), ao conservar a validade de uma norma, assume a postura de manutenção da sua reenunciação constante (momento a momento). Na realidade, vê-se, na dinâmica política que envolve este processo tácito de reenunciação, que ou os detentores do poder de Estado interessam-se pela manutenção do regulamento (o paradigma comportamental previsto, ou a atribuição de valor sobre a situação etc.), ou não possuem poder em nível suficiente para revogá-la e substituí-la, com o que se sujeitam à sua existência.

Mas os elementos despersonificadores da norma jurídica não se esgotam nos já citados, com o que dever-se-á recorrer à "linguística do discurso", dirigindo a atenção sobre a "atitude do locutor diante do seu próprio enunciado, como inserção do sujeito no interior da própria fala".[1] Examinar-se-ão quatro elementos em especial:

1º) CONCEITO DE DISTÂNCIA – "trata-se da distância relativa, colocada pelo sujeito entre ele próprio e o enunciado".[2] A menor distância entre o sujeito e o enunciado pode ser encontrada nos discursos denominados pessoais, onde o emissor se coloca no enunciado. Observe os exemplos: "Vou-me embora!"; "Eu preciso telefonar"; "Sou advogado; posso lhe ajudar em alguma coisa?" Por outro lado, a maior distância entre sujeito e enunciado pode ser encontrada em textos onde o autor não se refere, não se torna agente nem objeto da ação; ou, ainda, quando a situação descrita não faz nenhuma referência a ele; em suma, o autor não pode ser localizado na realidade do enunciado.

Obviamente, quanto maior a distância, maior a impessoalidade do enunciado. É fácil concluir que esta é a hipótese ideal da moderna técnica legislativa.

---

[1] ROBIN, *op. cit.*; p. 28.

[2] *Idem*; p.28.

Trabalhando nesta mesma linha, SOURIOUX e LERAT examinam este mecanismo linguístico sob o título de "marcas pessoais": "il est à remarquer que l'impersonnalité caracterize l'enunciation normative en droit".[3] Entretanto, tal observação mescla o conceito de distância com o conceito de modalização, que será examinado em seguida. Anotam aqueles autores que é possível encontrar-se, notadamente, as seguintes construções sintáticas nas normas jurídicas: construções passivas inacabadas, onde o agente da passiva não é expresso; construções pronominais de senso passivo; e transformações impessoais.

2º) CONCEITO DE MODALIZAÇÃO – "define-se como a marca que o sujeito não cessa de dar a seu enunciado, isto é, como a adesão que o sujeito dá ao seu discurso".[4] A modalização é caracterizada pela marca de opinião expressa, quer dizer, pelo posicionamento do emissor na mensagem através de sememas que definem uma relação do enunciado com um enfoque pessoal da realidade. Expressa-se através de advérbios como *talvez, sem dúvida, certamente, evidentemente* etc.; mas também pela ênfase, pelo passivo facultativo etc. Quando é pequena a distância entre o emissor e o enunciado, a avaliação da modalização se faz desnecessária; o texto já é pessoal (já se expressa de modo pessoal). Contudo, torna-se mais necessário debruçar-se sobre o exame da modalização quando a distância entre emissor e enunciado é grande. Afinal, o emissor que constrói uma mensagem na qual não se coloca, ou pouco se coloca, pode marcar sua opinião, trazendo-se, assim, para dentro da realidade do texto.

Observe as descrições que se encontram em textos literários. Estão normalmente repletas de formas modais. É certo que alguém molda uma paisagem simplesmente ao descrevê-la, pois privilegia aspectos, formas, partes, detalhes; mas, se a descrição é figurativa, a modalização está expressa em alto grau, pois é a analogia (conotativa) produzida pela mente do autor que molda uma forma para a realidade referida. Nos textos técnicos verifica-

---

[3] SOURIOUX *et* LERAT, *op. cit.*; p. 45.

[4] ROBIN, *op. cit.*; p. 28.

se, em regra, uma modalização mínima. Especificamente no que se refere ao Direito, mais especificamente à norma jurídica, o emissor sucumbe-se na qualidade de Estado, socorrendo-se de uma objetividade com a qual constrói hipóteses normativas, previsões de comportamento e situações, onde o sujeito e a relatividade de sua opinião não se encontram marcadas: as normas são meras assertivas.

A vontade não pode ser, por tal razão, identificada no texto (como em: "Eu quero que você faça isto"), mas encontra-se posta de forma subentendida. Ao descrever uma hipótese que "deve ser", a vontade (e o poder de fazê-la concretizar, ainda que pela aplicação da sanção) é um pressuposto inerente à própria estrutura político-jurídica de Estado.

3º) CONCEITO DE TENSÃO – "concerne às relações entre o sujeito falante e o interlocutor".[5] Não existe tensão aparente no texto normativo, e quanto à norma individual, onde se poderia identificá-las, seus níveis deveriam ser preferencialmente baixos. Afinal, já se viu que o emissor não se posiciona no texto (nem está referenciado por marcas de opinião, de subjetivação); da mesma forma, não se coloca o destinatário na mensagem. Enfim, não há um diálogo no texto normativo, com o que não há uma disputa (em uma referência sincrônica) pela construção do seu conteúdo total; o aparelho de Estado (pelo órgão competente) é o emissor autorizado e os súditos de Estado são os receptores da mensagem (que devem cumprir).

A razão de afirmar-se que a tensão inexiste, *aparentemente*, no texto normativo refere-se à possibilidade de se recuperá-la. O texto normativo, assim, não expressa (ou melhor, não deve expressar, na melhor técnica legislativa) a tensão, que pode, contudo, ser recuperada na atualização. Uma forma de recuperar essa tensão é utilizar-se de certas inversões gramaticais, manejando a "sinonímia" (relação entre palavras e entre frases transmissoras da mesma mensagem sob formas distintas). Exemplificar-se-á

---

[5] *Idem*; p. 29.

com a norma definidora do crime de homicídio no Código Penal Brasileiro (art. 121):

"Matar alguém: Pena – reclusão de seis a vinte anos."

Este texto mantém uma correlação sinonímica com o seguinte: "Se qualquer cidadão matar alguém, deverá ficar recluso de seis a vinte anos." Ou, finalmente: "Se você matar alguém, nós (os detentores do poder de Estado) deveremos (ou, mesmo, poderemos) condená-lo a ficar recluso de seis a vinte anos."

Desta forma, aflora-se a existência de tensão. Mais, afloram-se os sujeitos emissores e receptores e, consequentemente, reduz-se a distância (e mesmo a modalização), certo que o emissor não pode afirmar que irá condenar, mas apenas pode enunciar a sua possibilidade – mais, o seu dever – de aplicar uma punição (uma pena). Entretanto, a inversão é apenas um método de estudo. Tais marcas não estão presentes, de fato, na forma pela qual a mensagem é (e deve ser, considerada a técnica legislativa) enunciada. Constitui apenas uma demonstração da dimensão política da norma jurídica.

4º) CONCEITO DE TRANSPARÊNCIA OU DE OPACIDADE – "aborda a marca da enunciação do ponto de vista do leitor".[6] A opacidade máxima permite ao leitor tomar a posição predominante de construtor do sentido; ele possui à sua disposição o enunciado, aclarando-o com sua interpretação.

Mais uma vez, a literatura é o contraste que permite visualizar mais facilmente a mecânica do conceito estudado. Certos textos literários, notadamente no âmbito da poesia, legam ao leitor uma gama variadíssima de possibilidades de atualização. Nesses textos, não há um sentido que facilmente (e, mais, inequivocamente) se possa atribuir, mas, ao contrário, são diversos os sentidos atribuíveis. Ao estabelecer contato com o texto, o leitor praticamente o reenuncia, visto que o pode atualizar, quase que arbitrariamente, em formas alternativas.

---

[6] ROBIN, *op. cit.*; p. 29.

Isto não deve ocorrer com a norma jurídica. Esta, ao contrário, deve ter o mínimo de opacidade possível se pretende cumprir sua finalidade reguladora (ou seja, se o enunciador pretende que sua vontade se concretize no meio social). Entretanto, se opacidade existe em qualquer enunciado jurídico, o sistema de Estado procura se resguardar, na medida em que se lhe assegura a exclusividade da aplicação jurisdicional das normas.

Não se pode negar que a tecnicidade é, por si só, uma forma de opacidade presente no Direito. A todo aquele que não possui uma formação jurídica adequada, a norma (e suas expressões técnico-jurídicas) não possui um sentido normativo facilmente compreensível. Assim, na realidade social cotidiana, o sistema jurídico abre oportunidades para disputas de sentido (entre especulações e manipulações), como já se falou. Cumpre destacar, por fim, que, não importando o nível de opacidade, a própria situação de interpretação e atualização de uma norma implica uma transferência do poder de escolha do sentido para o receptor, *que deve validá-la na realidade*. Esta transferência não é exclusiva do Direito; antes, trata-se de uma característica própria da comunicação: enunciar é atribuir ao destinatário a função de dar um sentido (de atualizar) que pode ser mais próximo ou mais distante do que o emissor tinha em mente. Sabe-se que, na dinamicidade do diálogo, esta liberdade reduz-se face às correções que são produzidas ao longo da interlocução (há uma disputa em torno da semântica do texto total do diálogo), o que não ocorre com o texto escrito.

PRIMEIRAS LINHAS À INTERPRETAÇÃO DO TEXTO NORMATIVO

17

Não existe nenhuma relação direta e obrigatória (e, assim, dimensionável) entre norma jurídica e estrutura gramatical: uma norma pode estar contida em uma única frase, ou mesmo em um conjunto de frases. Recuperando o que aqui já foi definido, pode-se relacionar o caráter normativo de um texto com a mensagem: viu-se que a norma é o referente do processo comunicativo (legislativo) do Direito; assim, gramaticalmente (ou mais, no que se refere ao significante), a norma será a sequência linguística necessária para a transmissão da previsão: se uma previsão carece de apenas um artigo para ser comunicada (enunciada), identificar-se-á uma norma jurídica neste artigo; se, por outro lado, há necessidade de todo um conjunto de artigos, estes constituirão uma norma jurídica única. Estenda-se esta conclusão para os níveis superiores ou inferiores: toda uma lei, apenas um parágrafo, um inciso, uma alínea. Observe: a norma que regula o Direito Civil no Brasil é o Código Civil Brasileiro e um vasto número de leis extravagantes, ao passo que a norma que regula a existência jurídica de um indivíduo (constituindo-o em "pessoa natural") é o conjunto de artigos que representam o Capítulo I, Título I, Livro I da Parte Geral do Código Civil Brasileiro; por derradeiro, a norma jurídica que define a incapacidade absoluta para os atos da vida civil dos menores de 16 anos (súditos de Estado no Brasil) é o art. 5º, inciso I, do mesmo Código.

Enquanto representada pela materialidade do significante (exemplo: sinais produzidos em tinta preta sobre uma folha branca, por processo tipográfico), a norma jurídica (como qualquer texto) possui existência meramente potencial. Afinal, é preciso que seja atualizada, quer dizer, seja assimilada enquanto sentido por um receptor que possua competência linguística para fazê-lo, num ato de *"performance"* (de desempenho, enfim, de fala). Na atualização de um texto, ou seja, para que um texto gráfico (ou oral, considerando como matéria de seu significante o som) se torne um texto compreendido na consciência do receptor, duas operações sucedem-se: identificação e descodificação. "O processo de descodificação (compreensão) não deve, em nenhum caso, ser confundido com o processo de identificação. Trata-se de dois processos profundamente distintos. O signo é descodificado; só o sinal é identificado. O sinal é uma entidade de conteúdo imutável; ele não pode substituir, nem refletir, nem refratar nada; constitui apenas um instrumento técnico para designar este ou aquele objeto (preciso e imutável) ou este ou aquele acontecimento (igualmente preciso e imutável)."[1]

Identificado o sinal (estímulo), ou seja, percebendo o receptor que aquela forma material (sonora, gráfica, gestual...) corresponde ao estereótipo da forma ideal do significante, passa ao processo contínuo de descodificação do significante identificado, completando a unidade do signo (significante/significado). "O essencial na tarefa de descodificação não consiste em reconhecer a forma utilizada, mas compreendê-la num contexto concreto preciso, compreender sua significação numa enunciação particular."[2] O contexto concreto sempre dá um aspecto de novidade ao signo, e a competência linguística pressupõe, assim, capacidade de flexibilização para a compreensão: não se trata simplesmente de encontrar a outra parte do termo (única, precisa, inequívoca, unívoca), mas *uma* outra parte, a que o receptor "encaixa" no contexto.

---

[1] BAKHTIN, *op. cit.*; p. 93.

[2] *Idem*; p. 93.

É possível denominar-se "interpretação" a cada um desses momentos; ao reconhecimento do sinal (identificação) ou à compreensão do significante identificado (com o que interpretação se confunde com atualização). No entanto, dependendo das palavras escolhidas pelo emissor para construir o enunciado, ou de sua disposição gramatical, o receptor pode ser demandado por maior esforço na reconstrução de um sentido para a mensagem transmitida. É esta terceira operação que merece a coloquial conceituação de interpretação (tomada, assim, em sentido estrito), exigindo, em muitos casos, o emprego de métodos específicos para que se possa construir um sentido adequado à circunstância, ou para que se possa validar, retoricamente, um sentido que se quer dar para completar a transmissão semiológica de uma norma jurídica. Criou-se, então, uma disciplina para cuidar especificamente da interpretação (em sentido estrito): a Hermenêutica.

No que tange ao Direito, destaca COELHO que "o cerne da ciência do Direito em sentido estrito é a Hermenêutica Jurídica, tarefa que consiste em esclarecer o sentido normativo das chamadas fontes do Direito, com vistas à sua aplicação, potencial ou atual, aos fatos da vida humana. Não é necessário que essa aplicação efetivamente ocorra. A interpretação jurídica tem sempre em mira a possibilidade de aplicação".[3] De fato, a partir da enunciação normativa, toda a atividade jurídica gravita a atualização do sentido da norma, o que pressupõe a interpretação (quer em sentido largo, quer em sentido estrito).

"O sentido, tal qual nos é comunicado no discurso (*direi, para o caso específico do Direito, da norma jurídica*), depende das relações da palavra com as outras palavras do contexto e tais relações são determinadas pela estrutura do sistema linguístico. O sentido, ou antes, os sentidos de cada palavra, são definidos pelo conjunto dessas relações, e não por uma mensagem da qual ela seria portadora."[4] Entre todas as possibilidades, o receptor elegerá o sentido que a ser atribuído a cada termo do texto (e

---

[3] COELHO, Luis Fernando, *in Lógica Jurídica e Interpretação das Leis*. Rio de Janeiro: Forense, 1979; p. 11.

[4] GUIRAUD, *op. cit.*; p. 26.

para o conjunto desses), ainda que estas escolhas, ou seja, esta atualização, seja imediata (com o que tais escolhas dão-se na pré-consciência e no inconsciente).

Por encontrarem-se em um contexto específico, isto é, no âmbito do discurso jurídico, as palavras que compõem o texto de uma norma jurídica já estão marcadas por um número limitado de significados prováveis. O contexto implica diretamente a indução de um sentido. "Como o texto faz parte de um contexto, e dessa participação decorre uma fonte significativa, haveremos de distinguir também dentro do próprio texto diversos elementos que se unem para construir o seu núcleo significativo. Na análise dos elementos de significação vamos identificar semas e lexemas, que se juntam para, observada a coerência significativa, formar um EIXO SEMÂNTICO. Àquela coerência chamaremos de isotopia."[5]

A importância do contexto na atualização do sentido de um termo em uma sequência linguística (de maior ou menor extensão) pode ser destacada em dois níveis distintos. Se tomado em um sentido estrito, o contexto é construído pela atualização termo a termo, sintagma a sintagma, significado a significado da mensagem. O sentido vai sendo construído, como afirma FONSECA, como um eixo semântico que segue norteando cada nova atualização (já indicando a probabilidade maior para o sentido do próximo termo, a partir do resultado da atualização dos que o antecederam), num entrelaçamento de coexistência e sucessão no tempo, como destaca JAKOBSON: "É difícil encontrar domínio em que os conceitos de coexistência e de sucessão no tempo se entrelacem tanto como na vida da língua e da liberatura. Basta citar alguns exemplos evidentes. Um deles relaciona-se com a percepção da linguagem falada. O discurso progride num jato e exige que o ouvinte perceba, se não todos os elementos, pelo menos uma parte considerável, necessária à compreensão do enunciado. O ouvinte toma consciência das palavras, quando as

---

[5] FONSECA, João Bosco Leopoldino, *in O Plano Nacional de Desenvolvimento como Expressão da Linguagem do Direito*. Tese de Doutoramento apresentada à Fac. de Direito da UFMG. Belo Horizonte, 1989; p. 42.

Primeiras linhas à interpretação do texto normativo **173**

unidades já foram proferidas. Ele deve dirigir a sua atenção para o jato do discurso e, ao mesmo tempo, poupar os momentos indispensáveis para a compreensão do todo, de síntese simultânea, como os denominou, há examente cem anos, o neurologista e psicólogo russo I. M. Sêtchenov (1829-1905), em seus *Elemênti Misli*. Tal é o processo que reúne em conjuntos cada vez mais amplos, os elementos que, ao escaparem da percepção imediata já pertenciam à memória imediata – os sons em palavras, as palavras em frases e as frases num enunciado inteiro. Eu diria que o papel da memória, a curto e a longo termos, constitui um dos problemas centrais da linguística geral e da psicologia da linguagem."[6]

A atualização do texto lança o receptor em um mecanismo de atribuição de sentido termo a termo; os termos já atualizados constituem um eixo semântico (um contexto) ao qual os termos seguintes devem se ligar, com o que possuem uma variabilidade limitada. Esse eixo semântico é o eixo sintagmático de que se falou anteriormente. Sabe-se que, no plano paradigmático (das relações associativas, como define SAUSSURE), um termo possui uma enorme quantidade de significações possíveis (inclusive metafóricas, certo que a conotação multiplica significativamente as possibilidades de atribuição de sentido a cada termo). O sintagma (e, por consequência, o eixo sintagmático) limita-os, definindo um número mais reduzido de sentidos possíveis no contexto; determinados valores simplesmente não poderiam se encaixar, de uma forma lógica (gramatical, até) na sequência. Há quase uma imposição de sentido (ou de sentidos) dentro do contexto.

Desta forma o eixo sintagmático (semântico) funciona como uma restrição dos limites abarcados pelo signo na realidade mental (memorizada), permitindo a construção da mensagem pelo receptor. Como dizem CARONTINI e PERAYA, "no discurso, as palavras contraem entre si, em virtude do seu encadeamento".[7]

---

[6] JAKOBSON, *op. cit.*; p. 72-73.

[7] CARONTINI *et* PERAYA, *op. cit.*; p. 68.

Esta contração de sentido termina por definir o valor de cada termo na sequência linguística, compondo, signo a signo a *semiose* do texto ao longo de seu contexto. "O todo vale pelas partes, as partes valem também em virtude de seu lugar no todo e eis por que a relação sintagmática da parte com o todo é tão importante quanto a das partes entre si."[8]

A escolha do termo que compõe a mensagem, tanto no que se refere ao significante quanto ao significado, possui uma motivação dada no consciente do indivíduo, no momento do ato da fala; trata-se de uma lógica que motiva a escolha, referenciada pelo paradigma ideológico que organiza o pensamento. Porém, não se podem olvidar as motivações inconscientes. O inconsciente expressa-se junto com o consciente, por meios e formas que lhes são próprios; por vezes, utiliza-se da denegação, por outras enfatiza, emite sinais gestuais que complementam (ou mesmo negam) a mensagem linguística; escolhe esta ou aquela palavra no espectro sinonímico, com o que emite simultaneamente outras mensagens (material este que a psicologia esforça-se por trabalhar). O inconsciente, vê-se, é também um fator que deve ser considerado na análise da enunciação, mas extrapola o âmbito angusto da Hermenêutica Jurídica.

Em sentido largo, o contexto pode ser conceituado como a temática semântica na qual o texto se constrói (a indicação de contexto disciplinar, da área de conhecimento a que se refere), indicando sentidos prováveis para os termos da sequência linguística. Trata-se de um foco específico da realidade, um rótulo prévio que, no texto, delineia um padrão semiológico (e semântico) que limita seu conteúdo. Desta forma, o contexto em sentido largo pressupõe a existência de um discurso correspondente, como o discurso jurídico, que já foi aqui analisado.

O contexto, em sentido largo, é a primeira interpretação de que o texto é objeto; trata-se de uma interpretação que se dá antes mesmo da atualização do texto em si (da sua leitura, termo a termo), pois cria no sujeito receptor uma expectativa de

---

[8] SAUSSURE, *op. cit.*; p. 148-149.

sentido, especializando a sua procura no nível das informações memorizadas. Assim, qualquer texto, como a norma jurídica, assume uma prévia significação ao possuir localizada sua qualidade disciplinar. "Exemplo disso pode ser visto no uso do lexema 'incompetente', que, visto no contexto da linguagem natural, ou da linguagem técnica, carrega de notas sêmicas distintas das que o compõem num contexto jurídico-processual."[9]

Invertendo o foco de análise do texto para o indivíduo, a questão encontra-se tratada em GADAMER, que destaca o caráter essencialmente "prejudicioso" (no sentido de "pré-juízo", vale dizer, de "juízo prévio" ou de uma conceituação potencial prévia, até mesmo). "Sólo este reconocimiento del carácter esencialmente prejuicioso de toda comprensión confiere al problema hermenéutico toda la agudeza de su dimensión."[10] O indivíduo que atualiza um texto, assim, possui uma certa gama de significados prévios ("pré-juízos") para a leitura, tendendo a estendê-los sobre a mensagem, moldando-a às suas expectativas. "En si mismo 'prejuicio' quiere decir un juicio que se forma antes de la convalidación definitiva de todos los momentos que son objetivamente determinantes."[11]

Ao contrário do que se poderia especular, esta atribuição prévia de sentido não possui um valor negativo intrínseco. Como destaca GADAMER, "'prejuicio' no signfica en modo alguno juicio falso, sino que está en su concepto el que pueda ser valorado positivamente o negativamente. La vecindad con el *praejudicium* latino es suficiente operante como para que pueda haber en la palabra, junto al matiz negativo, también un matiz positivo".[12] Pelo contrário, esta *semiose* prévia é um subproduto inevitável do condicionamento e da formação semiológica do indivíduo. Todos os atos de fala, como visto, são recriações da língua (enquanto grande texto a que todos os demais fazem remição obrigatória),

---

[9] FONSECA, *op. cit.*; p. 44-45.

[10] GADAMER, Hans-Geord, *in Verdad y Método*; trad. espanhola: Ana Agud Aparicio *et al*. Salamanca: Sígueme, 1991; p. 337.

[11] *Idem*; p. 337.

[12] *Idem;* p. 337.

com o que o indivíduo está sempre diante de um texto que, em termos, conhece previamente. Enquanto um subproduto deste condicionamento, vale dizer, enquanto parte da pré-formação na língua (repita-se, no grande texto), esta *semiose* prévia (estes pré-juízos) pode mesmo ser conceituada como necessária, ou mais, como condição da compreensão.[13]

Relembrando-se que cada *corpus* semiológico traduz uma forma de representação e tratamento da realidade referida, refratando-a, a tendência humana ao "pré-juízo" ganha outra dimensão: um indivíduo que possua assimilada a estrutura conceitual do Direito (sendo, consequentemente, manifestante do discurso jurídico-linguístico e translinguístico) é possuidor de estruturas de uma memória compatível com as necessidades lógicas e semânticas deste tipo específico de conhecimento, percebendo o universo real (*in casu*, social) através de um prisma privilegiador de certos aspectos. De acordo com as nuances de seu condicionamento e de sua formação, este indivíduo manifestará uma tendência a um tipo de leitura e compreensão da realidade, baseada na busca (e validação) de um sentido específico (jurídico).

Neste diapasão, a reiterada violação de certos comandos normativos de Estado indica tendências de atualizações prévias que se disseminam entre os súditos, que passam a compreendê-las como não possuindo a imperatividade de outras, sendo violáveis (em certo grau). Tais exegeses que lastreiam comportamentos efetivos estão a meio caminho dos planos político e jurídico, pois a ordem jurídica pode assimilá-las, como que desprezando a eficácia da norma.

A Semiologia, entretanto, não descaracteriza a base em que o Direito está assentado, a sua motivação primeira (antes, se põe ao seu serviço): o contexto linguístico-jurídico é o contexto do trato com o poder (da coação, da coerção, da repressão institucionalizada, desenvolvida culturalmente com a finalidade de dominação sobre o restante do grupo, da sociedade). "A lin-

---

[13] *Idem*; p. 344 ss.

guagem de que serve o Emissor para levar o Receptor a adotar determinadas atitudes por ele (Emissor) queridas e apresentadas como mais adequadas para consecução dos fins propostos, consegue fazer com que o exercício do poder não atue somente através de contatos diretos, identificando-se com a força física. O poder exercido através da comunicação linguística insere o relacionamento entre os homens no contexto dos fatos sociais e dos eventos culturais, não dos eventos físicos. Sem a comunicação, o poder nunca atingiria o nível de poder social, político ou jurídico, reduzindo-se ao poder meramente físico."[14]

A norma, repita-se, é o estado linguístico de agressão vicária (não física, não expressa, mas subentendida, potencial); daí falar-se na coercibilidade da norma jurídica: a ameaça pressuposta, a possibilidade de agressão por aqueles que, ao longo da evolução histórica, conquistaram e mantêm o poder de Estado, estruturando-se em seu aparelho correspondente. "A norma, do ponto de vista semântico (sem eliminar a perspectiva pragmática), deve ser vista como a comunicação de Emissores dotados de um poder, não hipotético, mas efetivo, de fazer respeitar a mesma norma. Assim visualizada, tem ela as características formais e de conteúdo (aspecto semântico e pragmático) para ser considerada uma norma jurídica."[15]

A disputa em torno a significados (tradutores, por seu turno, de pretensões individuais de validade e validação) marca (e simboliza) bem os limites da distinção entre as estruturas de poder humanas e nas demais sociedades animais (origem que mantém sua influência sobre o comportamento individual, certo que a natureza animal é inegável).

---

[14] FONSECA, *op. cit;* p. 161.

[15] *Idem;* p. 165.

A CONSTRUÇÃO DO SIGNIFICADO NORMATIVO 18

Viu-se que a norma jurídica (ou qualquer outro texto) só possui existência real enquanto ideia no indivíduo, ou seja, enquanto mensagem inteligida após a atualização dos seus termos componentes (por identificação e descodificação, como visto). Sua existência na materialidade do significante é, em oposição, apenas potencial, carecendo de um sujeito com competência linguística para reconhecê-la como texto e completar a comunicação que ela possibilita. A memória é o campo por excelência para a existência (recorda-se que vicária) da norma, o ponto de onde ela parte para se concretizar na realidade dos fatos da vida social. Assim, a norma não são suas palavras grafadas ou pronunciadas, ou mesmo o sentido que estas possam possuir isoladamente, mas um sentido global que lhe pode ser atribuído, e que deve possuir coerência com o complexo de valores e práticas do grupo em que se insere para que possa ser compreendida e cumprida por seus destinatários.

Cada momento que liga o destinatário à mensagem, a partir da percepção pelos sentidos da matéria do significante, é um momento interpretativo (dividido nas operações de identificação e descodificação). Ocorre que, por vezes, a totalidade da mensagem não é imediatamente reconstruída pelo destinatário, quer dizer, o sentido não é atribuído à "primeira leitura"; carece-se, assim, de um esforço, também interpretativo, que se faz pela utilização de métodos adequados para "traduzir" a mensagem. É desta última forma, e apenas nela, que se pode validar a máxima latina *"in claris cessat interpretatio"*. Isto porque, tenha a norma um sentido claro, imediato, ou tenha um sentido obscuro (um alto grau de opacidade), não se pode excluir a interpretação, quer em um sentido largo, quer em um sentido estrito. "Excluir a interpretação para as leis claras é desconhecer a própria natureza da função interpretativa."[1]

Mesmo utilizando-se de uma interpretação imediata, face a um sentido claro da norma, não se pode afirmar que se terá uma única forma de compreender a mensagem. De uma certa maneira, a mensagem é clara ou obscura em relação ao receptor, que reconhecerá ou não a necessidade de utilizar-se de métodos hermenêuticos para atribuir-lhe um sentido ou validar um sentido que lhe queira dar. Observe-se, por exemplo, o tipo definido no artigo 121 do Código Penal Brasileiro: "Matar alguém", *Alguém* é um pronome indefinido que se presta a indicar "qualquer pessoa"; esta simples constatação semântica permitiria, ainda que por absurdo, uma interpretação segundo a qual se poderia punir a tentativa de suicídio, pois quem tenta matar a si mesmo tenta matar "alguém". A norma, *in casu*, poderia ser tida como "clara", mas isto não afasta a possibilidade de um esforço hermenêutico, como se procurou demonstrar.

O problema que deve ser ora examinado diz respeito às relações que existem, no sujeito, entre a norma atualizada e o fato concreto (fato este que saiu de sua existência física para reduzir-se a uma forma vicária, um esquema de signos para representação mental). Para que um modelo normativo seja aplicado a um fato, é necessário que os mesmos se correspondam. Em outras palavras, devem manter relações biunívocas, ou serem entes isomórficos. A isomorfia jurídica caracteriza-se pelo conteúdo comum de duas representações mentais: o modelo legal e o fato, reduzido ao núcleo conceitual de sua representação mental (tal como assimilada pelo sujeito aplicador). O núcleo comum entre

---

[1] COELHO, *op. cit.*; p. 59-60.

ambos é um paradigma conceitual que, encontrado, embasa a imputação jurídica.

Mas a imputação nada mais é do que o último momento da operação de aplicação da norma jurídica. Antes de verificar a existência ou não de isomorfia entre o modelo previsto na norma e o fato concreto, é necessário que se determine qual é a norma jurídica que alcança o fato (operação anterior à análise da isomorfia). Considerar um fato social concreto como sendo elemento abarcado pelo campo de regulamentação de uma determinada norma, ou conjunto de normas, é uma operação de subsunção.

A imputação (declaração de isomorfia) é a determinação de que um fato corresponde a uma descrição normativa. O momento anterior à imputação é o da subsunção; para que o valor jurídico "N" (correspondente à definição de uma correspondente norma jurídica) seja imputado ao fato social "A" (quer dizer, para que "A" seja isomórfico a "N"), é preciso que a norma "N" seja aplicável a fatos do tipo "A". Portanto, é necessário reduzir o fato concreto a um núcleo conceitual (desconhecendo as incontáveis particularidades que o caracterizam), que deve ser posto em contraste com o conjunto dos modelos jurídicos (o sistema normativo enunciado – ou ratificado – pelos detentores do poder de Estado), até que se encontre uma norma específica que a ele se atinja, isto é, que o subsuma (esta é a norma aplicável ao caso). O momento seguinte é a perquirição da existência ou não de isomorfia. Desta última operação tira-se a realização da norma, variando se a norma descreve um comportamento que, concretizado, determinará uma sanção ou um comportamento devido (determinando a sanção por uma concreção em moldes distintos).

Segundo LALANDE, "todo juicio consiste en subsumir el 'particular' (*das Bensore*), bajo un universal. Cuando este universal es dado de antemano, y que la facultad de jusgar se ejerce al designar el particular que debe serle subsumido, es llamada determinante o determinativa (*bestimmende Urteilskraft*); cuando, por el contrario, el 'particular' es dado y se trata de descubrir el universal (por ej. la regla general) al cual debe ser subsumido, es

182 Semiologia do Direito • Mamede

llamada reflexionante (*reflektierende Uteilskraft*)".[2] Exemplifica-se: um fiscal (agente de Estado) que saia para diligências procura por fatos concretos que constituam hipóteses gerativas da incidência normativa. Procura, portanto, subsumir fatos concretos (que identificará) a uma norma que possui de antemão; trata-se, portanto, de uma subsunção determinativa. Por outro lado, um Representante do Ministério Público que recebe um Inquérito Policial e deve oferecer a denúncia contra certo réu, parte do fato para determinar a norma (enquanto ao Juiz, por seu turno, caberá verificar não só a existência desta subsunção, mas também da isomorfia entre os núcleos da ação e do tipo), com o que tem-se uma subsunção reflexionante.

De certo, faz-se necessário que a declaração da subsunção e da isomorfia seja feita – e validada – por um órgão competente do aparelho de Estado. Observe-se, ainda, que este processo interpretativo e imputativo se dá de forma inevitavelmente subjetiva, certo que é um sujeito (ou um grupo de sujeitos) que, manejando uma porção do poder de Estado, está aplicando a ordem jurídica a um fato concreto (e cada indivíduo é formado segundo um enfoque do todo cultural condicionante: um padrão cultural, uma história psicológica própria etc.). Em uma análise jurídica de operações isomórficas, o elemento psicológico (a subjetividade, ainda que minimizada em razão dos limites condicionantes da cultura) cria circunstâncias diferenciadas, com o que a operação não possui um rigor matemático. Dessa maneira, se N é uma norma jurídica dada no sistema estatuído, enquanto A e B são fatos sociais concretos, podem-se obter situações diversas em que, não obstante haja uma declaração de que A e N são isomórficos, e uma outra declaração de que B e N também o são, não seja possível declarar que A e B o sejam.

Far-se-á um exame mais detido da situação. Um fato A teve declarado pelo aparelho de Estado sua isomorfia com o tipo da norma N, que lhe foi, portanto, imputada. Trata-se de um juízo

---

[2] LALANDE, André, *in Vocabulário Técnico y Critico de la Filosofía*; trad. espanhola: Luis Afonso e Vicente Quintero. Buenos Aires: El Ateneo, 1967; p. 868-869.

que se fez preceder de um outro, a subsunção do fato A ao campo de abrangência do tipo N. Da mesma forma, um outro fato, B, teve declarada pelo aparelho de Estado a sua isomorfia com o mesmo tipo N. Nas duas operações, como em toda aplicação e imputação de uma norma a um fato, as análises de subsunção e isomorfia requerem a redução dos fatos, de toda a sua complexidade individualizadora (partes envolvidas, locais, movimentos e ações não centrais etc.), a um núcleo conceitual, para que se possa proceder a análise em relação aos paradigmas jurídicos estatuídos. Contudo, não obstante a natureza daquelas declarações, o cotidiano judiciário está repleto de situações onde a isomorfia declarada entre A e N, assim como a isomorfia declarada entre B e N, não autoriza que se declare a isomorfia entre A e B.

O principal elemento configurador do quadro exposto é que, por trás do aparelho de Estado que enuncia normas individuais com tais juízos (as isomorfias declaradas acima), estão agentes detentores de poder de Estado. Assim, os sujeitos S1 e S2 (detentores de porções específicas do poder de Estado e, portanto, componentes e representantes do aparelho de Estado) podem atualizar o sentido da norma N de maneiras diversas, interpretando os signos e suas relações entre si (paradigmáticas e sintagmáticas) de forma variada. Esta distinção interpretativa pode dar-se também na avaliação que cada agente faz das relações que a norma N mantém com o sistema em que está inserida (tipo de sanção, aplicação ao caso, partes derrogadas ou não etc.).

Também é possível, e até frequente, que sujeitos diferentes S1 e S2 atualizem de forma distinta um mesmo fato A, quanto mais dois fatos distintos A e B. Como diz STEINER, "aquilo que chamamos de fato pode muito bem ser um véu tecido pela linguagem para ocultar da mente a realidade. Wittgenstein obriga-nos a indagar se a realidade pode ser *expressa pela fala*, já que a fala é apenas uma espécie de regressão infinita, palavras ditas sobre outras palavras."[3] O mecanismo de construção (linguística) do

---

[3] STEINER, George, *in A Linguagem e o Silêncio*; trad.: Gilda Stuart *et al.* São Paulo: Companhia das Letras, 1988; p. 39.

184 Semiologia do Direito • Mamede

fato no âmbito do processo, recorde-se, faz-se por ritos procedimentais específicos, onde as partes são chamadas a um diálogo com o juízo, no âmbito da instrução do feito. A construção deste "texto do(s) fato(s)" e o seu resultado final são interpretáveis (devem ser atualizados) de modos diferidos (o que se verifica, inúmeras vezes, no exercício do *due process of law*). Trata-se de um rito (de um ato de fala) de celebração da realidade vicária da língua, com efeitos jurídicos de fácil percepção.

É importante que se destaque: mesmo desprezada a dimensão falseadora que a linguagem impõe ao fato,[4] a verdade processual é, por si só, uma verdade formal, ou seja, aquela que se pode apurar a partir das provas coletadas, interpretando-as, analisando-as (atribuindo-lhes valor). Naturalmente, esta verdade formal dever-se-ia assemelhar ao máximo à verdade real, isto é, à realidade dos fatos, mas nem sempre isto acontece (mais: nem sempre isto é viável, provável, ou mesmo possível). Como o sistema jurídico não considera esta problemática filosófica, resumindo-se a prever a possibilidade de revisão em grau de recurso, a verdade formal é considerada a verdade do processo.

Outro fenômeno, entre os tantos existentes, que deve ser examinado, diz respeito ao mesmo sujeito enunciador, examinando o mesmo fato (ou a mesma norma, em abstrato ou em concreto) em momentos distintos, considerando-se a evolução do ponto de vista individual (partindo-se do fato de que, ao longo do tempo, o ser humano evolui, continua aprendendo, com o que as estruturas semiológica e axiológica também variam). A cada instante, novas variantes estão sendo assimiladas pela estrutura psicológica motivadora das manifestações conscientes do indivíduo, produzindo maiores ou menores alterações no sistema que lhe permite enfocar a realidade. Um sujeito que em um momento "M1" interpreta uma norma "N" de uma forma "I1", poderá estar interpretando-a, em um momento "M2" de uma forma diferente: "I2". Na verdade, os signos de "N" (ou, na

---

[4] "Somente com a ruptura das muralhas da linguagem a prática visionária poderá penetrar no mundo da total e imediata compreensão" (*Idem*; p. 30).

hipótese de um fato, seus elementos constitutivos, vicariamente traduzidos em ato de fala) não se alteraram. Mas, para que duas mensagens sejam atualizadas, o sujeito "S1", no primeiro momento, difere-se de si mesmo no segundo momento (com um lapso de tempo suposto, maior ou menor de acordo com as circunstâncias pessoais de cada um).[5]

Por todos esses mecanismos (entre outros), torna-se possível que o aparelho de Estado se manifeste contraditoriamente sobre uma mesma norma jurídica. O Direito constrói-se em atualizações semiológicas efetivas (ou com pretensão de efetividade). O âmbito da interpretação, validada politicamente em cada caso, do sentido aplicado, efetivado, é o âmbito da vida sociopolítica. O Direito é o que se vive e não o que se deveria viver (como se uma harmonia interpretativa e aplicativa possuísse vigência provável). Mesmo na estrutura do aparelho de Estado, verifica-se a existência de interpretações normativas (de mensagens normativas) com pretensões diversas de validade, com o que o positivismo normativo reveste-se de um caráter de positivismo sociopolítico (de pretensões validadas, efetivadas). Não há um Direito, mas Direitos possíveis e validáveis; mais: os Direitos validados por vezes conflitam entre si (tornando inaceitável o purismo das teorias jurídicas dogmáticas, marcadas por uma ausência de flexibilidade para albergar em seus sistemas a existência de tais conflitos, que podem, até mesmo, atentar contra os princípios gerais de Direito).

A tarefa hermenêutica (interpretativa e aplicativa) do Direito, cuja manifestação é da essência da atividade de Estado (que se concretiza como um corpo de interpretações), é o campo por excelência do indivíduo. Este indivíduo, em seu labor diário, carrega consigo uma formação histórica e psicológica própria, além de interesses individuais, sendo marcado, ainda, por limitações inafastáveis no trato da realidade. O trato vicário do real, tal qual consubstanciado por alguém, poderá sempre ser passível

---

[5] Cf: MAMEDE, Gladston, "A incidência de correção monetária nos mútuos rurais segundo o Tribunal de Alçada de Minas Gerais como estudo hermenêutico jurídico"; *in Revista Jurídica Mineira*; ano VIII, nº 85/86, maio/jun. de 1991; p. 261 ss.

186 Semiologia do Direito • Mamede

de crítica e reformulação (com o que se marca a importância da outra ou outras posições, igualmente carregadas de pretensão de validade, ou seja, do debate). Como destaca GADAMER, postamo-nos na situação hermenêutica (sobre a qual não se pode levar a cabo "la reflexión total sobre la historia efectual") como seres históricos ("Ser histórico quiere decir no agotarse nunca en el saber").[6]

Seres históricos, marcados pelo condicionamento em certo padrão de cultura, além de influenciados por motivadoras de comportamento (inconscientes) próprias (ainda que algumas, como o cogitado arquétipo animal, sejam comuns), os detentores do aparelho de Estado perpetuam, no âmbito deste (visível nos sistemas políticos "abertos", vale dizer, sem um rígido controle central), pretensões diversas de validade. O trato com a significação da norma reproduz a disputa social pela validade; posições diversas podem ser (e são) adotadas. Destas, algumas efetivam-se.

É no contexto que se delineia nesta abordagem semiológica do Direito (e todas as suas implicações), que se deve reaver o problema do "execeptismo" jurídico. "O Direito é o que é e como tal nenhuma diferença existe entre o direito primitivo, o direito romano, o direito hitlerista e o direito moderno, não obstante o primeiro considerar os animais e as plantas como capazes de praticar atos ilícitos e sujeitos, portanto, a julgamento, o segundo caracterizar o escravo como *res mancipi*, o terceiro pôr os judeus à margem da vida e o último identificar ou confundir o conceito de homem, que é um conceito biológico, com o conceito de pessoa, que é um conceito jurídico, estatuindo que todo homem é pessoa, isto é, sujeito de direitos e obrigações.

E nenhuma diferença existe porque a noção do direito não tem aqui conteúdo moral, sentido ideológico ou político, já que é visto apenas como princípio de ordem, de certeza e de segurança

---

[6] GADAMER, *op. cit.*; p. 372.

nas relações humanas; [...] é a ordem da legislação, fundada nos critérios do lícito e do ilícito."[7]

A pluralidade de padrões culturais e as formas individuais pelas quais os indivíduos são condicionados nestes padrões criam uma pluralidade correspondente de sistemas semiológicos e axiológicos memorizados (cuja totalidade suposta seria o próprio sistema semiológico e axiológico da sociedade). Por consequência, muitas são as concepções de justo e injusto para cada particularidade da vida humana. O que diferencia o justo de cada um daquele que constitui o teor de uma norma jurídica é que este último possui uma significação de Estado, estando garantido por uma coercibilidade (pelo potencial repressivo do aparelho de Estado, estabelecido ao longo da evolução histórica da sociedade). Esta peculiaridade do exame solipsista do Direito determina pelo menos três planos coexistentes: o justo individual (marcado, inclusive, por outra relatividade: o momento da enunciação, além dos lastros psicológicos que, neste, o indivíduo estabelece com seu objeto de julgamento), um justo social (manifestado por um consenso, igualmente influenciado pelo caso a que se aplica e pelo momento do juízo) e um justo legal, imposto pelos detentores do poder de Estado.

Somente quem possui um poder específico de Estado pode legislar e validar politicamente uma mensagem de caráter imperativo. Mas, para além dos limites da enunciação da norma geral, há o problema da aplicação da norma, relembrando-se que, enquanto texto, a regra carece de uma atualização. Neste âmbito, o exercício do poder (e a disputa por poder) se refaz.

Para que a vontade de um indivíduo possa ser reconhecida como vontade de Estado, sendo capaz de criar deveres e direitos, faz-se necessário que exista uma prévia atribuição de poder e competência (*Ermächtigung*, na Teoria Pura do Direito). É este o *plus* semiológico que dá o valor de norma jurídica a um comando, a uma previsão comportamental. Abalizando-se pelo critério de atribuição de poder como gerador de competência para atos de

---

[7] FREITAS, Oswaldo de, *in Introdução à Ciência do Direito*. Uberlândia: s/d., 1986; p. 6.

188 Semiologia do Direito • Mamede

Estado, torna-se necessário que se proceda a uma determinação de qualidades distintas de interpretação jurídica. Denominar-se-á interpretação autorizada ao ato de atualização do sentido de uma norma que é exercido por um indivíduo ou grupo de indivíduos, investidos na qualidade de agentes do aparelho de Estado (em última instância, qualidade de Estado), constituindo órgãos de sua estrutura. Este ato de atualização constitui uma interpretação que possui, além do sentido subjetivo de apuração de uma mensagem normativa que deve ser concretizada no caso subsumido, o sentido objetivo de uma norma válida de acordo com a ordem jurídica estabelecida, efetivando-se.

Desta interpretação autorizada diferenciam-se as demais, não obstante, em todas as situações em que um sujeito cognoscente se depare com uma norma jurídica e, quer por uma forma direta (simples mecanismo de atualização), quer recorrendo a processos exegéticos, procura determinar qual é o seu significado, poder-se-ia afirmar que se trata de uma mesma operação mental. A diferenciação não está, portanto, no ato em si, mas, outrossim, na significação que reveste o ato segundo as suas circunstân-cias, abalizando-se pelos critérios de atribuição de competência (*Ermächtigung*) que cria a qualidade de Estado.

Estudando as estruturas políticas despóticas do sultanato otomano, GROSRICHARD descreve uma situação em que se pode ver o sentido objetivo de norma jurídica desprendido do sentido subjetivo; em outras palavras, pode-se verificar no fato descrito a dimensão do conceito de atribuição de competência e poder (como valor de Estado). Trata-se de um ilícito (por não corresponder a uma norma anterior), mas que se torna (e se tornou) efetivo, chegando a ser ratificado (ser assimilado pela ordem jurídica): "Assinalemos aqui apenas os efeitos mara-vilhosos dessas ordens escritas (*Hatchárif*), que, segundo Du Vignau, 'foram os principais meios para conservar a autoridade otomana, já que uma folha de papel, com cinco ou seis palavras escritas à mão por Sua Alteza, é mais poderosa do que grandes exércitos'. Dir-se-ia que é o próprio significante, materializado na ordem escrita, que voa, bate e mata. Ele é, ao mesmo tempo, a sentença, o machado e o verdugo. [...] Por exemplo, a morte de um paxá é decidida: 'um mensageiro chega e lhe mostra a ordem, que tem, de levar sua cabeça; o outro recebe a ordem do Grão-Senhor, beija-a, põe na cabeça em sinal de respeito, faz sua ablução e sua prece, e em seguida oferece resolutamente a cabeça'. É na própria matéria do signo que se concentra, nesse caso, toda a sua eficácia, a tal ponto que até mesmo uma folha de papel branco pode ser o suficiente para se fazer obedecer. Du Vignau conta que durante uma revolta dos *spahis* em Andinopla, Soliman Aga, chefe dos janízaros, 'introduziu-se entre os rebeldes acompanhado de apenas dez janízaros, com um papel na mão no qual não havia nada escrito e disse, pegando o chefe dos rebeldes pelo colarinho e lhes mostrando o papel: 'O Imperador ordena'."[8]

A autorização (a delegação de poder, *Ermächtigung*) é um elemento independente que se soma ao ato para lhe dar a qualidade de Estado; é, enfim, um *plus* semiológico e político. Somente o processo autorizado de atualização da norma, desta forma, constitui um processo interpretativo válido (por ser aplicável). Por concretizar a previsão, a interpretação autorizada torna-se mais do que mera atualização do sentido normativo, constituindo uma recriação da norma – no que também se opõe às demais formas de interpretação (meras proposições jurídicas, sem qualquer caráter efetivador e que, mesmo criando uma brilhante construção exegética, não podem obstar uma sentença pronunciada em sentido diverso). Diz-se recriador, pois, como asseverado por VILHENA, "histórica e tecnicamente, a legislação precedeu à jurisdição. No Estado moderno, quando o juiz julga, seu ato só se explica na existência de um direito objetivo. E a ele, juiz, não incumbe sua criação".[9] O intérprete autorizado (seja ele um membro do Judiciário, seja de um outro órgão de Estado) parte do texto normativo para recriar o Direito num ato de concreção.

---

[8] GROSRICHARD, Alain, *in Estrutura do Harém: despotismo asiático no ocidente clássico*; trad.: Lygia H. Caldas. São Paulo: Brasiliense, 1988; p. 86-87.

[9] VILHENA, Paulo Emílio Ribeiro de, "A sentença normativa e o ordenamento jurídico (perspectiva político-constitucional)"; *in Revista de Informação Legislativa*, a. 21, nº 81, jan./mar. 1984; p. 401.

Como o intérprete autorizado também representa o aparelho de Estado (faz parte deste), é possível dizer que o aparelho de Estado legisla, interpreta e aplica. São atos que, em sua contiguidade, encarnam o controle do aparelho de Estado (e de seus detentores) sobre a sociedade. Assim, a exegese autorizada é sempre parte da aplicação do Direito, emprestando eficácia à norma geral (especificando-a). A legiferação de uma norma ordinária é uma interpretação autorizada da norma constitucional e sua efetivação (com certa margem – maior ou menor, em cada caso – de recriação) em um dispositivo mais específico. E assim, também, as súmulas da jurisprudência predominante em um tribunal, os decretos, as circulares, os acórdãos, as sentenças, os despachos, as ordens policiais etc. Esta cadeia de recriações do poder de Estado através de enunciações normativas retira o exercício deste poder da generalidade e o traz para o concreto, aplicado sobre cada súdito. São mecanismos necessários, perceba-se, para a existência efetiva da norma na realidade social. Ao mesmo tempo, a existência de tais mecanismos implica uma distribuição (relativa) de poder pelos detentores do poder (em maior ou menor grau) de Estado.

Finalmente, cabe lembrar que o poder de determinar normas que é atribuído aos agentes de Estado acaba por atingir os sujeitos de direitos e deveres. Nas hipóteses de contratos privados, está-se diante de uma hipótese de atribuição de poder e competência, onde as partes envolvidas podem determinar, nos limites enunciados pelas normas superiores, as obrigações que deverão vigir em concreto. Mesmo neste caso, como em todos os demais, o aparelho de Estado (em níveis específicos) conserva sua soberania, ou seja, o poder de interferir nas relações particulares, alterando-as.

Percebe-se nesta cadeia de concretizações de normas jurídicas (pressupondo anterior interpretação) que o Direito é pensado em termos de aplicação. Diz BROEKMAN que "esta idea impregna por completo la construcción del derecho como elemento de nuestra cultura. La idea de la aplicación pertenece, por lo demás, a la finalidad interna del pensamiento y de la actuación jurídica;

y toma de ahí un sentido. En otras palabras, es como si a través de la idea dominante de la aplicación se conformar la manera jurídica de pensar y actuar que expresa el sentido del derecho en nuestra cultura".[10]

Da aplicação (enquanto ideia norteadora do Direito) ao Direito aplicado (e em aplicação), dimensiona-se o plano teórico e a *praxis* da efetividade jurídica. A norma jurídica que, não obstante estar em vigor, não se destina à aplicação e, com efeito, não é aplicada, está desprovida de efetividade, podendo mesmo estar revogada pelo desuso (pela inaplicabilidade). Por outro lado, a interpretação aplicável, ou melhor, as interpretações aplicáveis (e aplicadas) efetivam certo nível (certa "leitura") de Direito, bem como é possível que da mesma norma uma outra aplicação (ou pretensão de aplicação) se efetive. Do mesmo texto, portanto, nascem normas distintas (pois distintas são as mensagens atualizadas). O plano do fenômeno jurídico, portanto, está longe de constituir um nível puro, a permitir um estudo rígido, que não considere os elementos flexíveis que a política lhe impõe.

Não se está simplesmente colocando o Direito como um plano de interesses conscientemente assumidos e em conflito (embora não se descarte tal dimensão, que é altamente relevante), mas deixando patente que, no mínimo, a existência das motivadoras inconscientes e pré-conscientes implica o espaço do conflito. Assim, a ordem jurídica que é recriada no âmbito de um indivíduo não é *a* (única) ordem jurídica (considerado todo e qualquer indivíduo). A exemplo da língua, existem tantas ordens jurídicas memorizadas quanto indivíduos manifestadores (em maior ou menor grau) de uma memória jurídica, todas implicando níveis variados de pretensão de validade. Conscientes, pré-conscientes ou inconscientes, as pretensões de validade (de validação) permeiam as ações dos indivíduos enquanto atores sociais, num jogo onde explicitação é apenas um dos lances possíveis e a inabilidade para resolver questões (na verdade,

---

[10] BROEKMAN, Jean M., *in Derecho y Antropología*; trad. espanhola: Pilar Burgos Checa. Madrid: Civitas, 1993; p. 42.

192 Semiologia do Direito • Mamede

problemas) sociais crônicas(os) são um terrível sintoma. Neste quadro de competição, pode-se formular uma questão relevante: qual seria a capacidade do ser humano contemporâneo de, desprendendo-se de disputas de validade e da validação da sua forma (sua "visão") de mundo (onde se inclui o plano jurídico), enfrentar, com eficácia, os problemas sociais impostos à humanidade por sua evolução histórica? Não são estes problemas comumente vistos como problemas do(s) outro(s)?

O enfoque humano da realidade (científico, político, filosófico, jurídico etc.) reveste-se, hoje, de uma complexidade incontese, mas não possui paradigmas suficientes para permitir uma ação efetiva para contornar os problemas sociais. O ser humano (social) contemporâneo está marcado pela individualidade e insiste na absurda "necessidade" de reproduzir, em sua vida, o mito do "desenvolvimento econômico" ilimitado, a que se propõe a sociedade capitalista. HABERMAS afirma que mesmo a tentativa de construção de uma opinião pública liberal, conectada ao desenvolvimento do capitalismo, falhou. Este conjunto de "personas privadas, educadas, razonantes y que desfrutan del arte y en el *medium* de la prensa burguesa, había sido obtenido, en primer lugar, con una función inequívocamente crítica contra la *praxis* secreta del Estado absolutista, y que había sido anclado en las formas procesuales de los órganos del Estado de derecho, [...] es reconvertido para fines demostrativos y manipulativos. La red de comunicaciones, tejida de una forma cada vez más espesa, está hoy en día organizada de tal modo que, a pesa de que técnicamente representa un potencial de liberación, sirve más para controlar la lealtad de una población despolitizada, que para someter los controles estatales y sociales, por su parte, a una formación discursiva y descentralizada de la voluntad, canalizada de una forma rica en consecuencias y sin barreras".[11]

Este ser humano social contemporâneo está privado de uma consciência (autoconsciência e consciência político-social)

---

[11] HABERMAS, Jürgen, *in Teoría y Praxis: estudios de filosofía social*; trad. espanhola: Salvador Más Torres *et al*. Madrid: Tecnos, 1990; p. 15-16.

ao passo que repete comportamentos agonísticos revestidos culturalmente, não estando capacitado a perceber que a ordem ideológica (no sentido profundo que aqui se deu, e não no sentido raso, que confunde ideologia com ideário político) está estruturada de forma a reproduzir um modelo espoliativo, cujo subproduto social é conhecido por todos (não mais se mascara, está nas ruas, nas telas de televisão, nos jornais e revistas): trata-se de um quadro macabro que, à margem (ou seja, nas bordas), insiste em decorar de um realismo cruel o quadro das teorizações jurídicas.

A APLICAÇÃO DO DIREITO | 19

Dentro do processo judicial de interpretação de fatos e do sistema normativo, procurando determinar a subsunção do núcleo conceitual do fato a uma hipótese normativa, operações semiológicas se destacam, ponto a ponto, numa cadeia de atualizações (e consequentes interpretações). Uma vez acionado o aparelho de Estado para o exame de uma questão litigiosa de Direito, o processo evoluirá em direção à solução da lide, cumprindo atos definidos como necessários para que uma decisão possa ser apontada. Entretanto, ainda que sejam diferentes os procedimentos que organizam os atos juridiciais, ou mesmo diferentes os próprios atos em si, nas diversas legislações, é certo que há momentos em comum: *quaestio facti* e *quaestio iuris*. "Para individualizar a norma geral por ele aplicada, o tribunal tem de verificar se, no caso que se lhe apresenta, existem, *in concreto*, os pressupostos de uma consequência do ilícito determinados *in abstrato* por uma norma geral. [...] O tribunal não só tem de responder à *quaestio facti* como também à *quaestio iuris*."[1] O primeiro momento do processo de aplicação jurisdicional do Direito será, assim, a apuração de uma verdade (formal) para os fatos. É certo que se presume que esta verdade formal se assemelha ao máximo à verdade "real" dos fatos. Mas nem sempre isto

---

[1] KELSEN, *op. cit.*; p. 255.

196 Semiologia do Direito • Mamede

ocorre, ou mais, nem sempre é possível que tal ocorra (a onis-ciência não é, definitivamente, um atributo do ser humano). A lei, entretanto, não considera esta peculiariedade, pressupondo que a verdade formal, construída na instrução do processo, basta à aplicação do Direito.

Determinada uma verdade processual (formal), há que se verificar se esses fatos se ajustam a qualquer previsão normativa, ou, como visto, se se subsumem a um tipo legal. A construção da verdade formal possui uma importância vital para o Direito, certo que, através da sentença (da norma individual), o fato formal, ainda que não tenha se concretizado na realidade física, ganha existência jurídica. Mais, ganha efetividade jurídica. A parte que não logra demonstrar o seu direito (não consegue instruir ade-quadamente o feito) pode ser vítima de um resultado adverso. Nos bancos das faculdades ouve-se, a propósito, que "o bom advogado é aquele que consegue provar que o preto é branco, ou que o círculo é um quadrado", afirmação que por si só atesta as consequências que gravitam em torno à verdade formal.[2]

Como diz KELSEN, "não é o fato em si de alguém ter come-tido um homicídio que constitui o pressuposto estatuído pela ordem jurídica, mas o fato de um órgão competente segundo a ordem jurídica ter verificado, num processo determinado pela mesma ordem jurídica, que um indivíduo praticou um homicídio".[3] Ainda que a imputação de um órgão competente para o exame de um fato seja equivocada, isto é, ainda que a verdade formal apurada no processo não corresponda à verdade real do fato, a sentença dar-lhe-á um valor efetivo. No momento que um tribunal declara a subsunção e a isomorfia de um fato e uma norma, ele está constituindo mais que Direito: constitui uma "história formal" para o fato (com o valor jurídico que lhe foi imputado): quem cometeu um homicídio pode ser conside-

---

[2] Sempre julguei incompatível o ensino da "Justiça" (procurando formar "Juristas") com esta confissão lamentavelmente elogiosa da falácia e da hipocrisia do exercício advocatício.

[3] KELSEN, *op. cit.*; p. 257.

rado inocente, ou quem não o cometeu pode ser considerado seu agente; a sentença "constrói" tal fato.

Neste contexto, dirá KELSEN que "a verificação do fato pelo órgão aplicador do Direito tem eficácia retroativa. O fato não é tido como produzido somente no momento de sua verificação [...], mas como produzido no momento verificado pelo órgão aplicador do Direito, quer dizer, como posto ou produzido no momento em que o fato natural – de acordo com a verificação do órgão aplicador do Direito – se produziu. A verificação do fato condicionante pelo tribunal é, portanto, em todo sentido, constitutiva".[4] Quer este mecanismo seja visto como simples declaração de licitude ou ilicitude, quer seja visto como constituição retroativa de licitude ou ilicitude, fica patente que o processo é um âmbito por excelência da manifestação da teoria da efetividade na concreção do Direito. Observando-se o percentual de sentenças reformadas em segundo grau de jurisdição, verifica-se que esta não é uma realidade que possa ser desprezada.

Isto para não falar das disputas em torno à aplicação da norma que o processo igualmente implica; do que era devido em tese, para o que se obteve em concreto, a efetividade dos resultados cria um "outro" Direito (o inquilino mantém-se um pouco mais no imóvel, o devedor paga um pouco depois, o criminoso beneficia-se da prescrição, parte das despesas com o ilícito civil não é paga etc.).

Contudo, este conjunto de efetivações disformes aos modelos estatuídos em tese é um dado não colocado em relevo pela análise jurídica, que insiste em observar e tratar do sistema como se ele não possuísse, dentro do âmbito mesmo da máquina de Estado, distorções em sua efetivação, criando, na *praxis,* esse "outro" Direito. Se isto é demonstrável no âmbito das operações judiciárias, mais ainda o será no âmbito das relações individuais. Como desconhecer que lesões em direitos trabalhistas são uma constante, sem que sejam levadas ao conhecimento do Judiciário? E o que dizer das incontáveis contravenções penais ou mesmo

---

[4] *Idem*; p. 257.

crimes? E, neste rol, incluam-se reajustes de aluguéis não devidos, lesões contratuais etc. A manifestação endêmica destes "defeitos" (ou problemas) jurídicos, sem que haja uma reação de Estado para efetivar as previsões do sistema normativo, deixa a descoberto um *telos* político que assimila a existência, em certos níveis (de razoabilidade), de comportamentos desconformes às normas (ilícitos); tais comportamentos seriam, portanto, conformes à previsão de descumprimento (posta tal como uma margem relevante de erro) mantida pelos detentores do poder de Estado.

Por este prisma de análise, o Direito, em sua realidade vivida (tal como existente no meio social) reduz-se a uma forma efetiva pela qual é normalmente concretizado (inclusive pelas "n" interpretações que podem "nascer" dentro do próprio aparelho de Estado). O Direito é como os fatos se tornam diante de sua sombra regulamentadora (e as incontáveis falhas na estrutura desta). Na qualidade de fatos disformes à lei, podem ser (o que significa que não o são sempre ou mesmo que é possível que não sejam) alterados pela ação regulamentadora do aparelho de Estado, já que existe uma expectativa de ordenamento das relações segundo os paradigmas do conjunto normativo. Mas esta expectativa nem sempre se torna realidade. A ação de subtrair coisa alheia móvel não processada e punida como furto não é, juridicamente, um furto (e ao seu agente não se poderá aplicar a sanção correspondente àquele tipo penal). Por outro lado, o passar do tempo pode permitir a esse agente, inclusive, acionar o aparelho de Estado para reaver esta *res furtiva* de outrem que dele a tenha subtraído.

Como o Direito é o exercício de um poder de Estado, poder de disciplinar as ações humanas, tais ações efetivadas de forma contrária à norma jurídica são desafios que alguns súditos oferecem aos detentores do poder de Estado. O efeito deste desafio pode lesar a um outro súdito, o que representa para a elite governante um dano de proporções ínfimas; mas há tantos casos em que o dano atinge a sociedade e o próprio aparelho de Estado (e seus interesses), como tráfico de tóxicos, contrabando etc. Poder-se-ia dizer que se trata de uma pequena guerra entre súditos rebelados e os detentores do aparelho de Estado, onde aqueles buscam o proveito próprio para além dos limites normativos.

Por outro lado, os juízos lógicos que permeiam o pensamento jurídico (tal qual manifestado hodiernamente) não se aparelharam para considerar a endêmica manifestação de fatos que concretizam uma interpretação espúria da norma (negando-a em parte ou no todo). Entretanto, tais efetivações são uma constante e estão enraizadas, até mesmo, na fala jurídica (tornada fala de aplicação, fala de litígio). Tem-se, portanto, que o problema da efetivação, porquanto sub-reptício ao discurso jurídico (mormente o processual), constitui um referencial existente no pensamento jurídico, ainda que pouco explicitado pela doutrina. Carece-se, sem dúvidas, de novos parâmetros para a compreensão do Direito (previsto e contretizado). Uma opção para tal compreensão parte do exame da interpretação como elemento basilar do Direito, certo que, entre a norma prevista e a norma aplicada (concretizada), a interpretação destaca-se.

O texto tira o seu sentido da forma pela qual o indivíduo o atualiza (o interpreta no contexto), na forma como é empregado, e até da forma como se quer compreendê-lo. O texto é um estímulo para aquele que possui competência linguística para reconhecê-lo e atualizá-lo; essa competência, como foi visto, é individual em sua qualificação, não obstante mantenha vínculos com uma mesma ideologia, que é comum (em maior ou menor grau, num gradiente que é determinado pelos padrões culturais). Desse quadro, uma das consequências de mais fácil visualização é a de que existem tantos sentidos para um texto quantos se lhe possam atribuir os sujeitos que o atualizem. Todos estes sentidos não são apenas atribuídos (ou atribuíveis) pelo emissor, que, por seu turno, apenas procura concatenar significantes (aos quais atribui certo significado) para transmitir uma mensagem; antes, são também atribuídos (e atribuíveis) pelos receptores das mensagens. Se um indivíduo tem, por "impropriedade" no aprendizado, fixado um sentido "incorreto" para um termo, interpretalo-á dessa forma pessoal, "equivocada" (e, consequentemente, o texto onde ele se encontra). Haverá, assim, uma discrepância entre o texto atualizado por este indivíduo e o texto emitido pelo enunciador, ou atualizado por outros indivíduos. Mas, para além desses "absurdos", todos nós possuímos enfoques pessoais para os termos de um sistema linguístico, é certo.

A dinâmica do diálogo permite que os interlocutores completem as mensagens que emitem, utilizando-se de sistemas semiológicos auxiliares que suplementam a transmissão linguística: gestos, feições faciais, entonação etc. A proximidade dos interlocutores no trato do referente – que o diálogo proporciona – contribui para uma maior unicidade (dificilmente exequível). A interlocução (e a comunicação, por consequência) será sempre um divórcio, será sempre o trato, pela forma comum (suposta), dos incomuns; será, enfim, o desprezo pela diferença que existe nos iguais e que não pode ser facilmente mensurada (variando a cada par, ou grupo, de indivíduos em comunicação). Entretanto, enquanto instrumentalizável, a linguagem posta em diálogo, na cotidianidade, despreza as incongruências semiológicas, repetindo, microscopicamente, o manifestado macroscopicamente no sistema político estabelecido. A aparente normalidade das interações diárias serve, inclusive à manutenção da aparente normalidade que mantém controlada (e, em certos níveis, reclusa) a carga potencialmente explosiva das relações sociais.

O texto escrito (como a norma jurídica) amplia essa diferença entre as mensagens emitida (dada na consciência do receptor) e atualizada (dada na consciência do emissor), diferença esta que conhece um certo limite, frise-se, sem o que a comunicação jamais se concretizaria. Mesmo o autor de um texto escrito torna-se, posteriormente, seu próprio leitor; as influências psicológicas do momento, a sua evolução psicológica, bem como as consequentes alterações na sua compreensão semiológica, conduzem-no a tal situação. A mensagem que está grafada, ainda que por ele, terá que ser atualizada e, neste processo, terá um sentido atribuído e, portanto, haverá de ser interpretada. Esta realidade que envolve a norma jurídica escrita enquanto texto (que deve ser interpretado antes de aplicado) viabiliza que se a examine como uma das vertentes dos problemas postos em foco. Como o indivíduo não cessa de receber influências do meio, não cessa de ser influenciado, de receber informações, de aprender (seja vicariamente, com a experiência alheia, seja diretamente, com a experiência própria), ele está constantemente em um processo de evolução. Assim, mesmo se se considerar um sujeito em dois momentos distintos, sendo que o lapso entre estes seja suficiente para a assimilação de influências que alterem a compreensão de um (ou mais) conceito(s) dado(s), haverá diferenças em sua realidade inteligida, ou seja, em sua estrutura semiológica própria (no foco e no enfoque que dá à estrutura semiológica do grupo a que pertence).

A unicidade do enunciado no momento da enunciação é destruída pela dinamicidade da vida, tornando extremamente improvável a sua ocorrência em um outro momento ou em um outro sujeito. Se, no momento em que está enunciando, o sujeito exercita a sua competência linguística (tal qual apresentada nesse), usando das estruturas e valores para os termos que então possui, no momento em que retorna ao texto, deve atualizá-lo e, então, posiciona-se como mero receptor e procurará atribuir um sentido ao texto de acordo com a competência que manifeste naquele instante. Este processo marca, sem ser percebido, a vida social, da mesma forma que o aspecto mortificante do estereótipo, no outro extremo, não é percebido em sua função de aniquilador da completa individualidade e de sujeição a um modelo preestabelecido, que possui pretensão de "verdade".

Por tais razões, pode-se afirmar que o autor morre para o texto. "Barthes é famoso como um agente daquilo que denominamos a 'morte do autor', a eliminação dessa figura do lugar central dos estudos literários e do pensamento crítico. 'Hoje sabemos', escreveu ele em 1968, 'que o texto não é uma sequência de palavras que veicula um único sentido 'teológico' (a 'mensagem' de um Autor-Deus), mas um espaço multidimensional, no qual uma variedade de escrituras, nenhuma delas original, se combina e se choca' (*Image, Music, Text*, p. 146). Ele nos incitou, com

202 Semiologia do Direito • Mamede

algum efeito, a que estudássemos os textos, e não os autores."[5]
Poder-se-ia dizer, então, que o texto escrito (todo o texto, mas
em especial os grafados) "fala" por si. O texto ganhará interpretações, releituras, explicações. Sentidos não pensados, mas sobre
os quais se assumiu, ainda que insconscientemente, o risco de
produzir significação, poderão aparecer a qualquer momento. A
propósito, afirma KÖPKE que, "fundamentando-se na corrente
da consciência, ela (a frase) se nos parece com o rio heraclitiano,
cujas águas, em face do observador, não se repetem nunca. A
frase vive o momento do ato de fala, e somente esse momento.
Quando sobrevêm os seguintes, serão outras as frases".[6]

O emissor deve ser compreendido como um concatenador de
estímulos (que agem, inclusive, sobre si), segundo uma convenção do grupo social (a linguagem). Estes estímulos são os signos.
Se a mensagem será compreendida pelo receptor com maior ou
menor identidade com o que o emissor quis transmitir, não é
um aspecto que o sistema considere. O emissor pode esforçar-se
por tornar a mensagem o mais clara possível, mas por certo o
problema da plurivocidade dos termos o transcende; o sentido
pertence ao leitor (será atribuído e ganhará existência em sua
mente). Afinal, a atualização pelo receptor equipara-se, embora
de forma inversa, à enunciação; o receptor, em sua realidade
própria (inteligida), ganha o direito ao seu sentido (que deverá
validar, se necessário; quer dizer, que deverá efetivar, se as circunstâncias o exigirem – como no Direito). Se se afasta muito
do conteúdo desejado pelo emissor, responde por este ato no uso
que dá à mensagem que construiu. Em textos técnicos (como
um tratado de mecânica), é pouco exequível; na literatura, um
fato corriqueiro (e até previsível).

O processo que envolve a norma jurídica, enquanto texto
(via de regra, texto escrito), não é diferente. Possui um autor que
é uma mera referência no que tange à sua realidade linguística:
o aparelho de Estado; e, por outro lado, toda uma sociedade

---

[5] CULLER, in As Ideias de Barthes; trad.: Adail V. Sobral. São Paulo: Cultrix: Ed. da USP,
1988; p. 12-13.

[6] KÖPKE, op. cit.; p. 34.

(incluindo o próprio aparelho de Estado) como destinatária, atualizando-a (com maior ou menor "propriedade"). Seu emissor é um grupo organizado de indivíduos que variam ao longo do tempo (e, em certa medida, do espaço); é um signo (e uma qualidade) alicerçando um conjunto organizado de indivíduos que repartem um poder repressivo controlador. Cambiam os agentes (os detentores do poder de Estado), mas a referência Estado (o autor, o emissor das normas jurídicas) mantém-se.

Dessa forma, enquanto texto atualizável, a norma recupera, em meio à dinâmica do convívio social (onde deverá efetivar-se), uma condição de "campo de disputa" pelo poder. Diz-se recupera porque, em sua dimensão política, a legiferação é precedida também por disputas de poder. E, já foi analisado, trata-se, em última instância, de uma disputa pelo poder de acesso aos recursos (nem todos concretos, alguns, ao contrário, absolutamente abstratos, significativos, como a notoriedade, a fama, como exemplos). Curiosamente, é função das normas (para a qual contribui a ideologia) impedir que estas disputas sejam físicas, ritualizando-as em palavras, em signos.

A partir da sua enunciação, portanto, a norma é remetida à sociedade onde acaba por tornar-se instância de disputa em torno ao sentido que lhe seja atribuído. Assim como nas comunidades animais, onde as disputas hierárquicas não são a regra, ou seja, não são uma constância, as disputas políticas em torno ao significado de uma norma não são a regra das relações sociais. Distribuídos em níveis de *status* social, os membros, em regra, estão empenhados (em maior ou menor grau) na execução adequada de suas funções, a fim de garantir a automanutenção, a preservação da vida. Para fora dos limites desta normalidade dos comportamentos manifestados pelos súditos de Estado, estão os conflitos; mas, conflitos concretizados de acordo com uma normalidade aparente. Nesses campos, os detentores do poder de Estado, para além da enunciação de uma norma jurídica, e apesar dela, mantêm-se em luta pela conservação de seu poder, pela conservação das regras de organização social (e distribuição de riquezas) que o sistema jurídico define e procura solidificar.

Esta luta dá-se, por excelência, ao longo dos processos interpretativos e aplicativos do Direito, como se vem demonstrando.

Os processos de interpretação analisados pelos tratados de Interpretação Jurídica podem ser elevados à mera condição de opções que se oferecem ao receptor para que atualize uma mensagem normativa, sem poder retirar-lhe o poder de atribuição de sentido. A atribuição de poder e competência de Estado para aplicar uma norma jurídica é, por óbvio, uma tentativa de controle sobre o sentido dado às normas jurídicas; também o são as possibilidades de revisão das decisões. Nas duas hipóteses, tenta-se garantir a efetivação de determinados sentidos normativos que são conformes aos interesses dos detentores do poder de Estado.

A uniformidade, definitivamente, é sempre difícil de se obter. Atribuir poder significa aliená-lo, ou seja, consentir que outrem valide, com qualidade de Estado, uma interpretação para a norma em um caso. A uniformidade do sentido aplicável demandaria um enorme contingente organizacional, numa estrutura rígida (inflexível) de Estado para garantir (e efetivar) a vontade dos altos escalões do aparelho. É uma característica (ou um esforço), portanto, de regimes ditatoriais (seja de "esquerda", seja de "direita").

Há, portanto, uma efetiva liberdade de interpretação que é inerente ao processo comunicacional, embora não se possa desconhecer que o limite para o seu exercício é guarnecido pelo aparelho de Estado, usando de seu poder repressivo. O aspecto político do Direito, assim, salta aos olhos; há que se validar a interpretação que se quer dar a uma norma; há que se efetivá-la, fazendo-a concretizar-se na realidade. Validá-la junto aos demais sujeitos de direitos e deveres; validá-la diante (e, por vezes, apesar) do poder de Estado. Mantidos limites mínimos de ordenação, esta pluralidade interpretativa do texto acaba por funcionar como um flexibilizador, absorvendo eventuais conflitos nas engrenagens burocráticas – e, consequentemente, ritualísticas – da máquina de Estado.

A SUPREMACIA DAS VERDADES MANUFATURADAS | 20

Uma das peculiariedades das sociedades humanas (influenciando o Direito) refere-se às pretensões de validade, nestas destacadas a pretensão de verdade. A questão das pretensões de validade jurídica foi aqui enfocada, já a partir da definição de norma jurídica. Viu-se que a pretensão de validade está presente nas situações de aceitação/exclusão da "reserva normativa da sociedade" pelo aparelho de Estado, determinando o contorno efetivo do Direito no meio social. Pretensões de validade, foi visto também, estão na raiz dos procedimentos hermenêuticos que envolvem a aplicação das normas jurídicas, às quais podem-se atribuir sentidos diversos; o Judiciário, a propósito, está completamente envolto por contendas de pretensão de validade diversas. Para além destas passagens específicas, será proveitoso reconhecer que este trabalho como um todo constrói-se em torno da questão da validação, na qualidade de elemento básico da evolução histórica (efetiva) das sociedades humanas.

Por ora, examinar-se-á um ponto – e objeto – específico das pretensões de validade, qual seja a pretensão de verdade. É possível (antes, é usual) pretender-se atribuir a qualidade de verdade a um enunciado. A verdade (o conceito e valor de verdade, bem como seus opostos de significação – e valoração –: mentira, falsidade etc.) existem apenas no que BAKHTIN denomina (sem estar se referindo ao mesmo tema) de "*horizonte social* de uma época e de um grupo social determinados":[1] para além dos limites sociais (por consequência, tanto humanos, quanto culturais) não há verdade ou mentira (ou falsidade), nem verdadeiro ou mentiroso (ou falso): a realidade percebida pelo olhar animal (não humano) não está marcada por qualquer significação (substantiva ou adjetiva). Para além dos animais que possuem capacidade sensorial, não há sequer percepção da realidade: resta apenas a existência e seus mecanismos biológicos geneticamente determinados.

Nos meios humanos, enquanto pretensões de validade, os enunciados estão inexoravelmente caracterizados como versões, mormente enquanto informações (quando partem de um indivíduo e dirigem-se, pela comunicação, a outro indivíduo ou indivíduos). O conceito de versão, aliás, possui grande importância no tratamento da verdade, mormente quando se verifica a importância política ("de manejo de poder") que a qualidade de verdade possui em nossos dias.

É curioso observar que a ontologia metafísica de PLATÃO,[2] à qual a história do pensamento ocidental fez prevalecer sobre o relativismo sofístico, localiza a "Verdade" em um mundo transcendente, atribuindo-lhe a qualidade de "ideia eterna e absoluta" (*eidos*), acessível, em sua totalidade, apenas à divindade. Tais ideias eternas e absolutas (a Verdade, a Beleza, a Justiça etc.) possuem para o mestre ateniense um caráter de ser, mas "ser transcendente" (daí a caracterização de ontologia metafísica[3]). Esta solução teórica, ainda que inegavelmente brilhante e provavelmente adequada aos ritos iniciáticos da Academia Ateniense, afasta-se da realidade social por negar a referência humana: só o "Bom" é bom em si; só a "Justiça" é justa em si; só a "Sabedoria" é sábia em si; só a "Verdade" é verdadeira em si.

---

[1] *Op. cit.*; p. 44.

[2] Cf. MAMEDE, 1990.

[3] Cf. RODRIGUEZ-ARIAS, Lino. *Ciência e Filosofia del Derecho*. Buenos Aires: Jurídicas Europa-América, 1961; 144

A falácia do argumento reside na sua baixa instrumentalidade cotidiana: se a referência é transcendente, pertencendo ao conhecimento absoluto (*epistéme*) da divindade, seu tratamento no meio social só pode ser empregado (como lê-se na personagem SÓCRATES dos diálogos de PLATÃO) como argumento retórico para anular uma opinião posta em debate com a qual não se concorde. Aquele que diz "saber" a Verdade (enfim, diz possuí-la) alega – e procura manejar – um poder de enormes dimensões.

Em contraposição (e ratificando o pensamento sofístico), acredito que a verdade deve ser localizada no meio ambiente dos atos de fala, bem como nas esferas da ideologia, onde deve ser estudada mais como forma (vale dizer, como modo – qualidade – do discurso, ou ainda, como valor acessório que é ou não atribuído – por indução ou não – à enunciação) do que como conteúdo.[4] O conteúdo do que é tido como verdade cambia ao longo do tempo (e uma leitura das teorias científicas, superpondo-se na história, atesta esta realidade); seu valor, contudo, não.

Assim, diante da realidade efetiva, histórica, das sociedades humanas, o enfoque ontológico da verdade ou é "religioso", ou é ingênuo. Há muito a verdade já deu mostras de possuir contornos de mero valor, pertencendo à axiologia. Para além dos planos da fé, isto é, nos planos sociais efetivos, a "Verdade" (ser transcendente) cede lugar ao "valor de verdade" que se pode atribuir a conceitos, enunciados, textos, realidades etc. Assim, no nível individual, é verdadeiro aquilo que se crê, conscientemente, sê-lo, ainda que no inconsciente se encontrem dados que neguem esta qualidade (contraste que constitui uma das causas da manifestação de neuroses no indivíduo).

A verdade é, portanto, um elemento do imaginário social humano: não possui um lastro para além. É, para ser mais preciso, ideológica e, assim, corresponde-lhe uma prática social da

---

[4] Isto, por um enfoque acadêmico. Creio na existência da Verdade, mas me parece tratar-se de atributo de fé; não me sinto (talvez ainda) confortável em tratá-lo academicamente. A Verdade transcende as palavras, os conceitos, a logica, os valores, que não A podem conter, nem traduzi-La integralmente. Aliás, não se pode compreendê-La, mas deve buscar-se compreender-se n'Ela.

verdade. Encarando a ideologia como um conjunto de paradigmas vicários da realidade,[5] vale dizer, como um modelo ou um padrão que, como um filtro, molda as "informações" colhidas pelos sentidos, forma pela qual o indivíduo (culturizado, condicionado) "compreende" a realidade ("compreendendo-se" na realidade ideologicamente condicionadora), não será difícil perceber que determinadas verdades fazem parte deste paradigma social: são *inegociáveis*, se assim posso dizer. Sua presença no meio ambiente dos atos de fala caracteriza-se pela ausência de falseabilidade. Numa cidade como Belo Horizonte, não se questiona o formato redondo ou ovalado da Terra, como não se questionava o seu formato plano na Europa do século X.

O processo de negação das verdades ideológicas, portanto, é sempre custoso e traumático. Da forma em que uma verdade ideológica se encontra, muitos dela se beneficiam; este benefício não precisa ser necessariamente material: pode ser de consciência, de reputação etc. Sua negação causa insegurança, instabilidade, instando as forças sociais de conservação a esforçar-se para manter uma *certa verdade*, o que, constrastado com o impulso renovador, determina um certo equilíbrio na marcha histórica humana. Entretanto, por vezes tais processos foram (e são) muito traumáticos: a Igreja Católica, por exemplo, relutou em reconhecer o formato e a posição da Terra no Universo, entre tantas outras afirmações científicas que atentavam contra os seus dogmas. Sob o valor ("verdadeiro") de "bruxaria", a Igreja deteve o avanço das ciências, queimando, enforcando, afogando, torturando químicos, médicos, farmacêuticos, astrônomos etc. O velho testamento relata genocídios que teriam sido cometidos sob o mandamento ("verdadeiro") de Deus aos israelitas (que continuam exercitando a violência e a conquista no Oriente Médio, enquanto creem-se o "verdadeiro" povo eleito por Deus). Em contraste, "verdadeira" superioridade do povo alemão

---

[5] Que, como já disse, amplia o real físico em relação a muitos pontos, nestes destacadas as abstrações, reduzindo-o em muitos outros pontos, nestes destacadas as generalizações, que reduzem pluralidades de objetos e situações a um conceito comum, desprezando suas características individualizadoras).

determinou o genocídio da II Grande Guerra. A "verdadeira" necessidade do policiamento norte-americano para "garantir" a "democracia", a "liberdade" etc em todas as partes do mundo determinaram as intervenções no Camboja, no Vietnã, bem como o apoio aos golpes militares que, na América Latina, deixaram milhares de mortos (muitos dos quais, torturados). O "verdadeiro" mandamento mulçumano para a "guerra santa" determina o terrorismo internacional.

Essa "falseabilidade" que envolve a verdade (implicando relativização) pode ser identificada na análise da evolução histórica da ciência que KUHN concretizou, deixando de observar simplesmente a sucessão das teorias científicas ao longo do tempo, mas atentando para o fato de que, em um tempo específico, uma certa teoria científica aceita pela comunidade é uma *verdade*; é o que acontece, por exemplo, com diversas teorias em nosso próprio tempo. Seja atualmente, seja no passado (mais recente ou mais longíncuo), todas as teorias aceitas (socialmente e/ou academicamente ratificadas) significam, ou melhor, valem verdade. Justamente em função disto, restam-nos as seguintes alternativas: se encaramos os pensamentos obsoletos como mitos, devemos reconhecer que também nossos pensamentos são míticos (porque produzidos e mantidos por igual mecanismo); se, pelo contrário, consideramos como científicos os pensamentos obsoletos, temos que reconhecer que a ciência comporta crenças incompatíveis entre si.[6]

A "melhor" qualificação de *verdade* está marcada – e protegida – pela sincronia: algo vale *verdade* neste tempo específico.[7] Numa dimensão diacrônica, a atribuição de *verdade* tende a fragilizar-se, revelando seus contornos de mera *pretensão* de validade: a verificação da falseabilidade é mais provável com lapsos mais dilargados de tempo. Embora KUHN restrinja sua análise à ciência, o alcance da sua teorização deve desbordar tais limites, abarcando a quase totalidade do fenômeno cultural humano;

---

[6] *A estrutura das revoluções científicas.* Trad. Beatriz V. Boeira e Nelson Boeira. São Paulo: Perspectiva, 1987; p. 20 e ss.

[7] E não seria equivocado ampliar: e nesse lugar específico.

atinge, assim, quase a integridade do ser humano condicionado em cultura: aquele que compartilha (quase que obrigatoriamente) de moldes (restrições, representações, ampliações etc.) mentais da realidade que, assim, transcende-o: resta-lhe a realidade vicária, ideológica, gramatical, (onde está aprisionado e) que embasa tanto sua consciência (sua compreensão de mundo, suas sensações) quanto sua prática social. Apoderando-se de um enunciado de KUHN, pode-se dizer que homens cuja vida[8] está baseada em paradigmas compartilhados estão comprometidos com as mesmas regras e padrões para a prática social.[9] Cônscio de que a *verdade* é um valor atribuído, assim como um valor atribuível, parece que compartilhar (em maior ou menor grau) paradigmas implica compartilhar atribuições de *verdade*: *verdades* que compõem a estrutura ideológica (sendo, assim, profundas, no sentido de estarem marcadas por baixos níveis de explicitação de um exame crítico consciente), assim como *verdades* que compõem o meio ambiente da fala, caracterizando-se (pelos seus níveis maiores de consciência) como pretensões de *verdade* propriamente ditas, como as que se revelam nos contrastes entre discursos religiosos distintos.

Toda a existência humana desenvolvida (vale dizer, dada em cultura) está alicerçada em atribuições (falseáveis) de verdade, dispostas em níveis de maior ou menor profundidade de consciência; isto, partindo da própria estrutura ideológica, pois a ideologia é um corte da realidade: uma divisão em partes, classificando-as, organizando-as, coordenando-as, permitindo que diversos indivíduos comunguem atribuições de sentido e de valor, noções de tempo e de espaço. Entretanto, não estamos atentos a – e sequer conscientes desta – falseabilidade intrinseca à compreensão humana da realidade. Desprezando o erro, vivemos imersos em *crenças de verdade* que nos afastam da postura crítica e do comportamento contestatório; tendemos à assimilação e à preservação das *verdades*, sendo que poucos (nestes destacadas,

---

[8] No original: "pesquisa".

[9] No original: "científica".

via de regra, as "novas gerações") procuram concretizar revisões (chegando, até mesmo, às revoluções). Terrível, neste contexto, é indispensável observar (e destacar) que nem sempre a *verdade* posta é melhor do que a *verdade* revogada, certo que também o par melhor/pior constitui valor relativo, aprisionando-se no âmbito das pretensões de validade.

Aprisionada na ideologia condicionadora (e seu "modelo" vicário de realidade, constituído de estereótipos) a vivência humana concretiza-se a partir de esforços inconscientes de compatibilização, ou, como afirma KUHN, tentativas de "forçar a natureza a encaixar-se dentro dos limites preestabelecidos e relativamente inflexíveis fornecidos pelo paradigma".[10] A ideologia que dá forma e significação às nossas percepções sensórias, bem como aos nossos pensamentos, está compatibilizada apenas com determinadas afirmações (que serão, portanto, *verdadeiras*). O que não corresponde aos estereótipos – e modelos – ideológicos é "irrelevante": na assustadora maioria das oportunidades, não tomamos sequer consciência de sua existência: a percepção de sua presença deveria negar toda uma ideologia de realidade (física e social – incluídas todas as abstrações) e seus paradigmas, o que é inconscientemente descartado. Assim, referenciados por estas atribuições ideológicas de verdade, sempre damos mais relevância aos fatos que as confirmem; e tais atribuições nada mais são do que juízos prévios, ou pré-conceitos: eis por que cremos na necessidade de um comando de Estado, na necessidade de um constante – e ilimitado – desenvolvimento econômico, na necessidade ou não do mercado. Alguns, da mesma forma, verão sempre intolerância nos muçulmanos, incompetência e incapacidade nos negros e nas mulheres, ambição desmoderada nos judeus etc.

A razão não capta o absoluto, o inegável, vale dizer, não está apta a atingi-los, pois são conceitos (e formas) cuja existência é meramente significativa e, portanto, ideológica; são imagens, na definição WITTGENSTEIN, cuja necessidade é meramente

---

[10] *Op. cit.*; p. 45.

gramatical[11]. São, enfim, termos que servem, pela manipulação retórica, a discursos de dominação; atendem, igualmente, às necessidades humanas de lastros que afastem o pensamento da vala da incerteza que cerca a existência humana, atormentada pela dúvida. O mesmo se passa com outros "lastros ideológicos" do meio social, como Deus, Justiça, Verdade etc. (cuja *absolutização* conceitual – aqui mais uma vez – gera a intolerância): negá-los ou alterá-los implica, necessariamente, alterar a estrutura vicária do *real* daquela cultura. Observe-se que, ao defini-los como atribuição de verdade, não se está afirmando que sejam falsos, mas apenas demonstrando que podem sê-lo: se pensamos que Deus é uma mera atribuição de verdade, como também podem sê-lo as características com as quais o pensamos, os mandamentos que cremos ter partido d'Ele, além dos ritos que seriam obrigatórios para celebrá-Lo, ou os pecados que O ofendem etc., talvez estejamos mais prontos para aceitar o outro e a sua fé distinta.

Tudo o que se acaba de expor é verdade em mim, mas pode ser simples divagação, pode ser falso para qualquer leitor. A mentira subsiste apenas enquanto falseamento voluntário de uma informação que se tem. Quem crê no que aos outros se afigura como falso, verdadeiro para ele será (enquanto conservar-se crendo assim). Estar atento à possibilidade intrínseca de falseamento que permeia cada atribuição de verdade permite ao indivíduo flexibilizar-se em suas posturas diante da sociedade, bem como fomenta a constituição de um espírito conscientemente crítico que execra a alienação (que é marcada por um alto índice de ratificação das atribuições de verdade do meio social).

Foi dito que o imaginário social é o *topos* da verdade, não além. O valor e o conceito "verdade" são ideológicos, como também ideológica é a qualidade de verdade que determinados fatos, situações, adjetivações etc. possuem. Tratou-se, nesta primeira parte, de atribuições de verdades que possuem lastro ideológico, constituindo pilares da realidade vicária (conceitual) que sustentam e embasam a prática social. A investigação, agora,

---

[11] Cf. MORENO, Arley R. *Wittgenstein: através das imagens.* Campinas: Unicamp, 1993.

A supremacia das verdades manufaturadas **213**

relaciona-se aos níveis mais superficiais de verdade, vale dizer, a prática social de atribuição de verdade, principalmente no que se refere à manipulação das versões como instrumento de poder.

Como já demonstrado, ao real físico o ser humano condicionado em cultura faz corresponder um real vicário, que é mental e está marcado pela ideologia (significação, valoração, além de moldes de tempo, espaço e forma). Não nos referenciamos, em nossa prática social, pelo "real em si" (físico), mas por um "real em nós" (ideológico), embora não estejamos conscientes disto, assim como não conseguimos simplesmente "retirar os óculos ideológicos": o "real em nós", destarte, "vale" pelo real (é o "único" real), não obstante seja, a grosso modo, este feixe de linguagens e valores. Conquanto as linguagens possuam esta qualidade constitutiva, seu manejo permite validar como verdades as mais diversas versões: podem-se construir fatos, podem-se reconstruir fatos, adjetivá-los, reposicioná-los, etc. (o que é constante na retórica, na historiografia, no jornalismo e outras manifestações humanas).

O Direito, deve-se destacar, guarda íntimas relações com a atividade política da sociedade, tanto macroscópicas (eleições de representantes, votações parlamentares de normas, diretrizes de Estado etc.), quanto microscópicas (relações interindividuais, vida cotidiana de pequenas organizações e comunidades etc.). E é neste âmbito político que a manipulação consciente do caráter constitutivo das linguagens, com consequente esforço de atribuição de verdade a uma ou outra versão, ganha dimensão. KEY fala de inquéritos encenados pelo Congresso Norte-Americano, constituídos para nada apurar, bem como de campanhas de desinformação contra o líder sírio Gaddafi engendradas pelo governo norte-americano;[12] também nos Estados Unidos, é conhecido o caso dos imigrantes italianos Nicola Sacco e Bartolomeo Vanzetti, militantes anarquistas mortos em 1927 na cadeira elétrica por um assassinato que não cometeram: outro homem confessou

---

[12] *Op. cit.*; p. 50 e ss.

o crime um ano e meio *antes* da execução.[13] Toledo, em artigo jornalístico sobre os 50 anos das explosões de bombas atômicas sobre Hiroshima e Nagasaki, detecta no discurso dos japoneses uma "ambiguidade" entre os "conceitos de 'paz' e 'guerra'", reconhecendo a existência de uma "capacidade infinita de manipulá-los que se oferece a um bom argumentador.[14] Chomsky, por seu turno, analisa o papel exercido pela *intelligentsia* na interpretação de fatos, ou seja, na mediação entre os fatos sociais e as massas, criando a justificativa ideológica da vida social, ressaltando alguns aspectos e omitindo outros.[15]

No plano microscópico, um fenômeno que chama a atenção é a falta de compromisso da impressa que se ocupa do jornalismo policial em relação às notícias que divulga, criando situações em que o acusado possui sua imagem pessoal destruída perante a sociedade, com efeitos danosos incalculáveis. Um exemplo da perversidade da presunção de verdade que cerca as versões jornalísticas e seus efeitos irresponsavelmente danosos, foi a divulgação de que o norte-americano Richard Pedicini, preso em São Paulo, teria corrompido menores, além de fotografá-los em cenas pornográficas; da mesma forma, divulgaram-se acusações de corrupção de menores feitas pela mãe de um aluno da Escola de Base, também em São Paulo; os proprietários foram presos, a escola foi depredada e saqueada, destruindo o investimento daqueles. Em ambos os casos, comprovou-se, posteriormente, a inocência dos acusados, o que não lhes restituirá, jamais, a normalidade da vida.

De qualquer sorte, tanto em um, quanto em outro plano, importa frisar as relações íntimas entre política e "verdade", vale dizer, entre comportamento político e atribuição (mais: manipulação) do valor de verdade. Estas relações estão presentes em toda a existência das estruturas de Estado, o que se pode perceber

---

[13] Veja, 2.ago.95, p. 33.

[14] TOLEDO, Roberto Pompeu de. "Memórias dos filhos do clarão". *Revista Veja*. São Paulo, 2 de agosto de 1995. Especial, p. 74.

[15] *Diálogos com Mitsou Ronat*. Trad. Álvaro Lorencini *et al*. São Paulo: Cultrix, s/d; p. 27 e ss.

na propaganda nazista e fascista, na propaganda socialista, na propaganda norte-americana, todas fundadas num nacionalismo extremo que pretende obter – e de fato, obteve e obtém – o apoio da sociedade para conquistas e, enfim, acumulação de poder. Assim foram justificadas as campanhas militares nazistas ou o extermínio dos judeus, assim como as atrocidades cometidas no stalinismo, a guerra do vietnã ou a invasão de Granada. Na história brasileira, uma rápida análise do contexto do golpe militar de 1964 e do regime que o seguiu deixa também patente um grande esforço publicitário de justificação de um regime que torturou e eliminou opositores do governo de exceção, participantes da resistência armada ou não. O mesmo, como cediço, deu-se em outros tantos países da América Latina.

E não se trata de uma realidade restrita a tais exemplos; alcança "n" outras sociedades, manifestando-se com força em situações eleitorais, em épocas de conflitos etc. Os meios de comunicação tornaram-se forma de dominação, numa forma de controle do comportamento dos membros da sociedade que, em lugar da repressão, da coação física, usa a influência psicológica. Como afirma Key, "dominadas culturalmente pela mídia, às sociedades modernas andam às cegas de uma crise (ou desastre) à outra, com a convicção ilusória de que sabem o que estão fazendo, para onde estão indo, como sobreviverão, quem está no controle e por que as coisas acontecem ou não como deveriam."[16]

Aliás, a consolidação de um meio institucional de comunicações de massa, de uma mídia, redesenha o conceito de democracia, certo que, ao contrário do comumente aceito, a opinião social não é o produto imediato do somatório aritmético das opiniões individuais, como o que se apura em eleições, prebliscitos e afins. Como o meio social é um meio de comunicação e, assim, de influências mútuas de natureza diversas, a opinião pública – e a *verdade pública*, por conseguinte – revestem-se de um caráter especialíssimo: há uma retórica (por vezes não expressa, como nas interpretações dos fatos sociais pela analistas de noticiários,

---

[16] *Op. cit.*; p. 64.

ou nos enfoques que se pode dar a uma matéria jornalística, as cenas que se veiculam, os aspectos que se destacam etc.), uma influência marcante que certos indivíduos e grupos de indivíduos exercem sobre o restante da sociedade, bem como sobre a tradução do que seja a opinião pública. Aliás, a tradução do que seja a "opinião pública" é, também, uma pretensão de validade: sobre muitos pontos e ideias, atribui-se o valor de "opinião pública".

Este é o meio social hodierno, onde a existência social humana está permeada de "n" atribuições de valor específicas (de verdade, de "opinião pública", de Justiça etc.), além de um nível de embate entre pretensões variadas de validade. Lamentavelmente, a necessidade de indivíduos capacitados para uma análise crítica e impulsionados pelo desejo de compreensão e participação social frusta-se em gerações entregues cada vez mais à busca superficial e compulsiva de divertimento e entretenimento, manifestando posturas alienadas (aquelas em que se abre mão de buscar compreender, criticamente, os fenômenos sociais para além das aparências e da sua significação pública – que pode ser mera pretensão ou atribuição de verdade) e entregando-se ao exercício quase autômato (rotineiro, cotidiano) de atos necessários à conservação de um sistema econômico (distribuições de funções, de papéis, de esforços e benefícios, de recursos produzidos).

PODER E EFETIVIDADE JURÍDICA | 21

Uma vez que a ordem jurídica é um conjunto de normas que, dispostas em níveis hierárquicos diferentes, fundamentam-se das mais genéricas às mais específicas, numa constante operação de concreção do Direito, deve-se considerar a hipótese de, segundo uma determinada interpretação (ou um conjunto de interpretações), ou, mais, de acordo com um interesse, uma norma de escalão inferior divergir parcial ou totalmente da norma de escalão superior que lhe dá fundamento.

A atribuição de competência e poder, segundo as regras definidas pelo sistema jurídico, é uma forma posta no Direito para garantir a juridicidade de suas normas. Quem interpreta autorizadamente valida, pelo manejo do poder de Estado correspondente, a hermenêutica de um texto legal na emissão de uma norma inferior (por exemplo, uma norma individual ou, até mesmo, uma norma geral, considerando a hipótese de a norma fundamentadora ser, ainda exemplificando, a Constituição). No âmbito do poder jurisdicional de Estado, entre as tantas leituras que se possam produzir sobre uma norma jurídica, entre as tantas assertivas que se possam construir acerca das relações entre esta norma e fatos apurados em um processo, o magistrado com competência para conhecer e examinar a causa é, frise-se mais uma vez, aquele que deverá afirmar (e concretizar), ali, o Direito. O exercício de sua função (e do poder de Estado que lhe corresponde) dá a seus atos a significação (e, mesmo, a presunção) de norma conforme ao sistema. Guardadas as devidas proporções, a regra se repete para o poder Executivo e Legislativo de Estado. O primeiro concretiza normas jurídicas em atos (que podem ser entremeados de outras normas: decretos, portarias, circulares); o segundo parte de normas gerais para construção de normas mais específicas, no âmbito delimitado de sua competência.

O cerne da questão, portanto, é saber segundo qual juízo uma norma é, ou não, conforme à norma que a fundamenta. "Assim como a questão de saber se, num caso concreto, existe um fato a que uma norma jurídica liga determinadas consequências tem de ser ligada à questão de saber quem é competente para responder à questão primeiramente referida, assim também a questão de saber se uma norma de Direito criada por um órgão jurídico está em conformidade com a norma superior que define a sua criação, ou até o seu conteúdo, não pode ser separada da questão de saber quem é que a ordem jurídica considera competente para decidir a questão anterior. Tal como a primeira, também a segunda questão só pode ser decidida pelo órgão que a ordem jurídica para o efeito determine e através do processo pela ordem fixado. [...] Se a ordem jurídica conferisse a toda e qualquer pessoa competência para decidir esta questão, a custo se formaria uma decisão judicial que vinculasse uma das partes. [...] Se um tribunal decide um caso concreto e afirma ter-lhe aplicado uma determinada norma geral, então a questão encontra-se decidida num sentido positivo e assim permanece decidida enquanto esta decisão não for anulada pela decisão de um tribunal superior."[1]

O sistema jurídico, buscando estabilidade, define procedimentos revisores como forma de autocontrole. Uma norma, ou mesmo um ato de execução normativa (como os constantemente exercitados pelas administrações públicas), pode ser, no tempo e modo devidos, revista. Entretanto, reformando-se ou anulando-se uma norma ou um ato, ou, ainda mesmo, declarando-se a sua nulidade face à existência de qualquer vício, é necessário que se

---

[1] KELSEN, *op. cit.*; p. 284.

observe que ela (ou ele, o ato) possuiu existência até o momento desta declaração e que, se não houvesse tal anulação, reforma ou declaração de nulidade, ela (ou ele) se efetivaria. "Anular uma norma não pode significar anular o ato de que a norma é sentido. Algo que de fato aconteceu não pode ser transformado em não acontecido. Anular uma norma significa, portanto, retirar de um ato, que tem por sentido subjetivo uma norma, o sentido objetivo de uma norma. Se a ordem jurídica, por qualquer motivo, anula uma norma, tem de considerar esta norma primeiramente como norma jurídica objetivamente válida, isto é, como norma jurídica conforme ao Direito."[2]

Se uma norma "desconforme" ao sistema (e, em especial, desconforme ao nível hierárquico superior que a fundamenta) é válida até que seja anulada pelo órgão do aparelho de Estado que possui competência para a sua revisão, ou se, *mutadis mutandis*, um ato de Estado só pode ser considerado "desconforme" ao sistema jurídico quando há uma declaração autorizada neste sentido, conclui-se que, entre os momentos de seu estabelecimento e de sua anulação, ela é válida, ou seja, é uma norma (ou um ato) conforme ao Direito, como destacado por KELSEN. Certo de que a manifestação de um órgão judicial carece da provocação da parte legitimada a fazê-lo (um súdito de Estado ou um órgão do próprio aparelho, entre os quais o Ministério Público), se não provocada a revisão, a norma individual (ou o ato de Estado) manterá sua validade. Ter-se-á, por consequência, uma norma (ou um ato) validada, mas que é "desconforme" à estrutura jurídica.

O mesmo ocorreria se o órgão encarregado de tal revisão ratificasse a validade da norma, ainda que desprezando o entendimento de outros tribunais (mesmo superiores) ou o entendimento dos estudiosos do Direito, e desta decisão não coubesse qualquer outro recurso de revisão. Assim, "o tribunal de última instância tem poder para criar, quer uma norma jurídica individual cujo conteúdo se encontre predeterminado numa norma

---

[2] *Idem;* p. 284.

geral criada por via legislativa ou consuetudinária, quer uma norma jurídica individual, cujo conteúdo não se ache desse jeito predeterminado, mas que vai ser fixado pelo próprio tribunal de última instância".[3] Um dos limites deste poder de Estado atribuído aos órgãos judiciários é, mais uma vez, político; trata-se da "crise institucional". O distanciamento em demasia dos seus limites políticos (e não jurídicos, como afirma KELSEN, acima) poderia provocar uma reação dos demais detentores do poder de Estado, iniciando-se um processo de disputa pelo estabelecimento de uma nova ordem institucional.

A importância do elemento político que permeia a existência da estrutura de Estado nas sociedades modernas realça-se mais uma vez. Trazida uma questão para o âmbito do aparelho de Estado, nele se exercita um poder institucionalizado (produto de uma evolução sociopolítica própria daquele grupamento humano) que, manipulando ritos determinados, dará uma solução à questão. Esta se perfará segundo a avaliação e os interesses daquele (ou daqueles) que está (ou estão) investido(s) na (e revestidos da) qualidade de Estado (enquanto agentes, ou, ainda, enquanto órgãos do aparelho de Estado). Não se exclui, é claro, a possibilidade de o interesse do(s) agente(s) aplicador(es) ser o interesse da maioria da sociedade.

A interpretação normativa concretiza-se, por excelência, segundo os critérios de atribuição de poder (*Ermächtigung*). Mas não se pode olvidar que a atribuição pode ser exercitada para além dos limites da interpretação (tornando-se arbitrária). Quer-se dizer que o detentor de uma porção (maior ou menor) de poder de Estado pode, usando da competência para interpretar uma norma (que é a competência para aplicar o Direito e, em última instância, dizer o Direito que se concretizará – ou que deve se concretizar – no caso), para contrariar a própria ordem jurídica. Pergunta-se: não é assim que agem as ditaduras, colocando a vontade dos ditadores acima das normas? E essas normas (às quais se poderia denominar de antijurídicas) não se efetivam? É

---

[3] *Idem*; p. 285.

importante lembrar, a esta altura, que nem sempre esta "antijuridicidade" é punida. Nem sempre à ilicitude (mesmo de conhecimento geral) faz-se corresponder uma sanção qualquer. O ato, portanto, que já se tinha efetivado (enquanto ato de Estado) foi assimilado (por não ter sido reprimido pela aplicação posterior de sanções) pela ordem como lícito. A segunda parte do século XX é uma prova recente desta realidade; a sua historiografia está repleta de exemplos notórios deste mecanismo. A América Latina, a propósito, é um exemplo suficientemente próximo.

Não se pode perder o referencial historiográfico do Direito como instrumento de dominação, instrumento de poder, efetivo e efetivado na evolução dos fatos políticos. O próprio conceito de legitimidade, numa análise de sua efetividade jurídica (e política), comporta uma revisão. É o golpe político (civil ou militar) legítimo? Pode uma ordem jurídica nascer, legitimamente, a partir dele? Pode efetivar-se por anos, por séculos até? A revolução é legítima? A guerra de conquista é legítima? Sobre que enfoque, a partir de qual interpretação se pode afirmar ou negar legitimidade a um ato ou fato político? A Revolução Francesa foi legítima no enfoque da monarquia que destituiu e decapitou? A invasão da Polônia pela Alemanha não foi legítima se considerado o ponto de vista dos nazistas alemães? A proclamação da república não é legítima do ponto de vista dos republicanos e ilegítima do ponto de vista dos monarquistas? A proclamação de independência não é legítima do ponto de vista da nação que se proclama independente e ilegítima do ponto de vista dos colonizadores?

Fica a pergunta: até que ponto a vitória não legitima qualquer ato, qualquer pretensão, qualquer conquista? Pelo menos, é óbvio, enquanto o vitorioso conseguir manter-se no exercício do poder obtido de sua ação vitoriosa. Vítima desta efetividade histórica, o Direito comporta uma outra análise (também de cunho positivista, menos jurídico, mais sociológico e historiográfico), segundo a qual as regras internas do sistema podem ser cambiadas de acordo com a disposição dos que conseguem ser os detentores do poder de Estado sobre a sociedade. Ou seja, não existem, efetivamente, princípios jurídicos que sejam anteriores ao poder repressivo daqueles que exercem a força capaz de controlar o aparelho de Estado (ainda que recentemente conquistado, e, principalmente, nesta hipótese). Instrumentos normativos como os Atos Institucionais, ou a Emenda Constitucional de 1969 (para não falar dos "aparelhos repressores da subversão"), presentes na história jurídica brasileira, são uma comprovação disto (vale dizer, que por vezes normas podem ser colocadas em níveis superiores à Constituição, revogando-a temporária ou definitivamente).

Assim, se se analisa a realidade jurídica em sua manifestação efetiva, vê-se que, muitas vezes, a ordem hierárquica de suas normas obedece, também, a uma disposição que o aparelho de Estado lhe quer dar. Uma lei ordinária, assim, pode ser efetivamente derrogadora, para o caso em que se aplica, de uma norma constitucional, determinando a sua temporária ou definitiva revogação. Basta que seja validada e efetivada. Uma ordem dada pelo alto escalão do aparelho de Estado para que sejam fuziladas tantas ou quantas pessoas em praça pública pode ser cumprida, não obstante a proteção constitucional à vida, ao devido processo legal etc. E não será ilícita se, a partir do Sistema Jurídico, não for declarada, por quem possui competência para tanto, como tal.

O Direito está imerso em uma efetividade histórica. Há normas e há interpretações diversas para as normas. Há atos e fatos, os mais variados; há transgressões, há punições, há normas e atos que validam outros atos que poderiam ser considerados arbitrários, ilícitos, ilegais ou antijurídicos. Há anulações, há processos, há sanções e prescrições. O Direito tributa sua existência ao complexo das relações políticas entre os membros do grupo, bem como à significação (constituindo, por um prisma, o próprio complexo de relações agonísticas humanas, enquanto significativas ou semiológicas).

"O Apóstolo conta-nos que o começo era o Verbo. Não nos dá qualquer indicação quanto ao fim. Vem a propósito que tenha usado a língua grega para expressar a concepção helenística do *Logos*, pois é à realidade de sua herança greco-judaica que a civilização ocidental deve seu caráter essencialmente verbal. Nós aceitamos esse caráter sem discussão. É a raiz e o córtex de nossa experiência e não podemos transportar facilmente nossa imaginação para fora dele. Vivemos no interior do discurso. Mas não devemos pressupor que uma matriz verbal seja a única em que as articulações e o comportamento da mente são concebíveis. Existem modalidades de realidade intelectual e sensória baseadas, não na linguagem, mas em outras energias comunicativas, tais como o ícone ou a nota musical."[4]

O ser humano, em cultura, é um encontro de linguagens que se lhe sobrepõem, criando uma dualidade sujeito/realidade, onde o externo ganha uma versão ideologicamente trabalhada (semiológica e axiológica), como foi demonstrado anteriormente. O condicionamento do indivíduo em formas estereotipadas estende sua ação por toda a realidade inteligida: o objeto extralinguístico existe com suas características conceituais na dimensão de referente dado no indivíduo (e, por seu turno, na cultura), sendo inacessível em sua objetividade (em sua existência em si). Este condicionamento que forja o sujeito (de uma cultura) extrapola a simples redução de formas; mesmo os juízos são produtos desta formação (ou "formatação") social: agradar/desagradar, certo/errado, bom/mau, certeza/dúvida etc. Curiosamente, se podem existir beneficiados e expoliados no acesso aos bens produzidos e disponíveis, não há beneficiados no plano do condicionamento: todos, dominantes e dominados, são objeto de condicionamento, são atrelados ao condicionamento. Mais que à miséria material, este ser humano contemporâneo é vítima de uma miséria pessoal que torna as terapias psicológicas um subproduto do capitalismo industrial e financeiro.

Mas, como se procurou demonstrar ao longo deste texto (como hipótese falseável, mas, crê-se, hábil a postular consideração no debate jusfilosófico), antes da cultura, o humano é um ser com motivações biológicas (que se habilitam como arquétipo no quadro das motivações inconscientes dos atos individuais), entre as quais poderá estar o agonismo (a "vontade de poder",

---

[4] STEINER, *op. cit.*; p. 30.

tomada a expressão nietzschiana em um sentido não muito próprio). O ser humano, assim, como outros animais que vivem em sociedade, poderia possuir (em maior ou menor grau) desejo de poder e autobeneficiamento. E, como visto, são diversas as formas de (e pelas quais se pode) significar mais força, mecanismo que não é exclusivo das sociedades desenvolvidas (embora a espoliação, nos níveis que a conhecemos hodiernamente, pareça sê-lo). Partindo dos critérios próprios ao "estado de natureza" (manifestados pelas demais espécies animais), passando pelas formas primitivas e desenvolvidas de obtenção e conservação de poder, as sociedades humanas conservam meios pelos quais se perpetua (e, até mesmo, manipula-se) a hierarquia. CHOMSKY, a esse respeito, descreve como instrumento de conservação de uma estabilidade de Estado (com sua respectiva forma de divisão de trabalho e acesso a recursos produzidos) as formas pelas quais as informações são transmitidas e fornecidas ao grande público, exemplificando com o modelo norte-americano. Refere-se especificamente à existência de uma *intelligentsia* que analisa e interpreta, nos meios de comunicação de massa, os fatos noticiados (ou seja, analistas e comentaristas especializados) que "servem de mediadores entre os fatos sociais e as massas: criam a justificação ideológica da vida social".[5]

A análise que foi sendo procedida sobre o que seja o Direito, em meio a este conjunto de problemas sociais, carrega, certamente, uma enorme carga de controvérsia. A própria proposta de tomar distância das teorizações dogmáticas (que, sob certo prisma, podem ser vistas como inábeis a refletir o objeto de que tratam), e de procurar o Direito em sua existência dinâmica (em meio à vida dos sujeitos de deveres e direitos), atenta contra o purismo do grosso dos trabalhos jurídicos. Esta crítica ao dogmatismo, tal qual se procedeu nestas páginas, pode ser estendida às próprias estruturas consolidadas do conhecimento humano, deixando patente que este necessita de uma crítica e revisão constantes. A este respeito, este trabalho deve tributar parte de

---

[5] CHOMSKY, *op. cit.*; p. 27.

sua gênese ao magistério nietzschiano, mormente ao parágrafo primeiro de *Sobre verdade e mentira no sentido extra moral* (1873):

> "Em algum remoto rincão do universo cintilante que se derrama em um sem-número de sistemas solares, havia uma vez um astro, em que animais inteligentes inventaram o conhecimento. Foi o minuto mais soberbo e mais mentiroso da 'história universal': mas também foi somente um minuto. Passados poucos fôlegos da natureza, congelou-se o astro, e os animais inteligentes tiveram de morrer. – Assim também poderia alguém inventar uma fábula e nem por isso teria ilustrado suficientemente quão lamentável, quão fantasmagórico e fugaz, quão sem finalidade e gratuito fica o intelecto humano dentro da natureza. Houve eternidades, em que ele não estava; quando de novo ele tiver passado, nada terá acontecido [...]."

O intelecto, como um meio para a conservação do indivíduo, desdobra suas forças mestras no disfarce; pois este é o meio pelo qual os indivíduos mais fracos, menos robustos, se conservam, aqueles aos quais está vedado travar uma luta pela existência com chifres e presas aguçadas. No homem esta arte do disfarce chega a seu ápice; aqui o engano, o lisonjear, mentir e ludibriar, o falar-por-trás-das-costas, o representar, o viver em glória de empréstimo, o mascarar-se, a convenção dissimulante, o jogo teatral diante de outros e diante de si mesmo, em suma, o constante bater de asas em torno dessa única chama que é a vaidade, é a tal ponto a regra e a lei que quase nada é mais inconcebível do que como pôde aparecer entre os homens um honesto e puro impulso à verdade. Eles estão profundamente imersos em ilusões e imagens de sonho, seu olho apenas resvala às tontas pela superfície das coisas e vê 'formas', sua sensação não conduz em parte alguma à verdade, mas contenta-se em receber estímulos e como que dedilhar um teclado às costas das coisas."[6]

---

[6] NIETZSCHE, *op. cit.*; p. 45-46.

Daí a necessidade de se autocontestar, de explicitar uma teoria enquanto possibilidade falseável, aberta à discussão (e pretendendo contribuir para um debate que vise, acima de qualquer coisa, ao bem de uma comunidade excessivamente desprezada e desprovida). O dogmatismo desconheceu, ao longo de anos, os problemas que, na prática social, o Direito (tal qual teorizado) não foi capaz de solucionar. Entretanto, acredita-se que à comunidade jurídica não é licenciado apartar-se de tal discussão.

No plano da cultura, e, consequentemente, dos conceitos (mais: dos signos e, assim, no plano semiológico), o ser humano está capacitado a negar (em certos limites, talvez até mesmo ampliáveis) a natureza. Mas isto não pode se confundir com negar completamente a realidade (inclusive e mormente sociopolítica) o que constitui um passo decisivo para construir indivíduos como os personagens de HUXLEY e ORWELL (em *Admirável mundo novo* e *1984*, respectivamente). Eis o plano em que a crítica e o espírito crítico se tornam tão necessários.

HIPOCRISIA: O MITO DA CIDADANIA NO BRASIL | 22

Procurou-se reconstruir um certo enfoque para a sociedade, tal qual a conhecemos, afirmando ser possível compreender o termo "Estado" como um adjetivo – não um substantivo –, indicando uma característica da organização sociopolítica humana, determinada ao longo da evolução histórica da humanidade. Cuida-se de um valor institucional e uma estrutura de organização social (com mecanismos protetores). Esta estrutura social e todos os instrumentos que a asseguram revestem-se de uma significação específica: significam "Estado". Uma organização de indivíduos (o aparelho de Estado) controla esta estrutura social, correspondendo-lhe um poder de Estado, isto é, uma capacidade institucional de ação reguladora sobre a estrutura social, a partir do manejo e do emprego de instrumentos repressivos, ou coercitivos, de Estado.

Conquanto vivamos em uma sociedade de palavras, este poder de Estado exerce-se por normas, vale repetir, enunciados do aparelho de Estado (isto é, dos detentores do poder de Estado, a elite política organizada e institucionalizada – em suas estreitas relações com a elite econômica da sociedade) que visam regular a existência e convivência social pelo estabelecimento de modelos hipotéticos de comportamentos (e situações devidas), revestindo-lhes de uma significação e um valor autorizado (jurídico), dispostos em um sistema imposto (que é o Direito), de onde cada unidade retira a sua imperatividade; tais enunciados devem ser cumpridos voluntariamente pelos súditos de Estado ou poderão ser aplicadas as sanções que lhes correspondem (em sentido *lato sensu*, quer dizer, tanto a pena prevista, quanto a execução forçada da obrigação normativa, ou a anulação do ato etc.), usados os poderes repressivos que a estrutura organizada de Estado possui. Por tais razões, denuncia-se que o fim último do Direito é manter a estrutura de Estado o mais estável possível, com o que culmina por garantir que um modelo de vida e organização social (e, por consequência, um modelo econômico) se perpetue, referenciado pelos interesses dos que detêm o poder necessário para validá-los e efetivá-los.

Pode-se argumentar que vivemos em um tempo de democracia, não havendo muitos ditadores e ditaduras pelo mundo. Muito se evoluiu, reconheço, mas muito há por evoluir, sendo possível demonstrar a existência de falhas no modelo político vigente. Com efeito, as estruturas políticas brasileiras estão viciadas na centralização de poder e no desrespeito ao interesse público. SOUZA, a propósito, refere-se a "uma elite de empresários, políticos e servidores públicos dos três Poderes" que "compõem uma cúpula privilegiada por uma legislação elaborada meticulosamente para manter esse estado de vantagens e opressões".[1]

Não foram consolidadas formas efetivas para o exercício de cidadania, permitindo a participação real dos indivíduos na determinação dos destinos da sociedade (e democracia pressupõe sociedade civil forte, consciente e participativa. Assim a proposta de um "Estado Democrático de Direito" fica estéril, carente de instrumentos que permitam limitar o poder e as ações dos administradores. Não denuncio – vê-se – ditaduras; alerto para o poder que é inerente às estruturas de Estado, passível de ser exercido arbitrariamente, o que cria a necessidade de que cada indivíduo (e, coletivamente, a sociedade) esteja atento e participe.[2]

---

[1] *pud* MUNIZ, Marco Antônio (org.). *Direito e Processo Inflacionário*. Belo Horizonte: Del Rey, 1994; p. 12.

[2] Ser ativo politicamente e não apenas "súdito", mero objeto de macro-políticas (onde ninguém possui rosto, história pessoal ou opinião; uma parte não individualizada das estatísticas).

Este poder sublinhado não se restringe ao controle central da estrutura de Estado: ele transborda por "n" níveis de agentes de Estado (todos aqueles que ocupam funções na organização de Estado), que o rateiam. A porção de poder de cada um desses agentes é determinada não apenas pelo nível hierárquico ocupado, mas também pelas funções desempenháveis (sua competência funcional) e desempenhadas (seu trabalho, o "espaço" que ocupa); acresça-se a capacidade de influenciar outras esferas administrativas (próximas ou distantes). Tais agentes de Estado, demonstra AGUIAR, funcionam como "microlegisladores", isto é, "legislador para pequenos grupos, para parcelas da comunidade atingidas pelo preceito originário". Sua característica essencial "é a de ser destinatário do mandamento legal originário" o que "lhe confere obrigações e direitos que balizam o âmbito de sua liberdade na questão regulamentada pela norma geral."[3] (1984: 30-31)

Destarte, os súditos de Estado não estão apenas à mercê de um poder central (das cúpulas dos três poderes), mas submetidos a níveis de poder estratificado, em muitos dos quais as normas jurídicas não assumem formas clássicas (Constituição, leis, decretos etc.); ex.: por normas verbais, policiais, carcereiros etc. exercem sua parcela de poder. Porém, o exercício deste poder fragmentado pode realizar-se sob a forma de agressão ao direito de administrados, em proveito de outros interesses; segundo AGUIAR, tais agentes, enquanto microlegisladores, via de regra, confirmam pela exegese que concretizam os parâmetros que orientam "a norma original, adaptando-a, interpretando-a em função das características do grupo e da correlação de forças que o compõem. [...] Mas dentro dos parâmetros estabelecidos, o microlegislador pode desenvolver uma tarefa normativa que chega a desfigurar o teor normativo original, ultrapassando os parâmetros estabelecidos."

A situação é lamentavelmente notória: um agente de Estado, investido de uma porção de poder e encarregado de determinadas

---

[3] AGUIAR, Roberto A. R. de. *Direito, Poder e Opressão*. São Paulo: Alfa-Omega, 1984; p. 30-31.

230 Semiologia do Direito • Mamede

atribuições específicas (e *devendo* respeitar o conjunto normativo vigente), utiliza-se dessa parcela de poder para obter uma vantagem indevida de qualquer natureza (uma *"comissão"*, uma recompensa etc.), desvirtuando o sentido das normas que deve aplicar ou simplesmente desconhecendo-o e desrespeitando-o. Um exemplo simples: o sem-número de exigências e dificuldades que funcionários (mesmo os mais desqualificados) podem impor ao exercício de um direito, problema endêmico de muitas de nossas repartições públicas.

Mais: há atos que não são propriamente ilegais, mas que subvertem o fim das normas, lesionando parcelas da sociedade. O agente de Estado utiliza a atribuição de poder e competência que lhe foi atribuída para negar (total ou parcialmente) a vigência da norma a aplicar. As omissões constituem hábito endêmico entre nós, face à prática de legislar retoricamente (sem visar a implementação das hipóteses definidas); o art. 3º, III, da Constituição afirma constituir *objetivo fundamental* da República "erradicar a pobreza e a marginalização e reduzir as desigualdades sociais e regionais"; convive, porém, com um quadro de mortalidade infantil[4] e de miséria. DRUMOND refere-se ao contraste entre a Constituição, consagrando "a saúde como direito do cidadão e dever do Estado" e a entrada do Brasil "na década de 90 com um inventário na área da saúde que bem espelha o acentuado desarranjo do tecido social brasileiro que, é bom enfatizar, beira a tragédia".[5] Some-se a omissão no poder/dever de proteger (quer legislando eficazmente, quer processando e julgando) os bens e interesses públicos, o que já determinou uma generalizada descrença pública diante de tantos escândalos financeiros, políticos etc.[6]

Aqui, impossível não reproduzir a pertinente análise de FARIA, apontando para a divisão do aparelho de Estado brasileiro

---

[4] FARIA, José Eduardo. *Justiça e Conflito: os juízes em face dos novos movimentos sociais*. São Paulo: Revista dos Tribunais, 1992; p. 22-23.

[5] *Op. cit.*; p. 12.

[6] *Apud* ENCARNAÇÃO, João Bosco da, MACIEL, Getulino do Espírito Santo. *Seis temas sobre ensino jurídico*. São Paulo: Robe: Cabral, 1995, p. 52.

em "anéis burocráticos", cada um deles: "(a) agindo em função dos interesses e particularismos de sua clientela específica, visando a manutençao e a expansão de suas prerrogativas e reforçando com isso seus traços neocorporativistas; (b) distorcendo os programas sociais, mediante o sistemático desvio dos recursos e subsídios de projetos destinados originariamente aos segmentos mais carentes da população para os próprios setores estatais, para vários grupos empresariais e para as próprias classes médias; (c) produzindo uma distribuição desigual e perversa dos direitos e deveres consagrados pelas leis, uma vez que os grupos mais articulados conquistaram não só acesso a foros decisórios privilegiados mas, igualmente, mais prerrogativas do que obrigações, sob a forma de incentivos fiscais, créditos facilitados, juros subsidiados, reservas de mercado etc.; (d) tornando o jogo político-institucional dependente da 'jurisprudência' interna de cada um desses 'anéis', pois os programas sociais foram convertidos em recursos de poder, razão pela qual a importância de cada 'anel' passou a decorrer de seu orçamento interno e/ou de seu poder regulamentar; (e) descaracterizando ideologicamente os partidos e obscurecendo a transparência do jogo político e das ações públicas, na medida em que a retórica parlamentar e sua ambiguidade programática jamais explicitaram critérios e prioridades em termos de gastos públicos."[7]

Sem dúvida, o exame das práticas de Estado revela incontáveis situações desconformes ao Direito, ou, no mínimo, contrárias à ética e à moral (balizas do processo de interpretação/ aplicação das normas), bem como lesivas aos fins declarados para a República. Estas situações demonstram a opressão da estrutura (e do poder) de Estado. Revelam, ademais, que a estrutura de Estado é manejada para beneficiamento de alguns. SOUZA ressalta que "a legislação mentirosamente acena com justiça social, direitos humanos, desenvolvimento, mas tudo não passa de letra morta diante da inversão cultural que levou ao desconhecimento dos princípios éticos e dos mais elementares

---

[7] *Op. cit.*; p. 40/

232 Semiologia do Direito • Mamede

ditames do Direito, afastando-o do cidadão para tratá-lo como número em estatísticas quase sempre manipuladas."[8] Também BASTOS já teve a oportunidade de frisar que "as leis são rasgadas num momento político de imposição da força pela força; ou são contornadas, elegantemente contornadas na conduta administrativa ou nas sentenças e acórdãos".[9]

Em resumo: estamos submetidos a um poder de Estado: somos súditos (em maior ou menor grau) daqueles que o controlam (política ou economicamente); num segundo nível, somos reféns potenciais de incontáveis "agentes públicos". Neste quadro, a cidadania deveria ser uma verdadeira possibilidade de limitação deste poder, diluindo-o entre toda a sociedade: o indivíduo deixaria a condição de mero *sujeito* de direitos e deveres e tornar-se-ia cidadão, ou seja, tornar-se-ia uma célula consciente de participação social.

Enquanto possibilidade de efetiva participação nos desígnios de Estado (determinadores do destino da sociedade), será o próprio conjunto normativo que definirá o que seja cidadania, bem como seu (maior ou menor) alcance. Em circunstâncias tais, pode-se dizer, como lê-se em AGUIAR, que as Constituições dos regimes modernos tendem a estabelecer uma "autolimitação do Estado".[10] Ou seja, os sistemas jurídicos contemporâneos, em sua maioria, exibem um conjunto (maior ou menor, dependendo da evolução histórico-política das respectivas sociedades) de previsões normativas que criam limites para o exercício do poder de Estado, em lugar de apenas disporem obrigações para os súditos. Porém, para haver, de fato, maior distribuição de poder (ou seja, democracia) não bastam normas jurídicas definindo

---

[8] O jornal "Estado de Minas" (24.set.1995), noticia 120 casos, registrados pela Promotoria de Defesa dos Direitos Humanos, de torturas, extorsões e espancamentos, somente no ano de 1995. Veja (1º nov. 1995) denuncia que a tortura é empregada como principal método de investigação pela polícia brasileira, relatando diversos casos em que foi barbaramente empregada. Liste-se, ainda, o massacre de "trabalhadores sem-terra" em Corumbiária, RO.

[9] BELLO, Raquel Discacciati. "*A Participação Popular na Administração Pública*". [*artigo ainda não publicado*].

[10] *Apud* BELLO, *op. cit.*

limites para a atuação dos agentes de Estado ou direitos para os súditos (individualmente ou coletivamente considerados). Faz-se necessário, isto sim, uma profunda revisão das relações sociais, que tendem à exploração desmesurada das massas em benefício de poucos, e dos fins da estrutura de Estado, tradicionalmente manipulada para conservação da exploração intrínseca àquelas relações sociais.

Já neste ponto, desenha-se o "mito da cidadania", fenômeno presente em diversos ordenamentos jurídicos, dentre os quais o brasileiro. Poucas transformações (geralmente superficiais, cênicas ou retóricas) imitam concessões, mas apenas falseiam a conservação do poder de Estado. No Brasil, os mais variados textos (normas, discursos políticos, publicidade "oficial" etc.) ressaltam a importância da cidadania para a concretização de um "Estado Democrático de Direito" (Constituição Federal, art. 1º); no entanto, por mais que os brasileiros queiram se acreditar partícipes, por mais que se valorize o *poder de cidadania*, conservam-se problemas crônicos, como truculência policial, abusos de autoridades administrativas, inoperalidade, corrupção, impunidade, dentre outros.[11]

O exercício da cidadania no Brasil possui três grandes obstáculos: 1º) o sistema jurídico brasileiro não possui uma ampla definição de possibilidades para uma efetiva *participação popular consciente*; 2º) a postura excessivamente conservadora de parcelas do Judiciário, apegando-se a interpretações que limitam absurdamente o alcance dos dispositivos legais que permitiriam uma efetiva democratização do poder; por fim, 3º) uma profunda ignorância do Direito: a esmagadora maioria dos brasileiros não possui conhecimentos mínimos sobre quais são os seus direitos e como defendê-los. Desta forma, o poder continua preservado, como preservados continuam os benefícios desfrutados por aqueles que podem determinar (ou influenciar), de fato, os desígnios de Estado.

---

[11] *Op. cit.*

234 Semiologia do Direito • Mamede

Para além do poder de votar e ser votado, os brasileiros dispõem de poucas e limitadas possibilidades de fazer valer a lei (menos ainda de fazer valer a sua vontade na lei); e não se olvide que as eleições são jogos marcados por retórica, *teatralidade* e publicidade, onde vendem-se imagens nem sempre verdadeiras e honestas. Para além desse "poder" de eleger e ser eleito (com todas as limitações que o jogo político lhe impõe), são poucos os espaços para a participação popular. BELLO, em artigo ainda inédito, destaca o problema justamente sob o ângulo da cidadania, tomando tal conceito "ante uma perspectiva ampla", ou seja, "como uma célula ou unidade mínima do Estado de Direito (participativo), que não tem, unicamente, a capacidade de votar e ser votado"[12] ou, ainda, como definição de CLÉVE, encarando o cidadão como "sujeito ativo na cena política, sujeito reivindicante ou provocador da mutação do direito."[13]

Segundo BELLO, a partir do art. 1º, parágrafo único (dispondo que todo poder emana do povo, que o exerce por meio de representantes eleitos *ou diretamente*, nos termos desta Constituição), a vigente Lei Maior "estabeleceu hipóteses de participação popular na Administração Pública: na educação (art. 206, VI), na proteção do patrimônio cultural (art. 216, § 1º), na fixação da política agrícola (art. 187), no planejamento municipal (art. 29, X), no controle das contas municipais (art. 31, § 3º), na seguridade social (art. 194, VII) etc."[14] Entretanto, reconhece, "embora seja uma grande conquista o elenco dessas normas na Constituição Federal, elas são normas programáticas e dependem de regulamentação legal para terem ampla aplicação." É uma concessão periférica:[15] alude, mas não garante a participação popular na Administração Pública, o que seria, segundo FERRAZ, um dos "instrumentos cogitáveis para o desmantelamento do aparato autoritário da administração pública brasileira e do direito ad-

---

[12] *Apud* BELLO, *op. cit.*

[13] BELLO, *op. cit.*

[14] BARROSO, Luís Roberto. *O Direito Constitucinal e a Efetividade de suas Normas*: limites e possibilidades da Constituição Brasileira. Rio de Janeiro: Renovar, 1993; p. 115.

[15] *Op. cit.*; p. 120.

ministrativo brasileiro".[16] E, se pequenas brechas foram abertas pela legislação, não houve ainda uma mobilização para ocupar tais espaços; "o cidadão também precisa compreender – que a participação é boa para si mesmo e para a coletividade. A falta de tradição do Brasil neste aspecto não inviabiliza a concretitude de tal proposta".[17]

Para além da possibilidade (ou impossibilidade) de participação, resta a questão da defesa do Direito estabelecido, da busca de efetivação das normas limitadoras do poder de Estado, normas moralizadoras e disciplinadoras da ação pública etc. BARROSO, apoiando-se em JELLINEK, destaca: "as diversas situações jurídicas subjetivas criadas pela Constituição seriam de ínfima valia se não houvesse meios adequados para garantir a concretização de seus efeitos. É preciso que existam órgãos, instrumentos e procedimentos capazes de fazer com que as normas jurídicas transformem, de exigências abstratas dirigidas à vontade humana, em ações concretas".[18]

De fato, a previsão normativa de um direito, ou de uma garantia individual ou coletiva, não exaure, por si só, o embate entre dominadores e dominados, entre exploradores e explorados. Não basta a Constituição dizer, em seu art. 1º, III, que o Estado Brasileiro possui como fundamento "a dignidade da pessoa humana"; a tal previsão não corresponde um meio pelo qual um cidadão possa impedir a degradação de uma família (conduzida pelo desemprego para a mendigância), a prostituição infantil, a exploração de trabalho em carvoarias etc.; o texto normativo, assim, não é mais que retórica. Aliás, a Constituição Brasileira é um amplo discurso retórico: repleta de previsões normativas não implementadas. O art. 3º da Constituição Federal afirma constituírem objetivos fundamentais da República "construir uma sociedade livre, justa e solidária", "garantir o desenvolvimento nacional", "erradicar a pobreza e a marginalização e reduzir as

---

[16] Rel.: Min. CELSO DE MELLO; DJU de 3. maio 95, p. 11.629.

[17] Cf. DJU de 4.ago.95, p. 22.440.

[18] MAMEDE, Gladston. Neoliberalismo e desadministrativização. *Revista de Informação Legislativa*. Nº 81, p. 151-159, jul./set. 1995; p. 153, nota 2.

desigualdades sociais e regionais", e "promover o bem de todos, sem preconceitos de origem, raça, sexo, cor, idade, e quaisquer outras formas de discriminação". Como um cidadão pode exigir a sua concretização? Mesmo munido da comprovação estatística de que a pobreza, a marginalização e as desigualdades sociais e regionais estão se ampliando, um cidadão não pode exigir o cumprimento da norma constitucional (base de todo o sistema jurídico pátrio).

Aliás, nosso sistema jurídico (normas e jurisprudência) é extremamente injusto e elitista: estimula, quer pelo processo (previsto e praticado), quer pelo estabelecimento do montante das penas (em abstrato e em concreto), a impunidade dos mais abastados (empresários, administradores públicos, parlamentares, entre outros). Assim, pune-se de forma basicamente igual aquele que lesa o patrimônio público (subtraindo-o, apropriando-se, desviando, superfaturando etc.) em milhões e aquele que lesa o patrimônio público e/ou privado em pequenos valores. Note: desviar milhões de reais, destinados a programas de saúde, é fato que provavelmente não será apenado (via de regra, há prescrição da pretensão punitiva, quando não há absolvição face à precariedade da instrução probatória), e se o for, merecerá condenação inferior a de um roubo com ameaça de violência e concurso de agentes), face à primariedade, bons antecedentes, etc. O absurdo está em não agravar – e muito – a pena de acordo com a gravidade da lesão (chegando a décadas de privação da liberdade quando o dano for de grande monta e não indenizado, o que poderia incentivar a reposição do patrimônio público).

Existem, no entanto, instrumentos processuais previstos para a defesa de *alguns* dos direitos elencados. Apenas possibilidade, já que, como dito, restam dois grandes embaraços para o manejo amplo e irrestrito de tais caminhos procedimentais: despreparo jurídico (desinformação) da população (ignorante de seus direitos, bem como dos deveres de seus concidadãos e dos agentes públicos) e uma endêmica resistência de parte da magistratura em concretizar os avanços sociopolíticos, insistindo em posturas (inclusive hermenêutica) excessivamente conservadoras, formalistas, contribuindo para a impunidade (não apenas penal). Em defesa dessa postura, as hierarquias superiores do Judiciário insistem em invocar uma desvirtuada necessidade de separação e harmonia dos poderes; vale dizer: obrigar os outros Poderes a cumprir normas estabelecidas constituiria risco à independência destes, atentando contra a separação e harmonia entre todos. Mesmo quando há uma evolução legal, verifica-se, ainda assim, uma resistência judiciária em aceitar o avanço. BARROSO, a respeito, apoia-se em BARBOSA MOREIRA para criticar uma tendência de "interpretação *retrospectiva*", ou seja, aquela que "lê o novo texto com espírito nostálgico, em o ímpeto de buscar novas soluções. Tanto a timidez como a eventual hostilidade do Poder Judiciário tirar-lhe-iam as honras de colaborador sincero e empenhado da restauração democrática, para transformá-lo em coadjuvante do fracasso, como sabotador voluntário ou involuntário."[19]

Exemplo desta "timidez judiciária" é o Mandado de Injunção (art. 5º, LXXI, da Constituição). Foi previsto para que a ausência de normas regulamentadoras não impedisse a aplicação de normas constitucionais: o Judiciário poderia suprir a lacuna para o requerente, permitindo a efetivação do dispositivo constitucional. Entretanto, como lê-se no Mandado de Injunção 288-6/DF, "a jurisprudência dominante no Supremo Tribunal Federal firmou-se no sentido de atribuir ao mandado de injunção a finalidade específica de ensejar o reconhecimento formal da inércia do Poder Público em dar concreção à norma constitucional positivadora do direito postulado, buscando-se, **com essa exortação ao legislador**, a plena integração normativa do preceito fundamental invocado pelo impetrante do *writ* como fundamento da prerrogativa que lhe foi outorgada pela Carta Política."[20]

O Supremo Tribunal Federal transformou o Mandado de Injunção numa mera ação declaratória de "mora legislativa": em lugar de suprir a ausência de regulamentação de um dispositivo

---

[19] Cf. ADIn 334-8; *DJU* de 31. mar. 95, p. 7.772.

[20] Cf. ADIn 913-3; *DJU* de 5. maio 95, p. 11.904.

constitucional, garantindo sua eficácia plena, limita-se a declarar a existência da lacuna, reconhecendo a inadimplência do Poder Legislativo no cumprimento de seu dever de regulamentar os direitos e as garantias previstas na Lei Básica. Via de consequência, exterminou-se a possibilidade de dar eficácia imediata às normas constitucionais; mesmo notificado de sua mora, o Legislativo pode não suprir a lacuna. É o que ocorre, por exemplo, com o art. 192, § 3º, da Constituição Federal, norma que, há muito, o STF já *declarou* carecer de regulamentação;[21] a interposição de Mandado de Injunção sobre a matéria, a exemplo do nº 457-9/SP, merece apenas o reconhecimento da *inadimplência*, mas não o suprimento da lacuna: o mandado é "deferido em parte, para que se comunique ao Poder Legislativo a mora em que se encontra, a fim de que adote as providências necessárias para suprir a omissão".[22]

A mesma *timidez* (ou *resistência*) envolve certos aspectos da Ação Direta de Inconstitucionalidade. Como já tive ocasião de analisar alhures, "tal como posto em nossa legislação, essa – efetiva – participação de Estado é praticamente impossível de ser exercida: o ordenamento jurídico brasileiro cria, assim, uma *cidadania parcial*, na medida em que retira do cidadão o poder de agir para a preservação dos interesses sociais (depois de já ter retirado, da grande maioria da população, o poder de compreensão, não lhe fornecendo condições para uma formação educacional, minimamente satisfatória que fosse). A isto acresça-se uma exegese judicial que dificulta ainda mais o exercício da cidadania: o Supremo Tribunal Federal, por exemplo, erige todas as dificuldades possíveis para o exercício das ações diretas de constitucionalidade."[23]

Entre as dificuldades erigidas, pode-se exemplificar com a definição e compreensão do que seja "entidade de classe de âmbito nacional",[24] bem como a exigência de que haja uma

---

[21] *Op. cit.*; p. 140-141.

[22] *Op. cit.*; p. 134.

[23] BARROSO; *op. cit.*; p. 136-137.

[24] SOARES, Orlando. *Comentários à Constituição da República Federativa do Brasil.* Rio de Janeiro: Forense, 1990; p. 136.

"relação de pertinência entre o interesse específico da classe" defendida por tal entidade e "o ato normativo que é arguido como inconstitucional".[25] O Supremo Tribunal Federal transformou tais requisitos em elementos mais importantes do que o próprio exame da pertinência da alegação de inconstitucionalidade. Desse jeito, mais do que requisitos procedimentais, tais elementos cumprem a função de entraves colocados justamente para dificultar o exame da inconstitucionalidade, passando a questão de mérito a ocupar posição secundária, justamente em função do formalismo exacerbado que impede o seu conhecimento.

Outros instrumentos processuais do Direito vigente dirigem-se à defesa de direitos e interesses coletivos e difusos ou seja, respectivamente: (a) interesses e direitos de um grupo de indivíduos que se pode determinar, ligados entre si por elemento comum; ex.: profissionais de uma mesma área – associados em entidade profissional –, empresas de uma região ou área econômica – organizadas em entidade representativa –, alunos ou pais de alunos de uma instituição de ensino, condôminos etc.; (b) interesses e direitos que dizem respeito a um conjunto não enumerável de indivíduos – não identificados ou identificáveis –, como "a sociedade", os moradores de uma região, os consumidores de um certo produto etc. A proteção destas duas ordens de direitos e interesses (destacada a *difusão*) constitui tema inegavelmente central no debate jurídico contemporâneo. Infelizmente, no Brasil, não se consolidou ainda uma legislação, e muito menos uma tradição judiciária adequadas a uma ampla defesa de interesses e direitos dessas naturezas (uma lamentável falta de amplitude democrática).

A Constituição Federal de 1988 (art. 5º, XXI) avançou ao permitir que as entidades associativas pudessem buscar a defesa dos direitos de seus membros, judicial ou extrajudicialmente. O texto da norma, contudo, refere-se à necessidade de "autorização expressa" dos membros, o que, em conjunto com a disposição do inciso XX, do mesmo art. 5º (prevendo que "ninguém poderá

---

[25] *Op. cit.;* p. 9.

ser compelido a associar-se ou permanecer associado"), tem sido utilizado como argumento para limitar o âmbito de atuação das associações. O argumento impeditivo deve ser analisado com seriedade, mas, principalmente, com razoabilidade, certo que em inúmeras situações esta autorização chega a se presumir (ex.: associação de pais e mestres em procedimentos que dizem respeito à administração de unidade escolar, preço de mensalidade, prestação de contas; associações de aposentados, em procedimentos que visem a melhoria de pecúlios ou serviços assistenciais etc.). Sem este bom senso na interpretação do dispositivo constitucional, fugir-se-á aos fins visados pela norma, um inegável retrocesso na busca da consolidação de um Estado Democrático de Direito.

Ainda para a defesa dos interesses difusos, pode-se listar a ação civil pública, pretendendo determinar a responsabilidade por danos causados ao meio ambiente, ao consumidor, a bens e direitos de valor artístico, estético, histórico e turístico. A capacidade de aforamento da ação civil pública é limitada pelo texto legal (Lei nº 7.347/85): o Ministério Público, os entes políticos e seus órgãos descentralizados, as associações velhas de um ano, cujos estatutos prevejam a tutela do interesse cogitado *in concreto*. Um inegável instrumento para a proteção dos bens e dos interesses públicos. Entretanto, como anota BARROSO, a legislação que a disciplina já está a comportar uma evolução: "extensão da legitimidade ativa a particulares, agindo em nome da coletividade", assim como a ampliação dos "interesses tutelados", "não havendo razão para restringir as ações coletivas aos temas que a lei, *numerus clausus*, delimita".[26]

O art. 5º, LXXIII, do Texto Constitucional de 1988 lista a "ação popular" que pode ser proposta por "qualquer cidadão", visando "a anular ato lesivo ao patrimônio público ou entidade

---

[26] ALTHUSSER, Louis. *Posições I*. Trad. Carlos Nelson Coutinho *et alli*. Rio de Janeiro: Graal, 1978; p. 30 (grifou-se). Minha adesão a ALTHUSSER é limitada. Não acredito, p.ex. que a exploração de seres humanos seja privilégio do capitalismo: regimes autodenominados comunistas e socialistas exibiram-na também; não comungo, portanto, da confiança do autor no *Partido*.

de que o Estado participe, à moralidade administrativa, ao meio ambiente e ao patrimônio histórico e cultural, ficando o autor, salvo comprovada má-fé, isento de custas judiciais e do ônus da sucumbência". Destaca BARROSO que "a legislação ordinária que disciplina a ação popular ampliou-lhe largamente a área de incidência", tutelando não apenas as "pessoas estatais, mas também autarquias, as sociedades de economia mista, as empresas públicas, as fundações instituídas pelo poder público e os serviços sociais autônomos, dentre outras (Lei nº 4.717/65, art. 1º). Além disso, ao fixar o conceito de patrimônio público, dilatou-o para abranger os bens e direitos de valor econômico, artístico, histórico ou turístico (art. 2º)."[27]

O mandado de segurança, atualmente previsto no art. 5º, LXIX, da Constituição, é instrumento que surgiu já na Carta de 1934, estando regulamentado pela Lei nº 1.533/51. O art. 5º, LXX, da vigente Constituição, criou a figura do manejo coletivo do mandado de segurança, determinando uma "ampliação da legitimação ativa", "uma hipótese de substituição processual", com o que "poderá uma entidade de classe intervir em nome da coletividade como um todo, na defesa de um interesse geral, que apenas se reflete, sem com ele confundir-se, no interesse individual de cada um dos seus membros", o que implica em uma "grande simplificação e economia de tempo e trabalho", assim como suprime a "possibilidade de decisões logicamente conflitantes".[28] Mas também quanto ao mandado de segurança coletivo paira a sombra de uma interpretação limitadora que poderia ser impingida a partir da invocação do inciso XX, do mesmo art. 5º (cf. supra), exigindo seriedade e razoabilidade do Judiciário, certo que pode-se limitar em excesso o emprego do *mandamus* coletivo com uma exegese ortodoxa, lamentavelmente reiterada por certa parcela da magistratura.

No âmbito dos direitos individuais, há o *habeas-corpus*, cuja presença no direito brasileiro (hábil à proteção da liberdade

---

[27] FIGUEIREDO, Luís Cláudio. *A Invenção do Psicológico: quatro séculos de subjetivação (1500-1900)*. São Paulo: EDUC: Escuta, 1994.

[28] Não só, é claro.

de locomoção – art. 5º, LXVIII) é clássica, não merecendo, no âmbito deste trabalho, maiores considerações. A Constituição de 1988, em seu art. 5º, LXXII, criou uma nova ação, qual seja o *habeas-data*, permitindo o "conhecimento de informações relativas à pessoa do impetrante, constantes de registros ou bancos de dados de entidades governamentais ou de caráter público", bem como a retificação destes dados. Para a interpretação deste art. 5º, LXXII, é indispensável que se lance atenção para outro direito e garantia individual, anotado no art. 5º, XXXIII, da vigente Constituição Republicana: "todos têm direito a receber dos órgãos públicos informações de seu interesse particular, ou de interesse coletivo ou geral, que serão prestadas no prazo da lei, sob pena de responsabilidade, ressalvadas aquelas cujo sigilo seja imprescindível à segurança da sociedade e do Estado."

O constituinte procurou sepultar uma antiga prática de Estado no Brasil, onde os administradores insistem em práticas abusivas. Já "ao tempo do Império, havia expedientes em que a simples afirmativa 'Consta que' era suficiente para a cassação até de direitos políticos dos cidadãos, demonstrando com isso o arbítrio que havia, no tocante ao fornecimento de dados pessoais comprometedores da honorabilidade do cidadão, utilizados por terceiros, sem que o prejudicado tivesse ciência do fato ou pudesse corrigir eventuais abusos, por lhe serem negadas informações referentes à sua pessoa. Na atualidade, ocorrem abusos semelhantes, que o preceito em tela procura evitar, facultando o acesso do interessado às informações de que necessite."[29]

Para além da questão relativa à definição normativa das possibilidades de participação nos desígnios da sociedade e sua

---

[29] Neste tempo, as condições históricas requerem a formação de indivíduos politizados (conscientes da importância de participar dos desígnios da sociedade mundial); porém, procura-se forçar a acomodação dos trabalhadores em nome do emprego e do desenvolvimento; os trabalhadores abrem mão de direitos sociais, mas as elites conservam festas caras, compras milionárias de objetos de arte, iates, propriedades suntuosas etc. Por outro lado, a "vida moderna", construída de trabalho alienado e consumo, desiludiu: vivemos um surto de depressão: crescem as "culturas alternativas" (místicas ou não), o consumo de drogas (do alcóol e tabaco aos entorpecentes), e a busca por entretenimento (alienante, frise-se).

organização em Estado, restam as condições sociopolíticas em que se insere o tema cidadania. Parte do problema já foi analisada: refiro-me a uma postura conservadora de parte do Poder Judiciário, limitando a evolução social do país (e o quadro de miséria vigente entre nós aponta a necessidade urgente de reformas sociais). FARIA confessa desapontamento semelhante: "à medida que surgem novos tipos de conflitos, a maioria das leis vai envelhecendo. Embora os legisladores respondam ao desafio da modernização das instituições de direito com a criação de novas leis, a cultura técnico-profissional da magistratura parece defasada, insensível, portanto, aos problemas inerentes à aplicação de leis mais modernas em sua concepção."[30]

A posição assumida pelo Judiciário constitui um dado forte nas mazelas da máquina estatal brasileira. Era inevitável, portanto, que, mais cedo ou mais tarde, o Judiciário fosse colocado nos debates nacionais, o que aos poucos vem ocorrendo. Durante anos, foi um Poder intocado, como que posto para além do bem e do mal. Houve, contudo, excessos. Por certo, garantir independência aos juízes é um princípio de democracia; mas não expô-los à opinião pública é permitir o exercício do arbítrio de quem, possuindo o poder de interpretar as normas, pode até mesmo negá-las. Este debate, contudo, deve ser criterioso: a muitos interessa apenas garantir que o Judiciário não obstaculizará suas ações ilegítimas. Permiti-lo seria um enorme retrocesso. Mas esquecer-se que também no Judiciário se praticam atos reprováveis constitui, no mínimo, ingenuidade. A discussão, portanto, exige bom senso e respeito à primazia dos interesses da sociedade sobre os interesses individuais.

Há também o problema do acesso dos pobres à Justiça. É o terceiro obstáculo, já referido: como se pode ter cidadania (participação consciente nos desígnios de Estado) com indivíduos que não possuem condições mínimas de compreender seus direitos e deveres? Milhões de brasileiros vivem em pobreza

---

[30] Não se esqueça que a ausência de educação lhes franqueia apenas postos desqualificados de trabalho.

política: não se lhes permitiu uma educação apta a desenvolver um senso político e crítico. Especificamente quanto ao Direito, este enorme contingente populacional vive em ignorância jurídica, desconhecendo informações elementares que lhes tocam o cotidiano, como a Lei do Inquilinato, normas sobre o poder de prisão, direitos trabalhistas etc. Chamar-lhes de cidadão, neste contexto, é pura retórica dentro de um mito de democracia participativa que não possui condições mínimas de ser implementada por não estar alicerçada em uma efetiva (possibilidade de) participação popular. Curiosamente, os "esforços de redemocratização" (denominando assim os atos e processos de transição entre os regimes militares, autoritários, para regimes civis, pretensamente democráticos) pelos quais passaram – e/ou passam - os países da América Latina, não foram acompanhados por uma popularização do conhecimento jurídico, permitindo a formação de cidadãos conscientes de seus poderes, suas faculdades, e de suas obrigações. Ao contrário, este conhecimento continua sendo um privilégio daqueles que podem pagar a assessoria de qualificados profissionais do Direito (e quanto mais qualificados, mais bem remunerados).

Como se só não bastasse, há que se acrescer, por óbvio, o problema do custo de estar em juízo, principalmente no que se refere à possibilidade de se fazer representar por um bom advogado, capacidade que, em razão da limitação econômica, os pobres rarissimamente podem exercitar.

A cidadania entre nós, vê-se, não é uma realidade: é, quando muito, uma promessa. E se não temos cidadania (e, por consequência, cidadãos), se não temos participação consciente (um amplo contingente de pessoas conscientes e dispostas a participar da e) na condução da sociedade organizada em Estado, não temos democracia.

Destaque o elemento humano. É preciso não esquecer que, para além da definição jurídica de "cidadão", estamos nos referindo a seres humanos (e a uma sociedade). É a qualidade política de cada um desses indivíduos que marca a qualidade política da sociedade (num somatório não aritmético). ALTHUSSER, escorando-se em MARX, adverte que "a sociedade não é composta de indivíduos"; "o que a constitui é o sistema de suas relações sociais, onde vivem, trabalham e lutam *seus* indivíduos". Realça-se a questão da formação do ser humano pela e na sociedade; afinal "cada sociedade tem *seus* indivíduos, *histórica e socialmente determinados*".[31]

A questão da cidadania não é apenas normativa e doutriná-ria, mas sociológica: apura-se também no plano dos fatos que compõem (e afetam) a vida dos seres humanos. Assim, importa também verificar a cidadania efetivamente experienciada pela sociedade, pois, para além das teorias e das normas, está a vida de cada ser humano que constitui a sociedade. De pouco adianta propagar que cada um é um agente de seus destinos político, social, econômico, jurídico (o mito da cidadania), se não há condições jurídicas e mesmo pessoais para que isto ocorra. Este ser humano que se crê agente é, antes de mais nada, um objeto de cultura: ela o precede e o forma. Pensamos agir com liberdade, mas agimos segundo parâmetros de "normalidade" desse tempo histórico (repetindo atos e pensamentos que nos são anteriores e podendo influenciar a história apenas em certos limites - variáveis de caso a caso, mas, via de regra, extremamente reduzidos). Confira-se FIGUEIREDO:[32] o tempo histórico *forma* o indivíduo, constrói seu pensamento, marca a tendência de seus comportamentos, seus desejos principais, suas "necessidades". Sob o enfoque da psicologia, FIGUEIREDO demonstra o acerto das afirmações de MARX sobre as influências das condições materiais, econômicas, sociais sobre o ser humano.

Assim, o ser humano medieval (europeu) acreditava em (vivia com) fadas, feiticeiros, magos, maldições etc.: um tempo de luta religiosa (contraste de seitas em um mundo que crescia)

---

[31] ALTHUSSER, Louis. *Posições I*. Trad. Carlos Nelson Coutinho *et alli*. Rio de Janeiro: Graal, 1978; p. 30 (grifou-se). Minha adesão a ALTHUSSER é limitada. Não acredito, p.ex. que a exploração de seres humanos seja privilégio do capitalismo: regimes auto-denominados comunistas e socialistas exibiram-na também; não comungo, portanto, da confiança do autor no Partido.

[32] FIGUEIREDO, Luís Cláudio. *A Invenção do Psicológico: quatro séculos de subjetivação (1500-1900)*. São Paulo: EDUC: Escuta, 1994.

e de forte influência da Igreja Católica: a vida como mera provação, entre Deus e o diabo (luta marcada pelo sacrifício e pelo sofrimento; o prêmio: a salvação eterna; o castigo: o inferno). O agnosticismo de nosso tempo, por sua vez, segue também a história: a religião foi substituída do centro das atenções e referências pela ciência e pela economia (e a vida eterna pelo conforto, riqueza, sucesso). Sim! Somos seres feitos de história,[33] formados em um tempo e lugar, em uma sociedade e sua prática social; não só nosso comportamento, mas nossa visão de mundo (a forma como a realidade se manifesta em nós) nos são anteriores em suas linhas mestras. Cada ser humano compreende a si e à realidade em que se insere (na forma como crê que seja esta realidade e esta inserção) a partir de referenciais que lhe são exteriores e anteriores (que lhes foram dados).[34]

No caso brasileiro, deixando de dar formação educacional (crítica e política) a parte da população, mantém-se a prática espoliatória que beneficia uma elite (narcísica, incompetente, inconsequente) em desproveito de milhões de pessoas (miseráveis e trabalhadores das classes baixas). Permite-se uma certa ordem de privilégios para uma classe intermediária (classe média), que, na estrutura social, funciona como suporte para as classes dominantes: fornece-lhe profissionais que administram seus interesses (nestes incluídos tanto os negócios particulares, quanto os "negócios de Estado", ou seja, a administração do aparelho de Estado, sempre no estrito respeito à conservação de seus benefícios), assim como assimila (motivada pelo desejo de conservar sua própria parcela – ainda que limitada – de

---

[33] Não só, é claro.

[34] Neste tempo, as condições históricas requerem a formação de indivíduos politizados (conscientes da importância de participar dos desígnios da sociedade mundial); porém, procura-se forçar a acomodação dos trabalhadores em nome do emprego e do desenvolvimento; os trabalhadores abrem mão de direitos sociais, mas as elites conservam festas caras, compras milionárias de objetos de arte, iates, propriedades suntuosas etc. Por outro lado, a "vida moderna", construída de trabalho alienado e consumo, desiludiu: vivemos um surto de depressão: crescem as "culturas alternativas" (místicas ou não), o consumo de drogas (do álcool e tabaco aos entorpecentes), e a busca por entretenimento (alienante, frise-se).

benefícios) a fobia – e a luta – contra um possível "levante" das massas exploradas.

A este quadro de dominação e exploração serve o "mito da cidadania": nossa sociedade é induzida a crer-se democrática e os indivíduos a crerem-se cidadãos; segundo este discurso (falso, nos termos vistos), haveria entre nós respeito ao Direito (não só às normas estabelecidas, como aos "elevados princípios de justiça") e oportunidades de participação. Mas examinando-se os indivíduos isoladamente, encontrar-se-á apenas uma pequena minoria que possui condições pessoais e sociais de, efetivamente, conhecer e utilizar-se das possibilidades (limitadas, como viu-se) de participação consciente nos desígnios de Estado. A consolidação do (verdadeiro) Estado Democrático de Direito, em contraste, exige muito mais. Há que repensar nossas posturas: a pretensa inocência da alienação política provou, durante anos, ser uma irresponsável adesão à continuidade do sistema espoliativo que polvilhou nosso país de miseráveis, despreparados, até mesmo, para perceberem que o trabalho[35] e a organização das iniciativas poderia ser uma possibilidade de superação do estado em que se encontram. Assim, muitos se entregam às seduções do vício (que aliviaria) e da criminalidade (onde creem poder exercitar algum poder).

Os que possuem uma visão crítica precisam posicionar-se e buscar conquistas que efetivem a democracia. Trabalhar quer no plano político (na luta pela construção de um sistema educacional capaz de criar seres humanos aptos a compreender, de forma crítica e participativa, a realidade social e política; a alteração das legislações que cuidam da participação popular na Administração Pública e da defesa dos direitos previstos etc.), quer no plano jurídico (criando organizações não governamentais para o exercício dos meios processuais disponíveis, concretizando uma defesa dos direitos individuais, coletivos ou difusos previstos, bem como defesa dos bens e interesses públicos; alteração das

---

[35] Não se esqueça que a ausência de educação lhes franqueia apenas postos desqualificados de trabalho.

práticas judiciárias e administrativas de Estado, onde a busca de formalismo determina que se tratem de forma igual fracos e fortes, espoliados e espoliadores).

Este o desafio que se coloca diante de nós; assumi-lo é uma opção de justiça, opção humanista, evolucionária (em lugar de revolucionária).

UM ARREMATE | 23

O complexo meio de significação (de *semiose*) por onde transitam as mensagens humanas permite o alargamento (e/ou a restrição) da realidade em sua dimensão mental (a realidade "inteligida" é ampliada e/ou restringida em relação à realidade física externa). O "universo humano" (moldado socialmente pela ideologia) preenche-se de conceitos mais do que de corpos físicos, incluindo conceitos abstratos (signos que não possuem lastro físico). Este alargamento e restrição tende à maximização ao longo da evolução histórica. Foi assim que a sociedade humana altamente organizada semiológica, política e economicamente (aspectos que se inter-relacionam de forma obrigatória) passou a significar "Estado"; o "Estado" é, portanto, uma qualidade semiológica (significativa) da sociedade humana desenvolvida, além de ser um aspecto político-econômico. É assim que se pode falar em um poder de Estado, de um Aparelho de Estado, de normas de Estado (o Direito) de uma estrutura de Estado, de uma elite de Estado etc.

Nas sociedades animais, o critério que determina a estrutura hierárquica do grupo (e, por consequência, o acesso privilegiado aos recursos disponíveis) é, usualmente, a força física (exercida ou encenada). Entre os seres humanos, este critério pode ser definido como sendo uma força social, caracterizada como um poder de manejo das instituições de cultura capazes de influenciar a vida política e econômica do grupo. Quer-se dizer, então, que nas sociedades humanas o mais forte é aquele que pode lançar mão de mais recursos semiológicos e de instrumentos sociais em defesa de seus interesses. Os mais fortes, por consequência, são determinados dentro de um critério da realidade cultural, pelo manejo das estruturas e dos instrumentos da *praxis* e da ideologia. Há que significar mais força.

Nivelando, assim, o ser humano aos demais animais (realçando a sua condição animal), não se está pondo em relevo a barbárie consciente (não se está qualificando o animal humano como "selvagem"). Não se está, enfim, afirmando que os governantes (enquanto detentores do poder de Estado), em sua totalidade, usem da estrutura de Estado apenas em proveito próprio e em defesa de interesses pessoais. Isto pode ocorrer – e não é assim tão raro –, mas não é uma regra insuperável. Na verdade, a ideologia é superior ao homem, na medida em que o condiciona. Muitos são os exemplos de governantes que exerceram o seu poder no esforço de fazer justiça e proporcionar melhores condições de vida aos seus súditos. Muitos foram os que agiram com este intuito, mas, ainda assim, tomaram atitudes condenáveis diante de uma valoração referenciada pelos sistemas mais modernos.

Determinadas atitudes hostis, consideradas pelo senso comum como arbitrárias, tirânicas, desumanas, podem ser tomadas segundo uma axiologia que as valoriza como positivas. Observe-se, a propósito, o incontável número de atos bárbaros que são e foram cometidos "em nome de Deus"; a inquisição católica, a chacina das populações "pagãs" da América, morticínios generalizados entre tribos na África, disputas entre muçulmanos e hindus na Índia, os massacres perpetuados pelos seguidores de *Kali*, também na Índia, o terrorismo islâmico, entre tantos outros episódios narrados pela historiografia. Os valores de um ser humano superam, muitas vezes, o bom senso.

Considerando o ser humano como um animal manifestador de uma cultura complexa, como ser condicionado sobre determinada forma, verifica-se que o sistema trabalha pelo sistema.

Criadas no (e pelo) sistema, condicionadas em sua ideologia pelo convívio em sua *praxis*, os indivíduos podem verdadeiramente acreditar que seus atos absurdos são "normais", ou, ainda mais: são "naturais". Isto não afasta a manipulação que se verifica em alguns momentos históricos, mas não implica necessariamente sua existência. É sempre relevante perguntar se homens como Stalin, Hitler, Mao ou Franco, entre outros, estavam conscientes de suas ações (queriam eles determinar o "mal" que suas ações determinaram, ou acreditavam, verdadeiramente, que seus atos eram corretos?)

Entretanto, se este sistema está aí posto há tanto tempo, sem que tenha sido objeto de um esforço regulador, é sinal de que há uma casta que dele se beneficia e se interessa por sua manutenção (casta esta que desconsidera a miséria como fator relevante e carente de solução). A perpetuação desse sistema (e da miséria que tem implicado) monta um quadro cético em relação à capacidade humana de desenvolver uma postura crítica e ativa (participativa) sobre a realidade. Os atores sociais, assim, parecem padecer de uma terrível cegueira em relações aos produtos e subprodutos sociais, com o que servem à manutenção de um *status quo* que, a alguns, não possui condições de justificar o alto preço pago por milhões de seres humanos.

A validade do poder de Estado pode ser tratada das mais diversas formas e, com efeito, são bem variadas as teorizações que foram produzidas para analisar e definir este tema. Entretanto, crê-se aqui que o exame acurado da historiografia permite afirmar a existência de um critério de validade atestado pela efetividade dos fatos sociais (sempre destacada a dimensão político-econômica). O aparelho de Estado é soberano nos limites territoriais e temporais onde os seus detentores conseguem exercitar a sua força (onde significa "Estado", sendo compreendido enquanto tal), isto é, onde os indivíduos se submetem à sua autoridade e poder, não desafiando os interesses da elite aparelhada (ou, do contrário, se o fazem em escala considerada, por aquela, irrelevante). À cata de justificativas para a manutenção de uma ordem mundial desumana (contrastante com assustadores níveis regionais e pessoais de riqueza, tornados públicos pela mídia), leva à necessidade de se procurar beneficiados. No âmbito nacional, os contrastes entre as previsões normativas e a realidade demandam que se questionem os mecanismos jurídicos efetivados, em oposição à esterilidade das normas estatuídas.

Viu-se ao longo destas páginas que, contrastando a *semiose* engendrada ao longo do fenômeno jurídico com o aspecto político que o envolve, o dogmatismo e sua pureza lógica podem ser contestados. A tecnicidade do Direito, sua existência ritualesca, comportando a controvérsia como um elemento intrínseco, e possuindo, na distorção de sentido, uma forma de atender a interesses localizados, abrem uma vasta arena para a existência do Direito efetivo ("como é", e não como "deveria ser"). O plano jurídico, assim, reproduz o caos social, dá-lhe suporte e, mesmo, condições de proliferação das agressões que parecem interessar a alguns. Este controvertido critério de efetividade, formado a partir da constatação de que o ser humano, a exemplo dos demais animais, possui uma forte influência de sua bagagem genética (enquanto arquétipo inconsciente de motivação de seus atos conscientes), impelindo-o à autopreservação, à egocentria (que não foi superada pela cultura), não pode ser visto, mais uma vez, como um libelo dos regimes políticos denominados autoritários, totalitários, enfim, ditaduras e tiranias, ainda que seja certo que estes regimes bem souberam se valer desta realidade e destas ideias. Nestes casos, as populações que foram por esses submetidas e oprimidas, em contraste com a efetividade da agressão, refugiaram-se, em muitas oportunidades, apenas no clamor de Justiça, que não possui o condão de desfazer a submissão (e o Direito arbitrário que a fundamentava).

O "instinto de autopreservação" pode ser trabalhado pela cultura. O modelo tribal (cooperativo) parece ser uma alternativa (concreta) para reverter o quadro espoliativo em que se estruturam as sociedades. Nestas pequenas comunidades cooperativistas, grupos que se convencionou denominar de primitivos, onde, via de regra, manifesta-se um baixo nível de instrumentalização da realidade (o que não se confunde com a concepção de pensamento primitivo) pela simplicidade das relações econômicas, cristalizou-se a *praxis* (pela existência de uma ideologia compatível) da efetiva participação dos membros nas decisões de grupo; ali, respeita-se uma divisão mais igualitária (e harmoniosa) das funções produtivas e dos recursos produzidos.

Mas, se o Direito é um exercício de poder e força política, a evolução do nível cultural do grupo poderia permitir que o índice de respeito a princípios jurídicos alcançasse uma dimensão em que se poderia viver em um "Estado de Direito" (fundado em um amplo debate sobre os desígnios sociais, não se descurando do direito a um mínimo de recursos – e dignidade – que todos deveriam possuir). Nesta estrutura de Estado de Direito, mesmo o alcance da efetivação disforme conheceria um limite. Porém não se pode jamais esquecer de que, a qualquer instante e em qualquer sociedade, o uso da força de um indivíduo (ou um grupo de indivíduos) pode destruir esta estabilidade (restabelecer, pelo conflito, uma situação de arbitrariedade, favorável aos seus interesses).

Numa análise absolutamente técnica, o critério de Justiça não pode permear tal análise, pois justo é apenas aquilo que o aparelho de Estado enuncia como devido. Trata-se, logicamente, de um conceito histórico, sociológico e positivista, que não afasta o conceito de justo como sentimento individual que norteia a luta de um homem (quiçá de um grupo) contra a opressão. A base desta tecnicidade é o fato de que o valor de justiça *efetivo* é o manifestado pelos detentores do poder de Estado.

A todo instante, diversos atores sociais estão contendendo civilizadamente em suas relações sociais, contendas estas que podem atingir o ilícito (com ou sem uma ação corretiva dos pretórios). Nestas circunstâncias (do ilícito), as ações individuais pretendem-se superiores à ordem de Estado, desafiam-nas, procuram demonstrar que seus agentes podem superar suas "vítimas" (serem mais fortes que elas, submetê-las) e o próprio aparelho de Estado. Não se deve perder a baliza desta possível dupla motivadora da vida social: altruísmo e agonisticismo, quer dizer, a cooperação (que mantém o grupo) e as disputas (que definem a hierarquia dos membros no grupo). O "Estado de Direito" deveria estabilizar as disputas, diminuir as distâncias hierárquicas e estabelecer ritos (que poderiam ser até mesmo míticos) de preservação da estrutura social estável, e respeitar, em sua cooperação, uma divisão mais uniforme dos recursos produzidos. As sociedades mais vastas parecem não comportar a capacidade de efetivar esse modelo de divisão dos recursos (o que maximiza o nível de disputa), mas, entre estas, podem-se destacar aquelas onde a "massa popular" (a denominada "sociedade civil") consegue coordenar suas atividades para evitar que o monopólio do poder de Estado possa ser excessivamente agressivo. A "massa popular" está, nestas situações, efetivamente construindo a validade de um regime mais participativo, ainda que "inevitavelmente" (?) hierarquizado (nunca se livrando da elite, a classe beneficiada pelo sistema).

Nesse contexto de disputas entre súditos e soberanos, pode-se separar com carinho o exemplo da Guerra Civil Espanhola. Em 1936, uma coalizão de partidos de esquerda, denominada "Frente Popular", conseguiu ganhar as eleições na Espanha, elegendo Manuel Azaña para a Presidência da República. Após a posse, o governo Azaña iniciou um programa de reformas, incluindo ataques ao poder da Igreja, reforma agrária etc. Em oposição a tais inciativas políticas, Francisco Franco liderou uma revolta militar ao governo eleito, dando início a uma guerra civil que deixou mais de um milhão de mortos. Mais que uma guerra meramente espanhola, o conflito representou um encontro de interesses internacionais. De um lado, os republicanos foram apoiados por brigadas de voluntários estrangeiros (das quais participou, entre tantos outros, George Orwell). Por outro lado, os "franquistas" receberam – sob o olhar inerte dos demais países (posteriormente denominados de "aliados") – apoio militar (inclusive com bombardeios aéreos a alvos civis) de Hitler e Mussolini.

Somente em 1939 a Guerra Civil Espanhola terminou, tendo Franco por vencedor ("legitimando-o" a controlar o aparelho de Estado Espanhol e a enunciar normas jurídicas). A população civil que tomou armas na Espanha esforçou-se por demonstrar-se mais forte do que o grupo golpista de Franco, esforçou-se por não permitir que o fascismo se instalasse, que triunfasse. Vitoriosos os golpistas, uma nova ordem política, fascista, instalou-se efetivamente na Espanha, perdurando por décadas. A validade efetiva da existência do Direito fascista espanhol apura-se na capacidade de Franco de manter o sistema e fazê-lo ser cumprido (de formas por vezes bárbaras).

Os movimentos revolucionários russos do princípio do século passado são outro exemplo, mas com resultado diverso. Contra os privilégios da nobreza russa, e após diversas tentativas (que deixaram, cada uma, milhares de mortes), o movimento revolucionário logrou derrubar o governo czarista, implantando, em 1917, uma outra forma de Estado, dita de inspiração socialista. A historiografia, entretanto, mostra que a evolução do quadro político-econômico da posterior União das Repúblicas Socialistas Soviéticas culminou com o estabelecimento de uma elite de natureza diversa (burocrática), que, já de posse do aparelho de Estado, passou a manipulá-lo para atender a seus interesses. Durante décadas, a população soviética esteve submetida às atrocidades do novo sistema (perpetuadas, principalmente, após a ascensão de Stalin). Mas, observe-se, a população que assistiu inativa e submissa aos horrores do stalinismo, e que se manteve quieta diante do poder de Estado dos governos que se seguiram àquele, foi decisiva na derrocada do sistema soviético, quando da tentativa de golpe perpetuada em agosto de 1991. E, hodiernamente, vê-se uma Rússia imersa entre movimentos populares; cada qual, procurando demonstrar força, enfim, garantir direitos e interesses (no caso, de uma forma mais democrática).

Assim, os exemplos históricos são os mais diversos; a Revolução Francesa, a Revolução Mexicana, a Desobediência Civil que tornou a Índia independente, levantes de escravos em toda a América etc. Por vezes, a multidão venceu; por outras, a multidão foi massacrada. Houve situações em que a vitória trouxe estruturas de poder ainda piores. Entre o risco que toda luta implica e a necessidade de defender os interesses pessoais (ou coletivos), são definidos mais fortes e súditos. A história, submetendo a tudo, inclusive ao Direito, é terrivelmente efetiva.

Entre a significação e a disputa por poder, entre a semiologia e a política, o Direito pode ser encarado (e mesmo teorizado) como efetivo, sendo o que se verifica nas relações entre os indivíduos de uma determinada sociedade sobre o controle de um aparelho de Estado. Assim, crê-se, o Direito não possui qualquer lastro transcendente, seja Deus, seja uma Justiça (nem mesmo a ilusão do denominado "Direito Natural"). Ele é o complexo das relações construídas pelos seres humanos em sua vida cotidiana. Cultural, sim; semiológico, por consequência; mas ainda assim exercício de poder (provavelmente baseado num impulso geneticamente determinado, enquanto arquétipo inconsciente).

A Justiça, este valor subjetivo, este sentimento que se carrega (junto aos sistemas mais variados de comportamentos, como entre os celerados, que acreditam ter *a sua* Justiça) deve ser construída pela totalidade dos indivíduos; implorá-la não é, definitivamente, a melhor forma de obtê-la. O medo é incompatível com a efetivação da Justiça e, em muitas circunstâncias, inútil para o Direito.

Sim! Esta teorização acredita que os desníveis são uma tendência (e uma herança) do comportamento animal que o ser humano manifesta. Mas acredita, igualmente, que a razão (e a elevação do espírito pela aprendizagem, pela cultura, até mesmo) pode reduzir tendências agonísticas exarcebadas. Se entre os humanos os desníveis fossem similares aos existentes entre os animais, já seria suficiente: já haveria mais dignidade.

A Justiça é uma responsabilidade de todos. Há que lutar para que haja Justiça.

POST SCRIPTUM

Huitzilopochti: criar, recriar, trair e esquartejar (o humano universo da significação)

Tal como vaticinei em *Semiologia e Direito*,[1] acabei tornando-me, com o passar do tempo, mero leitor daquele texto. De uma certa forma, desfez-se o domínio que eu julgava ter sobre as palavras que escrevera. Não só pelo tempo, mas principalmente por tê-lo publicado (tê-lo tornado público), perdi a autoridade sobre o sentido que é (e pode ser) atribuído ao texto em cada leitura, excetuadas raras oportunidades de diálogo (quando me devolvem a possibilidade de posicionar o sentido que "quis" ou "quero" lhe dar – sim! O tempo distanciou-me da enunciação e do enunciado).

Em *Crítica e Verdade*, lê-se BARTHES afirmar que "todo romance é uma aurora".[2] Separei esta pequena frase de todo o seu contexto,[3] para especular, então, que provavelmente todo

---

[1] MAMEDE, Gladston. *Semiologia e direito*; um debate referenciado pela animalidade e pela cultura. Belo Horizonte: 786, 1995; pp. 130-131.

[2] BARTHES, Roland. *Crítica e verdade*. Trad. Leyla Perrone-Moisés. São Paulo: Perspectiva, 1970; p. 25.

[3] Arbítrio: apropriei-me do texto, retirando dele, confessadamente, apenas a célula que me interessava, com o que terminei por desprezar a sua significação na estrutura total da mensagem.

enunciado (por que só o romance?) poderia ser, num enfoque, uma aurora. A respeito da aurora, contavam os Astecas que *Coyolxauhqui* (a deusa lua) quis matar sua mãe (a Terra) e o filho que esta trazia em seu útero: *Huitzilopochti* (o deus do sol e da guerra). Porém, antes do assassinato, *Huitzilopochti* nasceu do ventre materno, poderoso e implacável; matou e esquartejou a irmã, salvando-se e à sua mãe.

Não é isso a aurora? No horizonte, vê-se o sol nascer do ventre da Terra, preservando-lhe a vida enquanto seus raios "matam" o esplendor da lua, que até então reinava absoluta no céu (e na noite).

Acredito ser possível confrontar essas duas referências: o enunciado como aurora e o mito asteca, compatibilizando as funções dos elementos que compõem cada referência. Propôs-se, assim, este ensaio. Em diversos rascunhos (ao final contrastados), busquei adequar as personagens do mito e os elementos envolvidos no processo de comunicação. Ao final, cheguei a uma conclusão que me surpreendeu quanto ao seu conteúdo e por suas implicações.

Coyolxauhqui (a Lua) é o escritor. É o autor que luta para manter-se vivo. O emissor de qualquer enunciado (o texto técnico, literário ou a conversa cotidiana) busca – na quase totalidade dos casos – um poder sobre o texto; quer se apoderar do sentido (e, não raro, objeta: "– *Mas não foi isto que eu disse!*"). O autor luta com "palavras", com signos, desejando aniquilar – no universo social, onde o texto é interpretado – o sentido, cuja plurivocidade ameaça-o. Quer submeter o texto à sua vontade, quer que o leitor (esse outro que tanto pode estar próximo, como distante: o "desconhecido que me lê").

Assim agem os emissores (e, entre estes os autores) recusando perceber que o real humano é um grande plano de significação, onde tudo se reduz ao pensamento, onde tudo é marcado pela interpretação que colhe a realidade externa e a transforma em ideias (inevitavelmente pessoais: solipsismo). O autor, ao contrário, quer que o seu pensamento predomine; nega a plurivocidade e deseja dominar o sentido (quer que o *seu sentido*, a sua mensagem, a sua vontade – em última instância – prevaleça). Esquece-se, até mesmo, que parte dos sentidos por ele "largados" ao longo do texto (ou nele apuráveis) foram (e são) semeados pelo inconsciente – considerado quer em sua faceta individual, quer em sua faceta coletiva.

Mas o sentido é *Huitzilopochti*: ele é mais forte, é o luminoso (e poderoso) senhor da guerra, aquele que nasce do texto (como diria BARTHES, da "escritura") para "matar" o autor e esquartejá-lo (esparramá-lo no conteúdo atualizado: estilo, fragmentos da mensagem desejada, figuras), transformando-o em mera referência (que cambia de leitor para leitor).

A partir dessa análise (dessa compatibilização) que engendro, o leitor, que sempre me pareceu ser um outro "desconhecido", acabou por revelar-se um genitor (a mãe, ou, no mito, a Terra): é do leitor que o escritor nasce (ganha existência na memória desse outro que é o leitor, ou seja, aquele que "o lê"): é ele que vai "parir" o sentido, como também acaba por "parir" uma imagem do autor (aquela que ele apura no texto que atualiza, somando tais referências a outras informações que possua). Todos, após uma leitura, temos "uma ideia do autor": imaginamo-lo "assim ou assado" (daí o efeito iconoclasta das biografias, destruindo o conceito – o significado – que os biografados possuíam). Enquanto isto, fui obrigado a reconhecer no sentido um irmão (mais forte e com mais poder). Mais: reconheci no sentido um fratricida.

O ser humano biológico, posto na vida, cresce com no grande texto que é a sociedade (a cultura, a ideologia e sua correspondente prática social). O sentido cresce com ele (domina-o, até). Como *Coyolxauhqui* (a Lua), veem-me pela luz que o sentido (o Sol) me destina. Para além do sentido que me dá "luz e brilho" (que me torna visível, perceptível), sou apenas vida: um conjunto de células, técidos, órgãos.

Um outro ponto interessante: o autor sou eu (meu nome está no texto; aliás, de fato, fui eu quem o escreveu). Mas muito do que está ali, eu não escreveria agora (num instante posterior, eu não enunciaria aquele texto na forma em que o leio publicado). Mais: muito do que leem no texto, eu não quis escrever (não calculei este ou aquele sentido que o leitor, atualizando-o ou interpretando-o "encontra" ali). Não obstante, os leitores, via de regra, acreditam "ler-me": o texto me indica (até mesmo por trazer o meu nome), como se eu o estivesse reescrevendo permanentemente e na forma como é atualizado (a cada momento que alguém o lê ou se refere a ele, e da forma como o lê ou a ele se refere). Assim, vejo inverter-se a marca: antes, eu julgava que o texto estava marcado de mim; agora, sinto que estou marcado pelo texto. Não posso impedir que se atribua a mim aquele enunciado, ainda que eu não queira (ou não possa) reenunciá-lo agora; ou seja, mesmo que eu não queira ratificá-lo (ou ratificar a atualização que dele se concretizou) ou retificá-lo (ou à atualização que dele se concretizou).

Foi dessa forma (editando: publicando: tornando público) que me tornei responsável (em maior ou menor grau) por todas as interpretações – pelos sentidos – que se lhe atribuam (sou eu, quase que obrigatoriamente, o seu emissor, num tempo presente constante), tendo que "suportar" a sua publicidade (o seu estado de texto público, isto é, de todos e, portanto, de ninguém em especial). O leitor (e sua atualização ou interpretação) é a ascendência que não posso negar; dele nascemos, eu e o sentido.

Neste paralelo que vou construindo, o enunciado (enfim, o texto) corresponde ao horizonte, de onde nasce o sentido (o sol, ou seja, o poderoso *Huitzilopochti*); também ali, no texto, nasce o autor, na recriação estruturada no pensamento do leitor. Sobre este leitor, sujeito com competência linguística para atualizar (identificar e descodificar) signos, já falei exaustivamente em *Semiologia e Direito*. Mas devo, ainda aqui, recordar SAUSSURE, quando afirma que só "se pudéssemos abarcar a totalidade das imagens verbais armazenadas em todos indivíduos, atingiríamos o liame que constitui a língua. Trata-se de um tesouro depositado pela prática da fala em todos os indivíduos pertencentes à mesma comunidade, um sistema gramatical que existe virtualmente em cada cérebro ou, mais precisamente, nos cérebros dum conjunto de indivíduos, pois a língua não está completa em nenhum e só na massa ela existe de modo completo."[4] Cada leitor é uma Terra, como se o mito pudesse ser multiplicado ao infinito; em cada um – e, via de consequência, em todos (enquanto conjunto) – está a Linguagem (tomado o termo como o conjunto de todas as linguagens manifestadas pelo grupo social); desta forma seu "traslado celeste" constitui a *praxis*; a ideologia, assim, faz a vez do Universo na estrutura do mito asteca, tal qual vem sendo compatibilizado neste texto.[5]

Observe-se que cada enunciado (cada horizonte, o ventre de onde nascem autor e sentido), escrito ou oral, é o ponto de ligação entre o indivíduo manifestador de uma competência linguística (a Terra) e a ideologia (o Universo), esse espectro condicionante de estereótipos (conceitos) social e historicamente estabelecidos que constroem, na consciência, um simulacro inteligido da realidade (referenciado – e apenas referenciado – pela realidade física). É o ponto de ligação porque reflete o momento em que o que é coletivo (a linguagem) torna-se particular: é coletiva a possibilidade de sentido, de compreensão do texto pela atualização; é particular o ato de atribuir sentido (e, consequentemente, o sentido atribuído).[6]

Volto a afirmar: o leitor que atribui um sentido para o texto (que "tira" das palavras, sinais com significação potencial, o sentido que vai sendo construído em sua mente), cria o autor (enquanto referência); por certo, esta "significação" do autor (esta imagem) possui uma validade restrita ao próprio leitor (ainda que ele possa validá-la perante terceiros). O leitor dá vida (em si) ao sentido e ao autor. Mas, nascendo um sentido,

---

[4] *Op. cit*; p. 21.

[5] A imagem chega a ampliar os limites da afirmação de Saussure; afinal, mais do que um conjunto de corpos celestes (planetas, asteroides, estrelas etc.), o Universo é composto também por espaços percorríveis e preenchíveis. Assim, poder-se-ia afirmar que a ideologia (bem como a língua) traz, em si, todas as potencialidades de sua evolução (tanto no que tange a forma, como no que tange a substância).

[6] Embora fale excessivamente em "texto", é preciso ampliar o âmbito da "leitura". Quando identifico um objeto e o descodifico, também estou lendo (e a cotidianidade humana está repleta dessas atualizações ou "leituras"); "lemos", assim, cadeiras, portas, folhas de papel, ruas etc. Estamos "lendo" (dando significação a) toda a realidade.

"morre" o autor: de acordo com o sentido que atribui ao texto, o leitor estará construindo este ou aquele "autor-referência" (onde se encontrarão partes "esquartejadas" do autor, elementos que podem ser, ou não, correspondentes à autoimagem que o autor possui de si). Assim como "encontro" outros *"eu's"*, "nascidos" da atualização de leitores, é ainda mais comum encontrar nestas leituras mensagens que eu não quis emitir, mas que são possíveis: elas podem ser (e são) "tiradas de lá", sendo que, via geral, não é possível concordar ou discordar: entre autor e leitor não há um diálogo (propriamente dito). *Huitzilopochti* é soberano e tirânico.

Eis que se descortinou um outro aspecto da soberania do sentido: o leitor que atribui um significado para o texto, atualiza-o em um certo nível pessoal (maior ou menor) de profundidade. Pode, assim, atribuir ao texto uma mensagem que seja inferior ao nível desejado de comunicação (não atingindo toda a dimensão do enunciado), como pode, ainda, atribuir-lhe uma mensagem que desloque os eixos semânticos usualmente construídos por leitores. Mais: pode até mesmo atualizar no texto um nível mais profundo de significação do que o desejado pelo enunciante; um sentido que o autor assumiu o risco de enunciar e/ou que sequer se deu conta de que estaria enunciando e que talvez não seja capaz de compreender; são subprodutos da existência ideológica e do império do imaginário social.

Pode-se, desta maneira, obter do (e no) texto o sentido que ele implica, a mensagem que "está ali implícita", e que pode, até mesmo, não ter sido parte consciente da enunciação (extrapolando, assim, a "vontade do enunciador"). Como afirma LIMA, "o inconsciente se expressa na fala à revelia da intenção do sujeito e além de seu conhecimento consciente. O sujeito diz mais do que pensa e do que quer dizer; a fala tem a propriedade de ser inevitavelmente ambígua."[7] Para além destes limites, é preciso recordar que a própria evolução histórica (e cultural) permite

---

[7] LIMA, Eliana Cláudia Castro Santoro. *A denegação em Freud como modelo de linguagem*. Belo Horizonte: Faculdade de Filosofia e Ciências Humanas da UFMG, 1984 (Dissertação, Mestrado); p. 06.

que no texto se descortinem significações que, ao tempo de sua enunciação, não seriam prováveis (e, quiçá, perceptíveis).

Em muito, os sentidos atualizados (e atualizáveis) são o produto da interação entre o comum ideológico e a manifestação (o enfoque) ideológica específica que forma (e conforma) o leitor. A estrutura semiológica (e, por inclusão, semântica) pessoal do leitor, neste contexto, pode sofrer impactos ao longo da leitura, seja em função do que o autor quis enunciar, seja no que "se pode ler ali". Assim, assinala-se a existência de relações associativas (ou paradigmáticas) não só entre cada termo e a totalidade do sistema semiológico, mas, num plano macroscópico, entre o texto em sua totalidade e o sistema semiológico particularizado (o leitor, ou ainda, a língua *no* leitor). Todo o sentido que se pode dar à unidade de um texto em concreto está marcado pela existência potencial de tudo aquilo que ele poderia significar (ainda que este processo seja, por certo prisma, dependente das relações que cada termo mantenha com a totalidade da estrutura semiológica). O significado total do texto "lido" possui um "lugar semiológico"; também assim, o eixo semântico do texto "que se está lendo" possui um "lugar semiológico" na estrutura macroscopicamente considerada ("lugar" este que a sequência da leitura pode alterar). Nesta dimensão associativa macroscópica opera uma "expectativa genérica de sentido" (genérica por se originar da totalidade do sistema e não da oposição com um outro texto específico).

Mais: acredito que, considerado um plano macroscópico, é possível identificar, também, sintagmas, ou seja, creio haver uma "dimensão macroscópica do sintagma". Cada texto, em sua totalidade, possui, na atualização (mesmo no plano microscópico, influenciado pelo plano macrocóspico e influenciando-o), seu sentido marcado pela oposição que lhe oferecem os demais textos (e sentidos) da sequência de "leitura" (e atualização) do leitor: o que ele "leu" ou está "lendo" (escrito ou não; ou ainda, verbalizado ou "vivenciado", linguístico ou metalinguístico) é elemento que contribui para a definição do sentido que vai sendo (e é) atribuído ao texto que é atualizado presentemente. Eis uma razão para que o texto apresente, a cada releitura, outras significações ao leitor; nesta dimensão macroscópica do sintagma, opera uma "expectativa polarizada de sentido" (cujo polo opositor é o texto anteriormente ou simultaneamente lido; este polo pode ser ocupado, inclusive, pelo sentido atribuído numa leitura anterior do texto que por ora se "relê").

Observe-se que a vivência (sincronicamente, cada situação que é vivida e, diacronicamente, a experiência que se tem na –e da – vida) deve ser elevada à categoria de "texto", tal como venho empregando o termo (assim, viver uma situação implica "lê-la"). Aliás, texto que pode manter relações paradigmáticas em dimensão macroscópicas com o sistema inteligido de significações (o que a vivência, em seu todo, significa como produto do contraste com tudo o que poderia significar[8]) e sintagmáticas (o sentido que se atribui à vivência como produto do contraste com os "textos" anteriormente "lidos"). Para muitos poderá parecer que se está aproximando, excessivamente, a semiologia da psicologia; mas esta aproximação já fazia parte do universo epistemológico teorizado por SAUSSURE para quem a ciência dos signos e da significação seria "uma parte da Psicologia social e,por conseguinte, da Psicologia geral".[9]

Destaque-se, porém, que não se está reduzindo uma ciência à outra. A psicologia não trabalha apenas com a significação, mas com sentimentos, com valores etc. A semiologia, por seu turno, ocupa-se da fonética, da semântica etc., enfoques que não são trabalhados pela psicologia. Mas é certo que os aspectos estudados por estas ciências próximas são os elementos utilizados na "construção" do "mundo humano", este simulacro que, partindo do real físico, instala-se para aquém dos sentidos e além da consciência, fortemente marcado pela ideologia do grupo social em que se insere o indivíduo e vivenciado em uma correspondente prática social. Neste contexto, parece-me inequívoca a

---

[8] No plano microscópico, a vivência é composta por linguagens individuadas: a linguagem dos comportamentos (e dos atos), a língua (linguagem verbal), a linguagem dos espaços, a linguagem dos objetos etc.

[9] *Op. cit.*; p. 24.

influência dos estímulos psicológicos (os mais variados) sobre as significações; aliás, este material (seja quanto à sua forma, seja quanto à substância) é extremamente utilizado para análises psicanalíticas, psicoterapêuticas, neurolinguísticas etc.

Quer quanto à psicologia, quer quanto à semiologia, importa reconhecer a tirania do sentido, criando em cada indivíduo uma imitação do real: representações do real. O conceito é uma célula de representação vicária do real, produto de uma evolução histórica e que, assim, possui uma ratificação social. É uma artificialização do real e, assim, pode mesmo ser uma falsificação (e, em certa medida, sempre o é, como ao reduzir todos os desiguais a uma única forma representativa, ou, como já disse anteriormente, um estereótipo). Esta imitação passa-se cotidianamente pelo real; de fato, o conceito "vale" pelo objeto e, consequentemente, pela realidade; por outro ângulo, num processo de realimentação, o próprio real passa a valer pelo conceito (por exemplo, quando se olha um objeto e se o identifica como sendo determinado conceito, com as marcas deste, ainda que em "prejuízo" daquele). Em meio a todo este processo de representação, esta estrutura vicária, a existência não humana do real (o real em si, físico) funciona como um limite, por vezes trágico, agredindo aqueles que o "leram" de forma "equivocada" (como quando o que significava "caminho" revela-se "areia movediça", num exemplo que merece um pedido de desculpas pela simplicidade).

Assim, o ser humano em cultura, vive e pensa um mundo significável, ou seja, habita (mentalmente) um simulacro que recobre o mundo físico. Às informações de seus sentidos fará, de forma inconsciente, corresponder os elementos que permitem a identificação da representação. Como afirma LEDFORD, prefaciando obra de KEY, "a noção de objetividade é tão mitológica quanto o eram os deuses do Monte Olimpo. [...] A realidade é infinitamente complexa, múltipla, integrada, em constante mudança e sujeita aos caprichos da percepção humana. A linguagem verbal, e mesmo a matemática, é simplista, limitada em suas definições, regrada, sequencial, rígida, imutável".[10] A irrealidade da paisagem literariamente descrita (onde os sentidos não estão diretamente expostos à realidade, captando-a, mas o indivíduo, ainda assim, a considera, sendo que o contorno que dá ao descrito é determinado pela memória e pelo imaginário) é apenas um plano privilegiado para que se possa perceber o quanto o sentido (enfim, a ideologia e, em relação direta com esta, a *praxis*) influencia o real humano; aliás, qualquer descrição o é. A incapacidade do ser humano cultural de se integrar, conscientemente, ao meio, não fragmentando-o, é um outro plano. A consciência racional constitui uma amarra que serve aos fins de uma sociedade racional e econômica, retirando do indivíduo a capacidade de união (certamente não racional, mas intuitiva) com o meio que o envolve. Mais uma vez, há uma coincidência de opinião com LEDFORD: "Existem sempre tantas partículas perceptivas dentro deste meio que é inconcebível que algum indivíduo pudesse concentrar-se conscientemente sobre todas as coisas ao mesmo tempo. A percepção consciente é, portanto, sempre fragmentária. [...] A habilidade de isolar, concentrar-se sobre ou abstrair de uma pequena parte das percepções disponíveis em determinado momento, um processo linguístico linear, lógico e voltado para definições, é considerada a base para avaliações de inteligência – o que quer que isso signifique de pessoa para pessoa e de um dia para o outro."[11]

Como o imaginário social é composto pela união de todos os imaginários pessoais (que foram criados a partir daquele, mas que não são identicos entre si), as linguagens fraudam o encontro: suponho atingir o real, suponho atingir o outro, com quem me comunico pelo uso comum dos signos. Entretanto, ainda que haja um nível de encontro, a ele corresponde um nível de desencontro (em proporções dadas caso a caso), mas sempre permeadas pelo enfoque ideológico daquele grupo social; na hipótese da sociedade ocidental (e ocidentalizada) desenvolvida,

---

[10] KEY, Wilson Bryan. *A era da manipulação*. Trad. Iara Biderman. São Paulo: Scritta, 1993; p. 16.

[11] *Idem*: p. 17.

pode-se listar a lógica (e seu cunho geométrico), a economia "financeirada" etc., recriando, na fala, um certo tipo de mundo.

A compreensão do espaço da linguagem como campo do desencontro, entretanto, precisa ser delimitada, para não ser falsa. Como já alertava RUMI (autor persa do séc. XIII), "no momento em que dizes que a palavra não tem valor, é através da palavra que negas seu valor. Se a palavra não tem valor, como se explica que ouvimos isso de ti? Pois, tu o dizes somente pela palavra".[12] No cotidiano, no coloquial, as diferenças entre as mensagens emitidas e apuradas são sutis (podem inexistir, como por exemplo em "– *Dê-me essa garrafa.*"); mas a própria pluralidade de sujeitos (aqui incluídos os momentos distintos da vida de um mesmo sujeito) e, consequentemente, de unidades psicológico-semiológicas, implica uma potencialidade de agravamento das distâncias de significação interindividuais. Este agravamento pode, até mesmo, atingir o completo desentendimento. Neste contexto, é preciso que seja frisado que, quanto maiores os níveis de desentendimento (ou, ainda, desencontro) entre enunciador e ouvinte(s) em uma situação, menor é a possibilidade de ocorrência desse desencontro. Assim, a rigor, as grandes distâncias não são identificáveis nas mesas de jantar, nos supermercados, mas, são bem mais prováveis (quanto à ocorrência e quanto ao grau) quando leigos conversam com médicos, com técnicos em computação ou em energia nuclear.

Em meio a esta teorização, a leitura de um opúsculo de BLIKSTEIN, intitulado *Kaspar Hauser ou a fabricação da realidade*, é mais do esclarecedora. Partindo da história de Kaspar Hauser, enigmático personagem do séc. XIX que foi criado, até os 18 anos de idade, em um sótão, sem contato com a luz do dia ou com a sociedade. Quando é retirado de lá e acolhido na casa do criminalista FEUERBACH, o mundo humano (desenvolvido, significativo) parece-lhe extremamente estranho. "Seu olhar fixo diante de pessoas, ruas, casas, objetos, paisagens. Tudo

---

[12] RUMI, Jálál ud-Din. *Fihi ma fihi*; o livro do interior. Trad. Margarita Garcia Lamelo (da versão francesa; original em persa). Rio de Janeiro: Dervish, 1993; p. 110.

268 Semiologia do Direito • Mamede

assusta. As dimensões, os movimentos, a lógica, a perspectiva, o pensamento, a fala, o riso."[13] Em oposição a Kaspar Hauser, nós, como demonstrei em *Semiologia e Direito*, possuímos toda uma infância "formatadora" em que desenvolvemos, ou "recebemos", "óculos sociais"[14] pela vivência da prática social. São estes "óculos sociais" (ou estereótipos da percepção intelectual, ou seja, moldes para a realidade inteligida) que nos permitem (e, é bom frisar, nos obrigam) trafegar pela sociedade desenvolvida, comungando de sua *praxis*.

A excelência da *praxis*, neste contexto, é valorizar a finalidade dos atos, entre os quais os de atualização e exercício da competência ideológica, com o que restam mascarados os desencontros de significação e de compreensão do real. Já "não há tempo": o ser humano moderno, assim, tornou-se um sujeito atrelado aos resultados (bem como a "necessidades" forjadas pela economia), incapaz de perceber e se dedicar aos detalhes, à sutileza da diferença e da pluralidade que marca o real físico. Se torna, em outras palavras, um ser meramente concretizador de atos comuns, entre os quais destaca-se o consumo e a *fala*; aliás, as sociedades modernas tornam-se cada vez mais espaços de pseudo-comunicação, onde a qualidade do que se enuncia – sua aproveitabilidade para o desenvolvimento do indivíduo –, possui uma pequena importância: repetem-se "n" discursos estereotipados e assustadoramente superficiais (importa manifestar-se; a fala tornou-se um instrumento de afirmação pessoal, em meio a uma "epidemia" de personalidades "plasmadas", instáveis, em meio a uma existência cada vez mais banalizada).

O nosso tipo de sociedade insiste, assim, em massificar e generalizar a supercialidade e o comum, transformando indivíduos em meros atores econômicos em busca de sobrevivência ou de "crescimento": clones, enfim, procurando suportar todo o peso desta banalização, a ausência de fé, os valores que são disseminados mas que não possuem consistência alguma. Este

---

[13] *Op. cit*; p. 12.

[14] SCHAFF *apud* BLIKSTEIN, *op. cit*.; p. 61.

ser econômico, esse ser civilizado, ser culturizado em massa, é privado de uma existência própria verdadeira, abandonando a busca de uma excelência distinta que é possível ao ser humano, enquanto passa a perseguir alvos banalizantes como excitação, emoção, fama, sucesso. Aliás, seria no mínimo curioso poder observar o encontro entre Kaspar Hauser e esse objeto de desejo das sociedades (e da cultura global) contemporâneos: o sucesso.

Inserido neste contexto cultural (nesta *praxis*), mas desejando superar as tendências autômatas, ao ser humano cumpre conhecer a realidade cultural e toda a dimensão da influência que esta exerce sobre si, para o que é preciso avançar no reconhecimento dos níveis profundos de significação para, eventualmente, desarmar tendências e estabelecer novas formas de vida. Um caminho, bem menos acadêmico, nos conduz ao aprendizado da aprendizagem e ao desenvolvimento da intuição, criando uma sabedoria como a do "velho Camilo", fascinante personagem de GUIMARÃES ROSA que sabia sem não saber dizer, ou melhor, "sabia dentro das ignorâncias".[15] Esse outro caminho demanda um aumento nos níveis de atenção e percepção, bem como uma capacidade de avaliação, sucedidos por uma postura ativa: ações eficazes para estabelecer um nível melhor de vida, tanto no que se refere ao plano exterior (e, portanto, social), quanto no que se refere ao plano interior (individual). A este ser humano disposto a superar a rota do comum banalizado, abre-se, creio e espero, uma oportunidade de negação do comportamento de aceitação passiva da totalidade da ideologia.

Nesse comum a ser pensado e repensado, destaco a moral, o Direito e a possibilidade de verdadeira participação na construção política da história, como objetivos específicos deste trabalho. Proponho, assim, fugir à postura de "Manuelzão", no mesmo texto de ROSA, que percebe não haver uma razão para impedir o "velho Camilo" de "residir junto" com "Joana Xaviel", mas acaba por fazê-lo, em nome da "decência da sociedade",

---

[15] ROSA, João Guimarães. *Manuelzão e Miguilim*. Rio de Janeiro: Nova Fronteira, 1984; p. 240.

eximindo-se de culpa pela tristeza do velho delicado, pois "esta vida da gente, do mundo, era que não estava completada."[16] É o próprio "Manuelzão" que dá o tom da postura ativa que aqui se define, mas que a ele não ocorre tomar:

> "Ele, Manuelzão, não se dava a culpa do que o outro *[o velho Camilo]* vinha suportando. À lei, não tinha procedido por embirra, por ruindade. Mas a gente quase somente faz o que a bobagem do mundo quer."[17]

---

[16] *Idem*; p. 226.

[17] *Idem*; p. 232.

REFERÊNCIAS BIBLIOGRÁFICAS

AFTALION, Enrique et al. *Introducción al derecho.* Buenos Aires: Cooperativa de Derecho y Ciencias Sociales, 1972.

AGUIAR, Roberto A. R. de. *Direito, poder e opressão.* São Paulo: Alfa-Omega, 1984.

ALCHOURRÓN, Carlos L.; BULGYN, Eugenio. *Introducción a la metodología de las ciencias jurídicas y sociales.* Buenos Aires: Astrea, 1974.

ALTHUSSER, Louis. *Aparelhos ideológicos de Estado.* Trad. Marai L. V. Castro. Rio de Janeiro: Graal, 1983.

_____. *Posições I.* Trad. Carlos Nelson Coutinho et al. Rio de Janeiro: Graal, 1978.

AMABIS, José Mariano. MARTHO, Gilberto Rodrigues. MIZUGUCHI, Yoshito. Biologia. São Paulo: Moderna, 1978-1979. 3 v.

ARANHA, Maria Lúcia de Arruda; MARTINS, Maria Helena Pires. *Filosofando*: introdução à filosofia. São Paulo: Moderna, 1986.

ARRIAGA, Filipe; LARA, Elsa. Cognição, auto-organização e abertura informacional. In: *Filosofia e Epistemologia II.* Lisboa: A Regra do Jogo, 1979.

ARRUDA, José Jobson de A. *História moderna e contemporânea.* São Paulo: Ática, 1985.

AUZIAS, Jean-Marie. *A antropologia contemporânea*. Trad. Carlos Alberto da Fonseca. São Paulo: Cultrix, 1976.

BAKHTIN, Mikhail (V. N. Volochinov). *Marxismo e filosofia da linguagem*. Trad. M. Lahud et al. São Paulo: Hucitec, 1986.

BARRETO, Tobias. *Estudos de direito*. Rio de Janeiro: Laemmert, 1892.

BARROS DE CARVALHO, Paulo de. *Curso de direito tributário*. São Paulo: Saraiva, 1985.

BARROSO, Luís Roberto. *O Direito Constitucional e a efetividade de suas normas*: limites e possibilidades da Constituição Brasileira. Rio de Janeiro: Renovar, 1993.

BARTHES, Roland. *Aula*. Trad. L. Perrone-Moisés. São Paulo: Cultrix, 1989.

————. *Elementos de semiologia*. Trad. Izidoro Blikstein. São Paulo: Cultrix, 1988.

————. *Roland Barthes*. São Paulo: Cultrix, 1977.

————. *Crítica e verdade*. Trad. Leyla Perrone-Moisés. São Paulo: Perspectiva, 1970

BELLO, Raquel Discacciati. *A Participação Popular na Administração Pública*. [artigo ainda não publicado]

BERRON, F. E. Vallado. *Teoría general del derecho*. Mexico: Universidad Nacional Autónoma de Mexico, 1972.

BIDERMAN, Maria Tereza Camargo. *Teoria linguística*. Rio de Janeiro: Livros Técnicos e Científicos, 1978.

BLIKSTEIN, Izidoro. *Kaspar Hauser ou a fabricação da realidade*. São Paulo: Cultrix: Edusp, 1983.

BOBBIO, Norberto. *Teoria della norma giuridica*. Torino: Giappichelli, 1959.

BOHANNAN, Paul. *Law in culture and society*. Chicago: Aldine, 1969.

BONNECASE, Julien. *Introduction à l'étude du droit*. Paris: Sirey, 1931.

BROEKMAN, Jan M. *Derecho y antropología*. Trad. espanhola: Pilar Burgos Checa. Madrid: Civitas, 1993.

CALERA, Nicolas Maria Lopez. *La estructura lógico-real de la norma jurídica*. Madrid: Nacional, 1968.

CAMPOS, Carlos. *Ensaios sobre a teoria do conhecimento*. Belo Horizonte: Cardal, 1959.

_____. *O mundo como realidade*. Belo Horizonte: Cardal, 1961.

CAMPOS, Haroldo de. Uma poética da radicalidade. In: ANDRADE, Oswald. *Pau-Brasil*. São Paulo: Globo: Secretaria Estadual da Cultura de São Paulo, 1990.

CANOTILHO, J. J. Gomes. *Direito constitucional*. Coimbra: Almedina, 1991.

CARNELUTTI, Francesco. *Metodologia del diritto*. Padova: CEDAM, 1939.

CARONTINI, E.; PERAYA, D. *O projeto semiótico*. Trad. Alceu Dias Lima. São Paulo: Cultrix: Edusp, 1979.

CARTHY, John Dennis. *Comportamento animal*. Trad. Isaias Pessotti et al. São Paulo: EPU: Edusp, 1980.

CARVALHO NETTO, Menelick de. *A sanção no procedimento legislativo*. Belo Horizonte: Del Rey, 1992.

CARVALHO SANTOS, J. M. *Repertório enciclopédico do direito brasileiro*. Rio de Janeiro: Borsoi, 1948. v. XXXIV.

CASCUDO, Luís da Câmara. *Civilização e cultura*. Rio de Janeiro: José Olympio; Brasília: Instituto Nacional do Livro, 1973.

CAVALCANTI FILHO, Theóphilo. *Teoria do direito*. São Paulo: Bushatsky, 1976.

CENTRO ROYAUMONT PARA UMA CIÊNCIA DO HOMEM (Org.). *A unidade do homem*: invariantes biológicos e universais culturais. Trad. Heloysa Dantas. São Paulo: Cultrix: Edusp, 1978. 3 v.

_____ (Org.). *Teorias da linguagem, teorias da aprendizagem*. Trad. Álvaro Cabral. São Paulo: Cultrix: Edusp, 1983.

CHAUCHARD, Paul. *A linguagem e o pensamento*. Trad. Carlos Ortiz. São Paulo: Difel, 1967.

CHAUCHARD, Paul. *Sociedades animales, sociedad humana*. Trad. espanhola Patrícia Canto. Buenos Aires: Ed. Universitária de Buenos Aires, 1960.

CHAUI, Marilena de Souza. *O que é ideologia*. São Paulo: Brasiliense, 1983.

CHOMSKY, Noam. *Diálogos com Mitsou Ronat*. Trad. Álvaro Lorencini et al. São Paulo: Cultrix, [s.d.].

_____. *Reflexões sobre a linguagem*. Trad. Carlos Vogt et al. São Paulo: Cultrix, 1980.

CODO, Wanderlei et al. *Indivíduo, trabalho e sofrimento*: uma abordagem interdisciplinar. Petrópolis: Vozes, 1993.

COELHO, Luís Fernando. *Lógica jurídica e interpretação das leis*. Rio de Janeiro: Forense, 1979.

CORACINI, Maria José R. Faria. Considerações sobre linguística e ideologia. *Projeto História – Revista do Programa de Estudos Pós-Graduados*, nº 5, fev. 1986.

COSERIU, E. *Teoría general del lenguage*. Madrid: Gredos, 1962.

CULLER, Jonathan. *As ideias de Barthes*. Trad. Adail V. Sobral. São Paulo: Cultrix: Edusp, 1988.

_____. *As ideias de Saussure*. Trad. Carlos Alberto da Fonseca. São Paulo: Cultrix, 1979.

DAVID, Pedro. *Conducta, integrativismo y sociología del derecho*. Buenos Aires: Victor P. de Savalia, 1979.

DAVIS, Shelton H. *Antropologia do direito*. Trad. Roberto da Mata. Rio de Janeiro: Zahar, 1973.

DEAG, John. *Comportamento social dos animais*. Trad. Cecília Torres Assumpção. São Paulo: EPU: Edusp, 1981.

DESCARTES, René. *O discurso do método*. Rio de Janeiro: Tecnoprint, s.d.

DURANT, Will. *História da filosofia*. Trad. Monteiro Lobato et al. São Paulo: Nacional, 1959.

DRUMOND, José Geraldo de Freitas. *O cidadão e o seu compromisso social*. Belo Horizonte: Cuatiara, 1993.

ECO, Umberto. *A estrutura ausente*. Trad. Pérola de Carvalho. São Paulo: Perspectiva: Edusp, 1971.

_____. *Leitura do texto literário*: lector in fabula. Lisboa: Presença, 1983.

_____. Parâmetros da semiologia teatral. In: HELBO, André (Org.). *Semiologia da representação*. Trad. Eduardo Peñuela Cañizal et al. São Paulo: Cultrix, 1980.

ENCARNAÇÃO, João Bosco da.; MACIEL, Getulino do Espírito Santo. *Seis temas sobre ensino jurídico*. São Paulo: Robe: Cabral, 1995.

FARIA, Ernesto. *Dicionário escolar latino-português*. Rio de Janeiro: FAE, 1988.

FARIA, José Eduardo. *Justiça e conflito*: os juízes em face dos novos movimentos sociais. São Paulo: Revista dos Tribunais, 1992.

FERREIRA, Aurélio Buarque de Holanda. *Novo dicionário da língua portuguesa*. Rio de Janeiro: Nova Fronteira, [s.d.].

FIGUEIREDO, Luís Cláudio. *A invenção do psicológico*: quatro séculos de subjetivação (1500-1900). São Paulo: EDUC: Escuta; 1994.

FISHER, Helen E. *Anatomia do amor*: a história natural da monogamia, do adultério e do divórcio. Trad. Magda Lopes e Maria Carbajal. São Paulo: Eureka, 1995.

FONSECA, João Bosco Leopoldino. *O Plano Nacional de Desenvolvimento como expressão da linguagem do direito*. 1989. Tese (Doutorado em Direito) – Faculdade de Direito da UFMG, Belo Horizonte.

FONTAINE, Jacqueline. *O círculo linguístico de Praga*. Trad. João Pedro Mendes. São Paulo: Cultrix: Edusp, 1978.

FREITAS, Oswaldo. *Introdução à ciência do direito*. Uberlândia: [s.d.], 1986.

GADAMER, Hans-Georg. *Verdad y método*. Trad. espanhola Ana Agud Aparicio et al. Salamanca: Sígueme, 1991.

GALLONI, Giovanni. *La interpretazione della legge*. Milano: Giuffrè, 1955.

GOFFMAN, Erving. *La mise en scène de la vie quotidienne*. Trad. Francesa Alain Accardo. Paris: Minuit, 1973.

GRACE, M.; NICHOLSON, P. T.; LIPSITT, D. R. *Introdução ao estudo da psicologia*. Trad. Jamir Martins. São Paulo: Cultrix, 1978.

GREIMAS, Algirdas Julien. *Semiótica e ciências sociais*. Trad. Álvaro Lorencini et al. São Paulo: Cultrix, 1981.

————; COURTÉS, Joseph. *Dicionário de semiótica*. Trad. Alceu D. Lima. São Paulo: Cultrix, [s.d.].

GROSRICHARD, Alain. *Estrutura do harém*: despotismo asiático no ocidente clássico. Trad. Lygia H. Caldas. São Paulo: Brasiliense, 1988.

GUIRAUD, Pierre. *A semântica*. Trad. M. E. Mascarenhas. São Paulo: Difel, 1975.

GUSMÃO, Paulo Dourado de. *Filosofia do direito*. Rio de Janeiro: Forense, 1985.

HABERMAS, Jürgen. *Teoría y praxis*: estudios de filosofía social. Trad. espanhola Salvador Más Torres et al. Madrid: Tecnos, 1990.

————. *Teoría de la acción comunicativa*: complementos y estudios previos. Trad. espanhola Manuel Jiménes Redondo. Madrid: Catedra, 1994.

HART, H. L. A. *Le concepte de droit*. Trad. francesa Michel von de Kerchov. Bruxelles: Facultés Universitaires Saint-Louis, 1976.

HEEMANN, Ademar. *Natureza e ética*. Curitiba: UFPR, 1993.

HILL, Archibald (Org.). *Aspectos da linguística moderna*. Trad. Adair Pimental Plácido et al. São Paulo: Cultrix, 1972.

HOEBEL, E. Adanson; FROST, Everett L. *Antropologia cultural e social*. Trad. Euclides C. da Silva. São Paulo: Cultrix, 1984.

HUXLEY, Aldous Leonard. *Admirável mundo novo*. Trad. Felisberto Albuquerque. São Paulo: Abril Cultural, 1980.

JAKOBSON, Roman. *Linguística e comunicação*. Trad. Izidoro Blikstein. São Paulo: Cultrix, 1988.

JAKOBSON, Roman; POMORSKA, Krystina. *Diálogos*. Trad. Elisa Angotti Kossovitch. São Paulo: Cultrix, 1985.

JOLIVET, Regis. *Vocabulário de filosofia*. Trad. G. D. Barreto. Rio de Janeiro: Agir, 1975.

KANT, Emmanuel. *Crítica da razão pura*. Trad. J. R. Mereje. Rio de Janeiro: Tecnoprint, [s.d.].

KAUFMANN, Arthur. *Analogía y "naturaleza de la cosa"*. Trad. espanhola Enrique Bourie. Santiago: Jurídica, 1976.

KELSEN, Hans. *Teoria pura do direito*. Trad. João Batista Machado. São Paulo: Martins Fontes, 1987.

KEMPSON, Ruth M. *Teoria semântica*. Trad. Waltensir Dutra. Rio de Janeiro: Zahar, 1980.

KEY, Wilson Bryan. *A era da manipulação*. Trad. Iara Biderman. São Paulo: Scritta, 1993.

KÖPKE, Carlos Burlamaqui. *Ensaios de linguística geral*. São Paulo: Quíron, 1975.

KUHN, Tomas S. *A estrutura das revoluções científicas*. Trad. Beatriz V. Boeira e Nelson Boeira. São Paulo: Perspectiva, 1987.

KURZ, Robert (b). A realidade irreal. *Folha de S. Paulo*. São Paulo, 3 set. 1995. Mais! p. 14.

LALANDE, André. *Vocabulário técnico y crítico de la filosofía*. Trad. espanhola Luis Afonso et al. Buenos Aires: El Ateneo, 1967.

LIMA, Eliana Cláudia Castro Santoro. *A denegação em Freud como modelo de linguagem*. Faculdade de Filosofia e Ciências Humanas da UFMG, Belo Horizonte, 1984 (Dissertação, Mestrado).

LINTON, Ralph. *Cultura e personalidade*. Trad. Oscar Mendes. São Paulo: Mestre Jou, 1967.

MAMEDE, Gladston. A incidência da correção monetária nos mútuos rurais segundo o Tribunal de Alçada de Minas Gerais como estudo hermenêutico jurídico. *Revista Jurídica Mineira*, Belo Horizonte, nº 85/86, p. 261-274, maio/jun. 1991.

————— . As normas não escritas no Direito Brasileiro: estudo do Direito de Trânsito. *Revista Jurídica Mineira*, nº 80, p. 261-274, maio/jun. 1991.

MAMEDE, Gladston. Direito e jurística. *Revista da AMAGIS*. Belo Horizonte, nº XXIII, p. 167-178, jun. 1994.

————. Eidos: a ideia de justiça em platão. *Revista de Julgados do Tribunal de Alçada de Minas Gerais*. Belo Horizonte, v. 42, p. 43-50, abr./jun. 1990.

————. Gramática translinguística do processo". *Revista de Informação Legislativa*. Brasília, nº 113, p. 447-460, jan./mar. 1992.

————. Neoliberalismo e desadministrativização. *Revista de Informação Legislativa*, nº 81, p. 151-159, jul./set. 1995.

————. Trasímaco: a sofística grega conceitua a justiça. *Revista Jurídica Mineira*. Belo Horizonte, nº 97, p. 65-72, set./out. 1992.

MATA-MACHADO, Edgard Godoi da. *Teoria geral do direito*: introdução ao direito. Belo Horizonte: Ed. da UFMG, 1986.

MAXIMILIANO, Carlos. *Hermenêutica e aplicação do direito*. Rio de Janeiro: Forense, 1979.

MELO FILHO, Álvaro. *Direito*: fundamentos teóricos e práticos. Rio de Janeiro: Forense, 1981.

MORAIS FILHO, Evaristo. *Sucessão nas obrigações e a teoria da empresa*. Rio de Janeiro: Forense, 1960.

MORENO, Arley R. *Wittgenstein*: através das imagens. Campinas: Unicamp, 1993.

MUNIZ, Marco Antônio (Org.). *Direito e processo inflacionário*. Belo Horizonte: Del Rey, 1994.

NADER, Paulo. *Introdução ao estudo do direito*. Rio de Janeiro: Forense, 1967.

NAWIASKY, Hans. *Teoría general del derecho*. Trad. espanhola José Z. Valverde. Madrid: Rialp, 1962.

NIETZSCHE, Friedrich Wilhelm. *Obras incompletas*. Trad. Rubens R. Torres Filho. São Paulo: Abril Cultural, 1983.

OLIVRECONA, Karl. *El derecho como hecho*. Trad. Espanhola Gerónimo C. Funes. Buenos Aires: Depalma, 1959.

ORWELL, George. *1984*. Trad. Wilson Velloso. São Paulo: Nacional, 1979.

PAGLIA, Camille. *Personas sexuais*: arte e decadência de Nefertite a Emily Dickinson. Trad. Marcos Santarrita. São Paulo: Companhia das Letras, 1992.

PASTORE, Karina; FRANÇA, Valéria. Neurônios que fazem a diferença. *Revista Veja*. São Paulo, 22 mar. 1995. Comportamento, p. 76-82.

PLÁCIDO E SILVA, De. *Vocabulário jurídico*. Rio de Janeiro: Forense, 1987. 4 v.

PLATÃO. *A república*. Trad. Leonel Vallandro. Rio de Janeiro: Tecnoprint, [s.d.].

RECTOR, Monica. *Para se ler Greimas*. Rio de Janeiro: Francisco Alves, 1978.

ROBIN, Regine. *História e linguística*. Trad. Adélia Bolle. São Paulo: Cultrix, 1979.

RODRIGUES, Adriano. A propósito da comunicação. In: *Filosofia e Epistemologia II*. Lisboa: A Regra do Jogo, 1979.

RODRIGUEZ-ARIAS, Lino. *Ciência e filosofia del derecho*. Buenos Aires: Jurídicas Europa-América, 1961.

ROSA, João Guimarães. *Manuelzão e Miguilim*. Rio de Janeiro: Nova Fronteira, 1984.

RUMI, Jálál ud-Din. *Fihi ma fihi*: o livro do interior. Trad. Margarita Garcia Lamelo (da versão francesa; original em persa). Rio de Janeiro: Dervish, 1993.

SANTAELLA BRAGA, M. L. *Produção da linguagem*. São Paulo: Cortez, 1980.

SAUSSURE, Ferdinand de. *Curso de linguística geral*. Trad. Izidoro Blikstein et al. São Paulo: Cultrix, 1989.

SANTOS, Jair Ferreira. *O que é pós-modernismo*. São Paulo: Brasiliense, 1960.

SFORZA, W. Cezarini. *Filosofia del diritto*. Milano: Giuffrè, 1957.

SOARES, Orlando. *Comentários à Constituição da República Federativa do Brasil*. Rio de Janeiro: Forense, 1990.

SOUFFLIER, Camile. *Vocabulaire de droit ou definitions de termes usités dans les études de droit*. Paris: Giard, 1908.

SOURIOUX, Jean Louis; LERAT, Pierre. *La langage du droit*. Vendôme: Presses Universitaires de France, 1975.

STEINER, George. *A linguagem e o silêncio*. Trad. Gilda Stuart et al. São Paulo: Companhia das Letras, 1988.

STOYANOVITCH, K. *Marxisme et droit*. Paris: Librarie Générale de Droit et Jurisprudence, 1964.

TERAN, Juan Manuel. *Filosofía del derecho*. Mexico: Porrua, 1971.

THEWS, Klaus. *Etologia*. Trad. Silvana Rodrigues. São Paulo: Círculo do Livro, [s.d.].

TOLEDO, Roberto Pompeu de. Memórias dos filhos do clarão. *Veja*, São Paulo, 2 ago. 1995. Especial, p. 54-75.

TORONZO, Miguel. *Introducción al estudio del derecho*. Mexico: Porrua, 1974.

TORRE, Abelardo. *Introducción al derecho*. Buenos Aires: Perrot, 1975.

VASCONCELOS, Arnaldo. *Teoria da norma jurídica*. Rio de Janeiro: Forense, 1986.

VIDAL, Gore. *De fato e de ficção*: ensaios contra a corrente. Trad. Heloisa Jahn. São Paulo: Companhia das Letras, 1987.

VILHENA, Paulo Emílio Ribeiro de. A sentença normativa e o ordenamento jurídico (perspectiva político-constitucional). *Revista de Informação Legislativa*, nº 81, jan./mar. 1984.

WARAT, Luiz Alberto; CUNHA, Rosa Maria Cardoso da. *Ensino e saber jurídico*. Rio de Janeiro: Eldorado Tijuca, 1978.

WRIGHT, Robert. E Darwin criou a mulher. *Folha de S. Paulo*. São Paulo, 11 nov. 1994. Mais!, p. 4-5.

Formato	14 x 21 cm
Tipologia	IowanOldSt Bt 11/13,5
Papel	Primapress 90 g/m² (miolo)
	Supremo 240 g/m² (capa)
Número de páginas	296
Impressão	Bartira Gráfica